高职高专能力导向市场营销学科规划教材

教育部高等职业教育创新发展行动计划（2015—2018）立项的精品在线开放课程

# 食品营销

刘厚钧　主编

张晓丽　苏会侠　杨光　李建林　副主编

董艳芳　王贺霞　李雁函　编者

U0722926

SHIPIN YINGXIAO

SHIPIN YINGXIAO

SHIPIN YINGXIAO

SHIPIN YINGXIAO

HIPIN NGXIAO

SHIPIN YINGXIAO

SHIPIN YINGXIAO

SHIPIN YINGXIAO

电子工业出版社

Publishing House of Electronics Industry

北京·BEIJING

**图书在版编目（CIP）数据**

食品营销 / 刘厚钧主编. —北京：电子工业出版社，2017.8

高职高专能力导向市场营销学科规划教材

ISBN 978-7-121-31653-1

Ⅰ. ①食… Ⅱ. ①刘… Ⅲ. ①食品－市场营销学－高等职业教育－教材 Ⅳ. ①F768.2

中国版本图书馆 CIP 数据核字(2017)第 122200 号

策划编辑：晋　晶
责任编辑：杨洪军
印　　刷：北京虎彩文化传播有限公司
装　　订：北京虎彩文化传播有限公司
出版发行：电子工业出版社
　　　　　北京市海淀区万寿路 173 信箱　邮编 100036
开　　本：787×1092　1/16　印张：17.25　字数：409 千字
版　　次：2017 年 8 月第 1 版
印　　次：2025 年 1 月第 16 次印刷
定　　价：38.00 元

凡所购买电子工业出版社图书有缺损问题，请向购买书店调换。若书店售缺，请与本社发行部联系，联系及邮购电话：(010) 88254888，88258888。

质量投诉请发邮件至 zlts@phei.com.cn，盗版侵权举报请发邮件至 dbqq@phei.com.cn。

本书咨询联系方式：(010) 88254199，sjb@phei.com.cn。

# 前　言 ●　●　●

我国是一个有着 13 亿人口的食品生产和消费的大国，随着人们消费水平的提高，对食品产业的发展提出了更多的需求和更高的要求。当前，面对众多的竞争对手和越来越理性的消费者，众多食品企业已经认识到，市场是决定企业生存和发展的关键，企业要在竞争中取胜，就要分析市场、研究市场变化，向市场提供能够满足消费者需求的产品和服务。食品营销理论已成为指导食品企业制定生产经营战略、参与市场竞争的有效武器。但是与其他产品相比，食品在很多方面有着明显的不同，食品企业的营销战略和营销策略也有其自身的规律和特点。因此，围绕食品企业和市场的具体情况开展理论联系实际的教学和研究显得越来越重要。学习食品营销，培养高素质的食品营销专业人才，对于迅速提高食品企业的营销水平、增强市场竞争力具有十分重要的意义。

《食品营销》一书以全新的形象展现在广大教师、学生和营销职业人员面前。"食品营销"是由坐落在中国食品工业名城、全国唯一一所以食品类为特色的、荣获"中国十大职业教育品牌"的漯河食品职业学院的食品营销教学团队，按照"专业共建、课程共担、基地共享、教材共编和师资共训"的模式，在精品课程的基础上，改革创新而开发的具有鲜明食品行业特色的品牌课程。同时此课程也是教育部高等职业教育创新发展行动计划（2015—2018）立项的精品在线开放课程。

本书主要有以下几个方面的创新。

## 1．课程定位的创新

"食品营销"是食品企业生存和发展的经营之道、生财之道，具有极强的职业性、技能性和实践性。因此，食品营销课程的培养理念是"把学生培养成能够适应食品营销岗位工作需要，具有发现（创造）食品消费需求、满足食品消费需求和管理食品消费需求的综合能力的创新型营销合格职业人员"。要贯彻落实食品营销课程的培养理念，就要以食品营销应该具备的发现（创造）食品消费需求、满足食品消费需求和管理食品消费需求的职业能力为培养目标，把传统的知识导向的学科型课程模式转变为工作过程导向的技能型课程模式。不是把食品营销作为一门学科去研究，而是当作一种技能去培养。所以就要把体现知识导向的学科型课程"食品市场营销学"更名为"食品营销"，把传统的作为基础课的"食品营销"重新定位为专业核心技能课，进而确定食品营销课程整体设计的内容，包括课程定位、课程设计理念、课程培养目标、课程培养内容、课堂形式、立体化培养模式、学生学习角色定位等，从根本上改变重知识、轻能力，重书本、轻技能，重课堂讲授、轻实践教学的弊端，突出高等职业教育职业性、开放性和实践性的特点，培养出有用之材，为实现学生"零距离上岗"打下良好基础。

### 2. 培养内容和培养模式的创新

为了体现高等职业教育工作过程导向的技能型课程模式，本书内容的设计打破了传统的市场营销学科理论体系，进行了全新的设计。在总结中国式市场营销的"生意经"三部曲——"找生意（寻找生意）""做生意（经营生意）""管生意（管理生意）"的基础上，把中国式市场营销"生意经"的三部曲与"市场营销"的三个环节——"发现（创造）消费需求""满足消费需求""管理消费需求"有机地结合起来。

全书共三个模块：

（1）找食品生意（寻找食品生意）——发现（创造）食品消费需求；

（2）做食品生意（经营食品生意）——满足食品消费需求；

（3）管食品生意（管理食品生意）——管理食品消费需求。

在编写过程中，本书突出了内容的逻辑性、统一性和整体性，使学生更容易理解和掌握食品营销课程的理论和方法。为了实现职业能力培养目标和社会能力培养目标，创立了制定××食品公司市场营销方案工学结合团队项目任务化实践培养模式，根据食品营销课程设计的13个项目，让学生运用所学的营销策略对选择的食品企业同步进行诊断分析、策划解决、撰写方案、宣讲评价，由此形成课程实践培养模式的特色。

### 3. 编写方法的创新

（1）开篇增加了绪论，即食品营销课程的整体设计。第一节课首先学习课程整体设计，解决学生"为什么学""学什么""如何学"的问题，使学生处于明确、清晰的学习状态。

（2）每个模块、每个单元、每个小节都设计了"学习与训练指导"。在"学习与训练指导"中，梳理了模块与模块之间、单元与单元之间、节与节之间的逻辑关系，确立了每个单元学习与训练指导的思路，包括学习和训练的重要性、营销知识学习目标和营销能力培养目标，使学生更容易理解和掌握食品营销的内容。

（3）把传统的市场营销学科教材的编写方法改为工作过程导向的技能型课程模式的编写方法。在每个单元的内容中，突出了"如何运用"，即如何培养学生食品营销能力。在讲明营销理论"是什么"的基础上，重点讲述"如何运用"，即营销策略在什么条件下运用、运用的操作程序、运用的方法以及运用中应该注意的问题。

（4）《食品营销》一书是与双汇集团、河南三剑客农业有限责任公司校企合作共建的成果。双汇集团商业公司总经理张俊峰、河南三剑客农业有限责任公司总经理李益民对课程的开发和教材的编写提出了指导性意见，双汇集团商业公司总经理办公室主任杨光、营运部部长董艳芳等参与了课程的开发和教材的编写。

本书由刘厚钧担任主编，负责课程整体设计及编写思路、编写内容、编写方法的规划设计，对教材进行修改和统稿。张晓丽、苏会侠、杨光、李建林担任副主编；董艳芳、王贺霞、李雁函担任编者。其中，刘厚钧编写了前言、绪论、附录和第 1 单元；李建林编写了第 2 单元；杨光编写了第 3 单元；苏会侠编写了第 4、10 单元；王贺霞编写了第 6、7 单元；董艳芳编写了第 8 单元；李雁函编写了第 9 单元；张晓丽编写了第 5、11 单元。

　　本教材不仅适用于高职高专学生，也可作为个人自学和食品企业培训教材使用。

刘厚钧

# 目 录 ● ● ●

## 第2模块 做食品生意(经营食品生意)
## ——满足食品消费需求

# 第3模块　管食品生意（管理食品生意）
## ——管理食品消费需求

# 绪　论 ● ● ●

为了提升对食品营销课程的认识，进而提高食品营销课程的培养质量，首先要掌握课程整体设计的内容，包括：课程定位、课程设计理念、课程培养目标、课程培养内容、课堂形式、立体化培养模式、学生学习角色定位，以及制定××食品公司市场营销方案工学结合团队项目任务化实践培养模式。解决学生"为什么学""学什么""如何学"的问题，使学生处于明确、清晰的学习状态，而不是迷茫、模糊的学习状态，便于学生积极、主动地配合教师完成学习任务，有利于学生自我培养，实现课程培养目标。

## 1. 课程定位（解决学生为什么学习食品营销的问题）

（1）课程的作用。食品营销是从整体上对食品企业营销活动的把握。通过运用食品营销不断地发现（创造）食品消费需求、满足食品消费需求和管理食品消费需求，能够使食品企业从无到有、从小到大、由弱到强。食品营销是食品企业生存和发展的经营之道、生财之道。因此，学生要具有运用食品营销知识为食品企业创造效益的能力。

（2）课程在专业课程体系中的定位。食品营销是在学习经济学、消费行为学、市场调查的基础上，开设的专业核心课，而非专业基础课。这是由食品营销的实质和职业性、应用性、技能性、实践性的属性决定的，改变了传统的把食品营销课程作为基础课的定位，而将其定位为专业技能课。因此，把"食品营销学"更名为"食品营销"，并将传统的学科型课程模式转变为技能型课程模式，变知识导向为工作过程导向，培养学生的职业应用能力，改变重知识、轻能力，重书本、轻技能，重课堂讲授、轻实践训练的弊端，突出高等职业教育职业性、开放性、实践性的特点，为实现学生"零距离上岗"打下良好基础。

## 2. 课程设计理念（解决教师备课时考虑的因素）

食品营销课程是以找食品生意（寻找食品生意）——发现（创造）食品消费需求、做食品生意（经营食品生意）——满足食品消费需求和管食品生意（管理食品生意）——管理食品消费需求为中心的课程培养质量设计的，打破了传统的学科型模式，建立了"以职业化课程质量建设为条件，以模块化培养内容为基础，以立体化实践培养体系为主体，以多样化课堂形式为手段，以学生自我培养为保证"的工作过程导向的技能型模式。通过综合培养实现食品营销课程培养目标，让学生具备综合能力。

食品营销课程的设计主要考虑以下因素：

（1）课程培养质量的重要性。

（2）体现高等职业教育以就业为导向的方针，学生就业岗位应具备的岗位职业能力。

（3）涉及职业资格证书考试的内容，便于学生考取职业资格证书。

（4）营销职业人的职业发展与岗位晋升。

（5）食品营销课程由学科体系转向工作过程体系的情况。

（6）学生综合能力的自我培养问题。

### 3．课程培养目标（解决学生学什么的问题）

（1）营销知识学习目标。

①熟悉食品营销、营销观念、顾客让渡价值概念；掌握营销观念、顾客让渡价值的内容和运用的方法。

②熟悉找食品生意（寻找食品生意）——发现（创造）食品消费需求的相关概念（市场营销环境、市场分析、市场细分、目标市场选择、市场定位）；掌握发现食品消费需求的内容、操作程序和策略。

③熟悉做食品生意（经营食品生意）——满足食品消费需求的相关概念（产品策略、价格策略、分销策略、促销策略、营销组合）；掌握满足食品消费需求的内容、操作程序和策略。

④熟悉管食品生意（管理食品生意）——管理食品消费需求的相关概念；掌握食品营销管理的内容、操作程序和方法。

（2）营销职业能力培养目标。

①培养找食品生意（寻找食品生意）——发现（创造）食品消费需求（创造消费需求）的能力。

②培养做食品生意（经营食品生意）——满足食品消费需求的能力。

③培养管食品生意（管理食品生意）——管理食品消费需求的能力。

④培养综合运用食品营销理论和方法，对食品企业进行诊断分析、策划、制订营销方案的能力。

⑤培养管理食品消费需求的能力。

⑥培养食品营销创新的能力。

（3）社会能力培养目标。

①培养营销道德。

②培养交际与沟通的能力。

③培养团队合作的能力。

④培养自我管理、自我培养的能力。

### 4．课程培养内容（解决学生学什么的问题）

依据本课程营销知识学习目标、营销职业能力培养目标和社会能力培养目标，课程内容分为3个模块共11个单元。

### 5．课堂形式（解决学生如何学的问题）

课堂形式由理论课堂向校内实训课堂、创新创业课堂、社会（市场）课堂、企业课堂延伸，形成课堂形式的多样化，保证课程培养质量。

第一课堂　＋　第二课堂　＋　第三课堂　＋　第四课堂　＋　第五课堂
为基础　　　　为条件　　　　为依托　　　　为提升　　　　为关键
理论课堂　　校内实训课堂　创新创业课堂　社会（市场）课堂　企业课堂
（理论课堂）（专题实训+综合实训）（双创空间）（社会+市场实践）（见习+实践+顶岗
　　　　　　　　　　　　　　　　　　　　　　　　　　　　实习+就业基地）

### 6．立体化培养模式（解决学生如何学的问题）

本课程采用立体化的学习模式，包含"学""见""练""战"四个方面。

学：认识食品营销，理论学习模式，解决"是什么"的问题。

见：体验食品营销，到食品企业见习，参观、座谈、了解企业营销现状。

练：体验食品营销，利用实训室、双创空间、市场调查等方式训练。

战：实践食品营销，制定××食品公司市场营销方案。

### 7．学生学习角色定位（解决学生如何学的问题）

依据食品营销课程的属性、立体化培养模式，以及制定××食品公司市场营销方案工学结合团队项目任务化实践培养模式的要求，学生需要改变传统的学习理念和方法，重新进行学习食品营销课程的角色定位。

（1）学习者。学习发现食品消费需求、满足食品消费需求和管理食品消费需求的内容、操作程序、策略、方法，以及营销策略运用的适用条件与运用中应注意的问题。

（2）分析者。运用发现食品消费需求、满足食品消费需求和管理食品消费需求的内容、操作程序、策略、方法，结合××食品公司的营销现状，分析其存在的营销方面的问题。

（3）解决者。运用发现食品消费需求和满足食品消费需求的观念、策略与方法，提出解决××食品公司营销问题的营销观念、营销策略，撰写××食品公司市场营销方案，制作演示文稿，并宣讲营销方案。

（4）提高者。通过食品营销的学习，以及制定××食品公司市场营销方案工学结合团队项目任务化实践培养模式，使学生具备运用食品营销观念、策略与方法，分析食品营销问题、解决食品营销问题的能力；具备撰写、宣讲、答辩营销方案的能力；具备运用演示文稿的能力；具备基本的社会能力。

### 8．制定××食品公司市场营销方案工学结合团队项目任务化实践培养模式（解决学生如何学的问题）

选择××食品公司进行市场营销实践，根据食品营销课程培养目标，设计 13 个制定××食品公司市场营销方案工学结合团队项目，让学生运用学习的营销理论针对××食品公司的营销现状同步进行诊断分析、策划，由此形成实践能力培养特色。

（1）改变了传统的把食品营销课程作为基础课的定位，重新定位为专业技能课，在学习营销理论的同时，解决如何应用的问题。

（2）改变了传统的由教师依据每章内容主观设计实训内容和方式的做法。

（3）改变了课后主观设计实训内容和方式，采取课前按照营销岗位工作内容和工作任务整体设计实训内容和方式。

（4）改变了传统实训方式"空对空"（虚）的缺乏实践性的做法。学生针对客观存在的、活生生的营销问题的食品企业进行诊断、策划，变"虚"为"实"。

（5）由于大多数学生毕业后要到中小型企业工作，所以本书选择了中小型企业作为实训对象，为学生"零距离上岗"打下基础。

（6）采用团队化运作和项目管理的方式，培养学生团队意识。

制定××食品公司市场营销方案工学结合团队项目任务化实践培养模式突出了营销实战，体现了职业性、实践性、针对性，使学生在真实的食品企业营销环境中体验食品营销实践活动，有利于学生职业能力和社会能力的培养。

# 第1模块

# 找食品生意（寻找食品生意）——发现（创造）食品消费需求

如果一个食品企业对为哪些食品消费者服务、满足食品消费者哪些需求都不明确，那它就如同无舵的航船，只能在茫茫的大海中随风飘荡，没有抗击任何市场波澜的能力，难以生存。所以，找食品生意（寻找食品生意）——发现（创造）食品消费需求是食品企业市场营销活动的起点。

如何找食品生意（寻找食品生意）——发现（创造）食品消费需求，首先，要进行市场营销环境分析。一方面，分析市场营销环境给食品企业创造的市场机会和可能给食品企业带来的某种威胁；另一方面，分析食品企业内部环境影响市场营销的优势和劣势，以便制定相应的市场营销战略。其次，进行食品消费者市场分析，掌握消费者市场需求和购买行为特点及规律。再次，进行食品市场竞争分析，有的放矢地制定竞争策略。最后，进行市场细分、目标市场选择和市场定位，确定食品企业市场营销的服务对象，满足目标消费群有哪些消费需求，在目标市场上为食品企业和产品确定一个富有竞争优势的地位。

学习食品营销首先要掌握食品营销基础知识，为学习食品营销核心内容打下良好的基础。掌握食品营销、食品营销观念、顾客让渡价值的概念和内容，具备运用顾客让渡价值的能力。

通过学习，掌握食品市场营销环境分析、食品消费者市场分析、食品市场竞争分析的内容和方法；掌握食品市场细分、目标市场选择与市场定位的方法、操作程序，以及目标市场营销策略运用的适用条件和运用中应注意的问题。

通过训练，具备运用食品市场营销环境分析、食品消费者市场分析与食品市场竞争分析的能力；具备运用食品市场细分、目标市场选择与市场定位的能力。

# 第 1 单元 ●  ●  ●

# 认知食品营销

## 学习与训练指导

食品营销是食品企业生存和发展的经营之道、生财之道。掌握食品与食品工业的基本知识，正确理解食品营销的相关概念、食品营销观念、顾客让渡价值是学习食品营销的基础条件。

通过学习，掌握食品、食品工业、食品营销、食品营销观念、顾客让渡价值的相关概念与内容。通过训练，具备运用顾客让渡价值的能力。

## 导入案例

### "中原第一面"的互动营销

河南本土的方便面品牌"大骨面"一路披荆斩棘，打败一众知名大品牌，继 2014 年上半年销量突破两亿包后，继而又成为地区销售冠军，成为"中原第一面"。

大骨面有效的互动营销活动成为维持品牌认知的重要手段。2014 年 12 月，在 2014 年新浪微博之夜上，大骨面获选"2014 年度最受家庭喜爱方便面品牌"，高调的新媒体活动造势，使大骨面在 2014 年春节期间持续热销。2015 年 4 月，大骨面高调发起"突破两亿包，疯抢百部 iPhone 6"消费者回馈活动，吸引了众多消费者踊跃参与，通过撬动消费者之力助推大骨面销量成功突破两亿包。8 月底，大骨面发起了"悬赏 10 万之猜字谜"活动，在预热阶段，大骨面在河南省各大主流报纸媒体刊登悬念广告，除了一组字谜游戏与二维码外，只字未提品牌信息，引起民众的广泛讨论。这种大胆的广告模式不仅创意满满，更与消费者建立了深层次的互动。

（资料来源：《销售与市场（渠道版）》杂志 2015 年第 09 期）

### ⑦ 辩证性思考：

为什么大骨面互动营销能够成功？

# 1.1　认知食品与食品工业

📖【学习与训练思路】

了解食品的概念及分类，掌握食品工业的发展趋势是学习食品营销的基础。

## 1.1.1　认知食品的概念

食物是指人体生长发育、更新细胞、修补组织、调节机能必不可少的营养物质，也是产生热量、保持体温、进行体力活动的能量来源。

食品是指经过加工制作的食物。《食品工业基本术语》对食品的定义：可供人类食用或饮用的物质，包括加工食品、半成品和未加工食品。

## 1.1.2　认知食品的类型

（1）按照营养特点分类：

①谷类及薯类，包括米、面、土豆、红薯等。

②动物性食物，包括羊肉、鸡、草鱼、鸭蛋、牛奶及其制品等。

③豆类及其制品，包括黄豆、豆腐、豆制品等。

④蔬菜水果类，包括植物的根、茎、叶、果实等，如胡萝卜、白菜、苹果等。

⑤纯热能食物，包括色拉油、淀粉、食用糖、白酒等。

（2）按照保藏方法分类：罐头食品、脱水干制食品、冷冻食品或冻制食品、冷冻脱水食品、腌渍食品、烟熏食品。

（3）按照原料种类分类：果蔬制品、肉禽制品、水产制品、乳制品、粮食制品等。

（4）按照加工方法分类：焙烤制品、膨化食品、油炸食品等。

（5）按照食用人群分类：

①婴幼儿食品。

②中小学生食品。

③孕妇、哺乳期妇女以及恢复产后生理功能等特点食品。

④适用于特殊人群需要的特殊营养食品，如运动员、宇航员食品，高温、高寒、辐射或矿井条件下工作人群的食品，高血压病患者适宜低脂肪、低胆固醇食品，以维持、增进人体健康和各项功能为目的，适于各类人群的各种功能性食品。

还可以将食品分为以下 20 种。

（1）粮食及其制品：各种原粮、成品粮以及各种粮食加工制品，包括方便面等。

（2）食用油：植物和动物性食用油料，如花生油、大豆油、动物油等。

（3）肉及其制品：动物性生、熟食品及其制品，如生、熟畜肉和禽肉等。

（4）消毒鲜乳：乳品厂（站）生产的经杀菌消毒的瓶装或软包装消毒奶，以及零售的牛、羊、马奶等。

（5）乳制品：乳粉、酸奶及其他属于乳制品类的食品。

（6）水产类：供食用的鱼类、甲壳类、贝类等鲜品及其加工制品。

（7）罐头：将加工处理后的食品装入金属罐、玻璃瓶或软质材料的容器内，经排气、密封、加热杀菌、冷却等工序达到商业无菌的食品。

（8）食糖：各种原糖和成品糖，不包括糖果等制品。

（9）冷食：固体冷冻的即食性食品，如冰棍、雪糕、冰激凌等。

（10）饮料：液体和固体饮料，如碳酸饮料、汽水、果味水、酸梅汤、散装低糖饮料、矿泉饮料、麦乳精等。

（11）蒸馏酒、配制酒：以含糖或淀粉类原料，经糖化发酵蒸馏而制成的白酒（包括瓶装和散装白酒）和以发酵酒或蒸馏酒作酒基，经添加可食用的辅料配制而成的酒，如果酒、白兰地、香槟、汽酒等。

（12）发酵酒：以食糖或淀粉类原料经糖化发酵后未经蒸馏而制得的酒类，如葡萄酒、啤酒。

（13）调味品：酱油、酱、食醋、味精、食盐及其他复合调味料等。

（14）豆制品：以各种豆类为原料，经发酵或未发酵制成的食品，如豆腐、豆粉、素鸡、腐竹等。

（15）糕点：以粮食、糖、食油、蛋、奶油及各种辅料为原料，经烘烤、油炸或冷加工等方式制成的食品，包括饼干、面包、蛋糕等。

（16）糖果蜜饯：以果蔬或糖类的原料经加工制成的糖果、蜜饯、果脯、凉果和果糕等食品。

（17）酱腌菜：用盐、酱、糖等腌制的发酵或非发酵类蔬菜，如酱黄瓜等。

（18）保健食品：依据《保健食品管理办法》，称之为保健食品的产品类别。

（19）新资源食品：依据《新资源食品卫生管理办法》，称之为新资源食品的产品类别。

（20）其他食品：未列入上述范围的食品或新制定评价标准的食品类别。

## 1.1.3 认知食品工业的发展现状

（1）食品工业是一个常青产业。在市场需求的快速增长和科学技术进步的有力推动下，食品工业已发展成为门类比较齐全，既能满足国内市场需求，又具有一定出口竞争能力的产业，并实现了持续、快速、健康发展的良好态势。

（2）食品工业持续健康发展。2016 年，全国食品工业企业累计完成主营业务收入110 986.2 亿元，同比增长 6.5%；实现利润总额 7 247.7 亿元，同比增长 6.1%。

（3）食品产品结构不断优化，市场供应更加丰富。主要产品产量稳步增长，保证了 13亿人口的食品供应。产品结构向多元化、优质化、功能化方向发展，产品细分程度加深，深加工产品比例上升，新产品不断涌现，基本满足了国民对食品营养、健康、方便的需求。

（4）产品质量总体稳定，食品安全水平提高。2015 年 10 月 1 日起施行的《中华人民共和国食品安全法》（以下简称《食品安全法》），使食品安全各项工作取得了明显成效，全国食品安全形势总体稳定并保持向好趋势，产品质量稳步改善，产品总体合格率不断提高。

## 1.1.4　认知食品工业的发展趋势

### 1. 方便食品的发展和产品的多样化是食品工业发展的重要特征

当前，我国食品工业主要还是以农副食品原料的初加工为主，精深加工程度较低，食品制成品水平低。市场上缺乏符合营养均衡要求的早、中、晚餐方便食品，也缺乏满足特殊人群营养需求的食品。随着居民收入水平的提高，生活方式的变化，生活节奏的加快，使得简便、营养、卫生、经济、即开即食的方便食品市场潜力巨大。消费群体结构的变化，也对食品方便化提出了新的要求，城镇居民对食品消费的数量、质量、品种和方便化必将有更多、更高的要求。

所以，各种方便主食品，肉类、鱼类、蔬菜等制成品和半成品，快餐配餐，谷物早餐，方便甜食以及休闲食品等和针对不同消费人群需求的个性化食品，在相当长的一段时间内都将大有文章可作。方便食品的发展是食品制造业的一场革命，是食品工业发展的推动力。

### 2. 重视保健食品的开发是食品加工的重要任务

我国居民的膳食结构正处于温饱到小康的转型期，对营养合理、符合健康要求的食品需求十分迫切。食品生产要注重开发营养搭配科学合理的新产品，开发营养强化食品和保健食品，既要为预防营养缺乏症服务，又要为防止因营养失衡造成的慢性非传染性疾病服务。

保健食品是 21 世纪食品工业发展的重点行业之一，依据我国经济发展和居民收入水平分析，保健食品发展有着较大的空间。

### 3. 绿色食品、有机食品将成为食品消费的方向

随着经济的发展和社会整体福利水平的提高，人们对食品品质的要求越来越高，消费选择也从数量型向质量型转变。特别是绿色食品和有机食品的兴起，加速了这一转变进程，引领食品消费进入一个新的发展阶段。由于人们对绿色食品的普遍认知，消费需求不断扩大，市场占有率日益提高。有机食品已成为一项大宗贸易，其增速非其他食品可比。随着人们健康意识、环保意识的增强及有机食品贸易的迅速发展，有机食品将成为 21 世纪最有发展潜力和前景的产业之一。

其中，具有地域特色和特殊功效的一些食品的开发更具前景。例如，莲子是我国水生蔬菜栽培中的特种宿根植物，也是我国重要的特产优质资源，其已经成为重要的出口创汇特色农副产品之一，符合以"资源优势型、劳动力密集型、出口导向型"为特征的农产品加工业发展趋势，具有很强的国际市场竞争力。

### 4. 加工精细化、食品标准化已成为食品行业提高自身竞争力的有效途径

食品加工程度既反映了产业科技水平的高低，也体现着经济效益的大小。加工越精细，综合利用程度越高，产品附加值就越高。从作为基础原料的粮油加工来看，目前我国专用

面粉只有九种，而美国有上百种，日本和英国有数十种；专用油脂，我国台湾有上百种，日本有几百种，我国大陆只有几种；玉米深加工品种美国有两三千种，我国只有二十余种。一种原料只能加工出寥寥几种产品，许多物质的潜在价值无法得以实现，这是损失，不利于可持续发展。

**5．食品生产的机械化、自动化、专业化和规模化是提高企业国内、国际市场竞争力的必然选择**

提高食品生产机械化和自动化程度，是生产安全性好和营养价值高食品的前提和基本要求，也是实现食品加工企业规模化生产和发挥规模效益的必要条件。食品工业企业应该从传统的手工劳动和作坊式操作中解脱出来，投入资金完善软硬件，提高生产的机械化、自动化程度。

**6．食品安全监管力度不断提升，肉菜类食品溯源建设将加速**

《食品安全法》对食品安全管理提出了更高的要求，国家也明确提出要建立食品安全全程追溯制度。2015—2020 年，将是我国肉菜类食品溯源建设的加速推广期。一方面，试点城市的建设验收要加快；另一方面，各级政府推进构建全覆盖的流通溯源体系速度也有望加快。预计，食品流通溯源建设主要有四大方向：一是扩大覆盖地区范围；二是拓宽追溯品类；三是沿着种植养殖及食品加工、餐饮上下游双向渗透；四是探索模式的创新。

**7．电子商务重构食品产业，创新推动商业模式升级**

在我国，线上平台已成为发展速度最快的食品分销渠道。全国运营的食品电商主要有两大类，一类是综合型平台，另一类是垂直型电商平台。越来越多的食品品牌正在逐渐实现商品零售由线下到线上的转型。由于产品同质化、企业竞争不断加剧，以及经营成本的不断抬升，中国食品产业正在遭受"成本地板上升"和"价格天花板下降"的双重挤压，行业收入和利润双双下滑。"中国制造"已经丧失低原料价格、低劳动力成本的竞争优势，倒逼中国食品产业必须直面三十多年来最艰难的转型期，即摆脱以依靠"同质化、价格战"为主的终端竞争，需要积极创新推动产业转型升级，依靠智能化、信息化、网络化重构企业商业模式。

# 1.2 认知食品营销的内涵、属性及构成要素

📖【学习与训练思路】

食品营销与一般的市场营销相似，但食品营销又自然带有食品行业的特色。学习食品营销，首先要掌握食品营销的内涵及食品营销的特征，才能进入高效的学习状态。

## 1.2.1 认知食品营销的内涵

食品营销是食品企业发现（创造）食品消费需求、满足食品消费需求和管理食品消费

需求的活动过程。

中国式市场营销"生意经"的三部曲为"找生意""做生意""管生意"。"找生意"即寻找生意,"做生意"即经营生意,"管生意"即管理生意。将其与食品营销的三个环节的内容——"发现(创造)食品消费需求""满足食品消费需求""管理食品消费需求"进行比较,不难发现,中国式市场营销"生意经"三部曲的内容与食品营销三个环节的内容有着内在规律上的一致性。因此,也可以这样理解食品营销的概念:食品营销是食品企业找食品生意(寻找生意)——发现(创造)食品消费需求—做食品生意(经营生意)——满足食品消费需求—管食品生意(管理生意)——管理食品消费需求的活动过程。

食品营销是食品企业从无到有、由小到大、由弱到强的经营之道和生财之道。

## 1.2.2　认知食品营销的属性

（1）由于食品产业链较长,从种植业、养殖业到加工、制造、流通,再到消费者餐桌,横跨多个行业（农业、工业、商业）,所以食品安全、质量控制难度比较大。

（2）食品关系到人民生命安全和身体健康,由于行业门槛低,呈现出鱼龙混杂、良莠不齐的现象。

（3）食品大类多、品种多、规格多,保质期短,贮存条件要求高,保管难,容易变质。

（4）食品是日常快速消费品,周转期短,流通量大,分布面广,市场机会多。

（5）食品供大于求,消费者注意力较分散,选购幅度很大。

（6）食品行业的同质化较为普遍,市场竞争异常激烈和残酷。

（7）消费者对食品的需求层次多、变化快,对食品选购非常挑剔,强调新鲜度。

（8）食品消费不稳定,受经济大环境以及消费者的经济收入、年龄、性别、文化、习俗等诸多因素的影响。

（9）不同区域和不同民族的食品消费习惯和购买力相差很大。

（10）消费者品牌意识和消费行为尚未完全成熟,购买行为往往受到食品价格的刺激而发生变化。

### 相关链接

#### 食品营销的发展趋势

食品安全将成企业核心竞争力;价格战将会淘汰部分食品企业;品牌产业将加快行业洗牌速度;超高端食品销售将会面临困难;电子商务将成为一种重要渠道,无店铺销售会成为食品企业的新选择;有机健康类食品市场日趋成熟;新媒体传播影响力得以扩大。

### 1.2.3 认知食品营销活动的构成要素

#### 1. 市场营销活动的主体

食品企业是市场营销活动的主体，所以，食品营销的主体包括食品生产企业及中间商。

#### 2. 食品营销活动的客体

食品购买者和消费者是食品营销活动的客体，即食品企业营销活动的对象。食品企业营销活动正是围绕发现食品消费需求、满足食品消费需求和管理食品消费需求进行的。食品营销活动的对象包括消费者、食品生产企业和中间商。

#### 3. 市场营销活动的交易对象

食品是食品营销活动的交易对象。

# 1.3 认知食品营销观念

📖【学习与训练思路】

食品营销观念是食品企业从事营销管理的指导思想。它是营销实践活动的一种导向、观念、态度、企业思维方式，其正确与否往往对食品企业营销的成败具有决定性作用。食品营销观念在一定的社会经济环境下形成，并且随着环境的变迁而发展演变。

重点掌握市场营销观念、大市场营销观念、绿色营销观念、关系营销观念、网络营销观念、服务营销观念和全员营销观念。

### 1.3.1 认知以企业为中心的食品营销观念

食品营销观念从最初的"生产观念"、"产品观念"，过渡到"推销观念"，这三种观念是建立在以企业为中心的"以产定销"，而不是满足消费者真正需要的基础上的。因此，称之为以企业为中心的食品营销观念，这是旧观念，也是传统观念。

### 1.3.2 认知以消费者为中心的食品营销观念

以消费者为中心的食品营销观念形成于 20 世纪 50 年代，也称为新观念。该观念认为实现企业目标的关键在于正确确定目标市场的需求，一切以消费者为中心，并且比竞争对手更有效、更有利地传送目标市场所期望满足的需求。它不仅改变了传统的旧观念的逻辑思维方式，而且在经营策略和方法上也有很大突破。

#### 1. 认知市场营销观念

时间：市场营销观念形成于 20 世纪 50 年代。

背景：买方市场。

特点："顾客至上""顾客是上帝""顾客永远是正确的""顾客才是企业的真正主人"。

内容：市场营销观念是"发现需要并设法满足它们"，而不是"制造产品并设法推销出去"；是"生产能够销售出去的产品"，而不是"推销已经生产出来的产品"。

意义：市场营销观念取代传统观念是企业经营思想上一次深刻的变革，是一次根本性的转变。

新旧观念的根本区别可归纳为以下四点。

（1）起点不同。按传统观念，市场处于生产过程的终点，即产品生产出来之后才开始经营活动；市场营销观念则以市场为出发点来组织生产经营活动，市场处于生产过程的起点。

（2）中心不同。传统观念以卖方需要为中心，着眼于卖出现有产品，"以产定销"；市场营销观念则强调以买方需求即顾客需求为中心，按需求组织生产，"以销定产"。

（3）目的（终点）不同。传统观念以销出产品取得利润为终点；市场营销观念则强调通过顾客的满足来获得利润，因而不仅关心产品销售，而且十分重视售后服务和消费者意见的反馈。

（4）手段不同。传统观念主要采取广告等促销手段千方百计地推销既定产品；市场营销观念则主张通过整体营销的手段，充分满足消费者物质和精神上的需求，实实在在地为消费者服务，处处为消费者着想。

### 2．认知社会市场营销观念

时间：社会市场营销观念形成于 20 世纪 70 年代。

背景：市场环境发生了许多变化，如能源短缺、通货膨胀、失业人数增加、消费者保护运动盛行等。在这种背景下，人们纷纷对单纯的市场营销观念提出了怀疑和指责，某些企业忽视了满足消费者个人需要同社会长远利益之间的矛盾，从而造成了资源大量浪费和环境污染等社会问题。

特点：保护社会环境，以消费者整体和长远的利益为中心。

内容：不仅要满足消费者的需求并由此获得企业利润，而且要考虑消费者自身和整个社会的长远利益，要正确处理消费者需求、企业利润和社会整体利益之间的矛盾，统筹兼顾，求得三者之间的平衡。

意义：社会市场营销观念是对市场营销观念的补充、完善和发展。

### 3．认知大市场营销观念

时间：大市场营销观念形成于 20 世纪 80 年代。

背景：许多国家的政府加强了对经济的干预，贸易保护主义抬头。

特点：企业可以影响其周围的经营环境，而不仅仅是顺从它和适应它；改造、改变目标顾客的需求；用 6Ps 来打开和进入某一市场。

内容：在市场营销组合 4Ps（产品策略、价格策略、分销策略、促销策略）的基础上，增加"政治力量"和"公共关系"，形成 6Ps。

## 1.3.3　认知食品营销观念的新发展

### 1．认知绿色营销观念

时间：绿色营销观念形成于 20 世纪 80 年代。

背景：各国经济都进入高速增长时期，带来了人口爆炸、环境恶化、资源耗竭等问题，要求走可持续发展之路，对环境保护日益关注。

特点：掀起了一股绿色浪潮，绿色工程、绿色工厂、绿色商店、绿色产品、绿色消费等新概念应运而生，许多绿色环保组织也相继成立。

内容：企业以环境保护观念作为经营指导，充分利用资源研制开发产品，保护自然、变废为宝，以此满足消费者绿色消费需求，努力消除和减少生产经营对生产环境的破坏和影响。为此，开发绿色产品的生产与销售，发展绿色产业是绿色营销的基础，也是食品企业在绿色营销观念下从事营销活动取得成功的关键。

意义：绿色营销观念是社会营销观念的更新、更高的体现。

### 2. 认知关系营销观念

时间：关系营销观念形成于 20 世纪 70 年代。

背景：市场竞争激烈化，企业营销是一个与各种组织和个人发生相互作用的过程，正确处理这些关系是企业营销的核心，也是企业成功的关键。

特点：同消费者结成长期的相互依赖的关系，发展消费者与企业及其产品之间的连续性的交往关系，以提高品牌忠诚度，巩固市场，促进销售。

内容：把市场营销活动看成一个企业与消费者、供应商、分销商、竞争者、政府机构及其他公众发生互动作用的过程，其核心是建立和发展与这些公众的良好关系。

### 3. 认知网络营销观念

背景：互联网技术的发展，消费者个性化需求的发展，企业低成本营销的需要。

特点：消费者与企业之间可以进行交互式的交流；企业面临的市场是全球的市场，企业竞争环境更加复杂多变。

内容：运用网络营销产品策略、网络定价策略、网络渠道策略、网络促销策略，实现市场、订货、购物、支付和运送等环节在互联网上的运行。

### 4. 认知服务营销观念

背景：70%的客户流失是因为服务水平的欠缺；争取一位新客户比维护一位老客户的费用高 6～10 倍；满足客户的基本需求，便可使营业额增长 20%左右；客户的满意度提高 5%，营业额就可以增加一倍；客户不满意时，可能有 75.3%的人停止或减少购买；每一位投诉的客户身后，有 49 位不满意却没吭声的客户，投诉后得到迅速解决会有 82%的客户重新购买。

特点：以服务为导向，企业营销的是服务。

内容：服务是企业从产品设计、生产、广告宣传、销售安装、售后服务等各个部门的事情，甚至是每一位员工的事情。服务营销观念下，企业关心的不仅是产品是否成功售出，更注重的是用户在享受企业通过有形或无形的产品所提供服务的过程中的感受，使企业与用户建立长久的、良好的客户关系，为企业积累宝贵的用户资源。

### 5．认知全员营销观念

背景：企业之间的市场竞争进入争夺消费者资源阶段，要求食品企业内部每个人参与整个企业的营销活动。

特点：人人营销、事事营销、时时营销、处处营销。

内容：食品企业所有员工把企业的产品、价格、渠道、促销和需求、成本、便利、服务等可控因素进行有效组合以满足消费者的各项需求；同时研发部、生产部、财务部、行政部、物流部等各部门统一以市场为中心，以顾客为导向，进行营销管理。全员营销的关键是协调食品企业内部所有职能来满足消费者的需求，让食品企业内部所有部门、全体员工都为消费者着想，在营销观念、质量意识、行为取向等方面形成共同的认知和准则，一心一意地为消费者提供优质产品与优质服务，提高消费者的满意度。

# 1.4　运用顾客让渡价值

### 📖【学习与训练思路】

顾客让渡价值为食品企业营销提供了一种全新的营销思路，是食品企业创造食品消费需求，满足食品消费需求，激发顾客购买欲望，进而培养满意顾客、忠诚顾客的依据。食品企业要获得竞争优势，就要为顾客创造更多的价值。在提高顾客总价值的同时降低顾客的总成本，这样将会创造出最大的让渡价值，增强对顾客的吸引力。提高顾客满意度，培养更多的忠诚顾客。

在掌握顾客让渡价值的内容、顾客让渡价值的策略、运用顾客让渡价值应注意的问题的基础上，具备运用顾客让渡价值的能力，掌握顾客让渡价值应注意的问题。

## 1.4.1　认知顾客让渡价值

### 1．认知顾客让渡价值的概念

顾客让渡价值是指顾客购买的总价值与顾客购买的总成本之间的差额。其中，顾客购买的总价值是顾客购买某一产品与服务所期望获得的一组利益；顾客购买的总成本是指顾客为购买某一产品所耗费的时间、精神、体力及所支付的货币资金等。

顾客让渡价值是食品企业制定服务理念和服务策略的依据，也是食品企业竞争的指导思想，具有极强的实用性。有些企业提出的"一站式"服务策略正是依据顾客让渡价值理论而设计的。

### 2．认知顾客购买的总价值的内容

顾客获得更大"顾客让渡价值"的途径之一，是增加顾客购买的总价值。顾客购买的总价值由产品价值、服务价值、人员价值和形象价值构成，其中每一项价值的变化均对总价值产生影响。

（1）产品价值。产品价值是由产品的功能、特性、品质、品种与款式等所产生的价值。它是顾客需求的中心内容，也是顾客选购产品的首要因素。因此，一般情况下，它是决定顾客购买总价值大小的主要因素。产品价值是由顾客需求来决定的，在分析产品价值时应注意以下两点。

1）在经济发展的不同时期，顾客对产品有不同的需求，构成产品价值的要素及各种要素的相对重要程度也会有所不同。

2）在经济发展的同一时期，不同类型的顾客对产品也会有不同的需求，在购买行为上显示出极强的个性特点和明显的需求差异性。这就要求企业必须认真分析不同经济发展时期顾客需求的共同特点，以及同一发展时期不同类型顾客需求的个性特点，并据此进行产品的开发与设计，增强产品的适应性，从而为顾客创造更大的价值。

（2）服务价值。服务价值是指伴随产品实体的出售，企业向顾客提供的各种附加服务，包括产品介绍、送货、安装、调试、维修、技术培训、产品保证等所产生的价值。服务价值是构成顾客总价值的重要因素之一。现代市场营销实践中，随着消费者收入水平的提高和消费观念的变化，消费者在选购产品时，不仅注意产品本身价值的高低，更加重视产品附加值的大小。特别是在同类产品的质量与性质大体相同的情况下，企业向顾客提供的附加服务越完备，产品的附加值就越大，顾客从中获得的实际利益就越大，从而购买的总价值越大；反之，则越小。因此，在提供优质产品的同时，向消费者提供完善的服务，已成为现代企业市场竞争的新焦点。

（3）人员价值。人员价值是指企业员工的经营思想、知识水平、业务能力、工作效益与质量、经营作风、应变能力等所产生的价值。企业员工直接决定着企业为顾客提供的产品与服务的质量，决定着顾客购买总价值的大小。一个综合素质较高又具有顾客导向营销观念的工作人员，会比知识水平低、业务能力差、营销观念不端正的工作人员为顾客创造更高的价值，从而创造更多的满意顾客，进而为企业创造市场。人员价值对企业、顾客的影响是巨大的，并且这种影响往往是潜移默化、不易度量的。因此，高度重视企业人员综合素质与能力的培养，加强对员工日常工作的激励、监督与管理，使其始终保持较高的工作质量与水平就显得至关重要。

（4）形象价值。形象价值是指企业及其产品在社会公众中形成的总体形象所产生的价值，包括企业的产品、技术、质量、包装、商标、工作场所等构成的有形形象所产生的价值，公司及其员工的职业道德行为、经营行为、服务态度、作风等行为形象所产生的价值，以及企业的价值观念、管理哲学等理念形象所产生的价值等。形象价值与产品价值、服务价值、人员价值密切相关，很大程度上是上述三个方面价值综合作用的反映和结果。形象对于企业来说是宝贵的无形资产，良好的形象会对企业的产品产生巨大的支持作用，赋予产品较高的价值，从而带给顾客精神上和心理上的满足感和信任感，使顾客的需求获得更高层次和更大限度的满足，从而增加顾客购买的总价值。因此，企业应高度重视自身形象塑造，为企业和顾客带来更大的价值。

### 3．认知顾客购买的总成本的内容

使顾客获得更大"顾客让渡价值"的另一个途径是降低顾客购买的总成本。顾客购买的总成本不仅包括货币成本，还包括时间成本、精神成本、体力成本等非货币成本。一般情况下，顾客购买产品时首先要考虑货币成本的大小，货币成本是构成顾客购买的总成本大小的主要因素和基本因素。货币成本相同的情况下，顾客在购买时还要考虑所花费的时间、精力等，因此这些支出也是构成顾客购买的总成本的重要因素。这里主要分析时间成本和精力成本。

（1）时间成本。顾客购买的总价值与其他成本一定的情况下，时间成本越低，顾客购买的总成本越小，从而"顾客让渡价值"越大。例如，顾客在购买餐馆、旅馆、银行等服务行业所提供的服务时，常常需要等候一段时间才能进入到正式购买或消费阶段，在营业高峰期更是如此。服务质量相同的情况下，顾客等候购买该项服务的时间越长，所花费的时间成本越大，购买的总成本就会越大。同时，等候时间越长，越容易引起顾客对企业的不满意，中途放弃购买的可能性亦会增大。反之，购买的总成本越小，放弃购买的可能性减小。因此，努力提高工作效率，在保证产品与服务质量的前提下，尽可能减少顾客的时间支出，降低顾客的购买成本，是创造更大的"顾客让渡价值"、增强企业产品市场竞争能力的重要途径。

（2）精力成本。精力成本是指顾客购买产品时，在精神、体力方面的耗费与支出。顾客购买的总价值与其他成本一定的情况下，精神与体力成本越小，顾客为购买产品所支出的总成本就越低，从而顾客让渡价值就越大。因为顾客购买产品的过程是一个从产生需求、寻找信息、判断选择、决定购买到实施购买及购后感受的全过程。在购买过程的各个阶段，顾客均需付出一定的精神与体力。例如，当消费者对某种产品产生了购买需求后，就需要收集与该种产品有关的信息。消费者为收集信息而付出的精神与体力的多少，会因购买情况的复杂程度不同而有所不同。就复杂购买行为而言，顾客一般需要广泛、全面地收集产品信息，因此需要付出较多的精神与体力。对于这类产品，如果企业能够通过多种渠道向潜在顾客提供全面而详尽的信息，就可以减少顾客为获取产品情报所花费的精神与体力，从而降低顾客购买的总成本。因此，企业采取有效的措施，对增加顾客购买的实际利益、降低购买的总成本、获得更大的"顾客让渡价值"具有重要意义。

## 1.4.2　运用顾客让渡价值的策略

### 1．运用创造顾客价值的策略

食品企业使顾客获得更大"顾客让渡价值"的首要途径是增加顾客购买的总价值，即做加法。从总价值的产品价值、服务价值、人员价值和形象价值等构成要素着手，增加每一项价值均对顾客总价值产生影响。

（1）创造顾客价值的低价格策略。企业在保持产品质量和服务质量不变的前提下降低价格时，只要顾客能够认可产品和服务中所包含的价值，就能成功。

（2）提升产品质量和服务质量，创造顾客价值。很多行业中，发展的一个重要趋势是企业通过延伸产品和服务的利益来为顾客提供更大的价值，以此来让企业远离价格竞争，获取更大的利益。

（3）提升人员价值，创造顾客价值。营销员的个人形象、修养及技能熟练度、亲和力等能在相当程度上维系顾客的心，增加回头客。

（4）提升形象价值，创造顾客价值。完善企业形象识别系统，通过媒介舆论宣传提高企业与品牌知名度与美誉度、联想度，诚信经营，注重服务，提高企业形象与产品品牌形象。

（5）价值创新，创造顾客价值。竞争会使所有的产品和服务随着时间的推移而逐渐沦为普通商品。单纯地压低价格或提供产品质量并不足以使企业与竞争者区别开来。要想获得持续的竞争优势，需要对产品价值、服务价值、人员价值、形象价值和货币价值进行创新组合。

**2．运用降低顾客成本的策略**

食品企业使顾客获得更大"顾客让渡价值"的另一个途径是降低顾客购买的总成本，即做减法。从总成本的货币成本、时间成本、精神成本、体力成本等构成要素着手，减少或降低每一项成本均对顾客总成本产生影响。

（1）降低货币成本策略。降低顾客的货币成本，一般会采取打折的办法，但打折会在相当程度上损害企业品牌形象、降低品牌档次，通常不提倡使用。对老顾客赠送贵宾卡，开业及节假日送优惠券，以及其他促销手段，均可使用。

（2）降低时间成本策略。降低顾客的时间成本，即提高服务水准及扩大服务内容，包括提高营销员素质及操作的熟练度，销售过程中要动作快捷，表达明确，售后服务要及时、周到。

（3）降低精力成本策略。提倡优质服务，注重细节营销，强化包括售前、售中与售后的服务精神，努力减少每一位顾客的购买精力。

（4）降低体力成本策略。提高终端服务，送货上门，降低顾客体力成本。

## 1.4.3 运用顾客让渡价值应注意的问题

**1．认知影响顾客让渡价值的因素**

顾客让渡价值的多少受顾客购买的总价值与顾客购买的总成本两个方面因素的影响。顾客购买的总价值（TCV）是产品价值（$P_d$）、服务价值（$S$）、人员价值（$P_s$）和形象价值（$I$）等因素的函数，可表示为 $TCV=f(P_d, S, P_s, I)$，其中任何一项价值因素的变化都会影响顾客购买的总价值。

顾客购买的总成本（TCC）是货币成本（$M$）、时间成本（$T$）、精力成本（$E$）等因素的函数，即 $TCC=f(M, T, E)$，其中任何一项成本因素的变化均会影响顾客购买的总成本，由此影响顾客让渡价值的大小。

同时，顾客购买的总价值与总成本的各个构成因素的变化及其影响作用不是各自独立的，而是相互作用、相互影响的。某一项价值因素的变化不仅影响其他相关价值因素的增减，还影响顾客购买的总价值与总成本的大小，进而影响顾客让渡价值的大小。因此，企业在作各项市场营销决策时，应综合考虑构成顾客购买的总价值与总成本的各项因素之间的关系，从而用较低的生产与市场营销费用为顾客提供具有更多顾客让渡价值的产品。

### 2．运用不同的顾客期望

不同顾客群对产品价值的期望与对各项成本的重视程度是不同的。企业应根据不同目标顾客群的需求特点，有针对性地设计和增加顾客总价值、降低顾客总成本，以提供产品的实用价值。例如，对于工作繁忙的顾客来讲，时间成本是最为重要的因素，企业应尽量缩短顾客从产生需求到具体实施购买，以及产品投入使用和维修的时间，最大限度地满足其求速、求便的心理要求。总之，企业应根据不同细分市场顾客的不同需要，努力提供实用价值强的产品，这样才能增加顾客购买的实际利益，减少其购买成本。同时，有针对性地提供满意服务，使顾客的需求获得最大限度的满足。

### 3．掌握顾客让渡价值的合理界限

为了争取顾客、战胜竞争对手、巩固或提高产品的市场占有率，企业往往过度采取顾客让渡价值最大化策略。这样过度追求顾客让渡价值最大化的结果却往往会导致成本增加、利润减少。因此，在市场营销实践中，企业应掌握合理的限度，不应片面追求顾客让渡价值最大化，从而大幅度增加成本费用。换言之，企业顾客让渡价值的大小应以既能够达到吸引顾客又能够实现企业营销目标为原则。

（1）顾客让渡价值小十顾客期望价值。运用顾客让渡价值时，如果顾客让渡价值小于顾客期望价值，使顾客"大失所望"，对顾客没有吸引力，不能激发顾客的购买欲望，则顾客让渡价值策划失败。

（2）顾客让渡价值等于顾客期望价值。运用顾客让渡价值时，如果顾客让渡价值等于顾客期望价值，即顾客让渡价值能够满足顾客的期望价值，使顾客产生"不出所料"的感觉，满足了顾客的现实需求。这是顾客让渡价值策划的基本状态。

（3）顾客让渡价值大于顾客期望价值。运用顾客让渡价值时，如果能够挖掘顾客让渡价值，创造顾客利益，就会创造需求，增加顾客让渡价值。同时千方百计减少顾客购买成本，这样顾客让渡价值才能大于顾客期望价值，使顾客"喜出望外"，极大激发顾客的购买欲望，对顾客形成较强的吸引力，企业才具有竞争力。这是顾客让渡价值策划的最高境界。

## 案例分析

### "青春不朽，喝杯小酒"
#### ——江小白，颠覆传统白酒的时尚白酒品牌

重庆江小白酒类营销有限公司成立于 2011 年，位于有着悠久酿酒历史和长寿之乡的江津白沙古镇。江津白沙古镇气候宜人，自然环境优良，不仅是川法小曲酒的发源地，也是中国小曲酒的主要产区。其地理位置毗邻"中国白酒金三角"，到五粮液产地宜宾、茅台产地仁怀的直线距离均不到 100 千米，与泸州更是隔江而望。在白酒市场整体不景气的情况下，公司把目标消费人群瞄准青年群体，以青春的名义创新，以青春的名义创意，以青春的名义颠覆，用年轻人更加能够接受的方式重新打造中国白酒，颠覆传统酒业营销模式，通过互联网传播品牌价值，创造了全国最早依靠互联网社交网络媒体人格化的、面向新城市青年群体的小酒品牌——江小白。江小白开创了中国传统白酒行业在"互联网+"时代的全新营销模式，开辟了白酒时尚化的新市场，致力于引领和践行中国酒业的年轻化、时尚化、国际化。公司年销售额平均增长保持 100%，是传统产业依靠互联网思维转型升级的典范，被中央电视台、销售与市场杂志社等机构授予"疯狂开拓者 MAD MAN"称号。

以青春创意吸引消费者，以品质口感留住消费者。江小白卖的不是酒，而是一种有表达的青春态度。传统白酒在口感上、闻香上都比较厚重，其舒适度和利口度不容易被年轻消费群体接受。而江小白面对新环境、新消费者、新市场，采取了差异化竞争策略，提出"低度化、利口化、时尚化"，用单一高粱小曲酒酿造工艺，致力于为新城市青年群体酿造纯净、柔和、甜润、低度的国际化口感特征的，香而不烈、爽而不薄的清淡型高粱酒。江小白打破了传统观念中白酒就是商务酒、宴会酒的刻板形象，消费人群定位在 80 后、90 后的年轻人，依据年轻人时尚、活跃、不拘束的生活态度，设计了戴黑框眼镜，长着一张大众脸，热爱生活的文艺青年代表的 "江小白"卡通形象作为品牌形象。并根据这群人的思想特征，提出了"我是江小白，生活很简单"的品牌理念。传统酒业花在包装上的钱占总成本的 25%～30%，江小白没有外盒，都是光瓶，包装成本只有 10%左右。对比传统酒业，江小白可以省掉20%，这是替消费者省掉的一笔钱。2016 年，江小白推出表达瓶——"我有一瓶酒，有话对你说"，在原有语录瓶的基础上，打开用户参与的通道。扫江小白表达瓶上的二维码，进入表达瓶 HTML5 互动页面。消费者可在互动页面写下想说的话，上传自己的照片，定制属于自己的江小白表达瓶。更特别的是，如果你的"表达"特别精彩，还有可能被江小白采用，成为下一批表达瓶之一。

现在白酒行业出现了经销商与企业对抗的潮涌，价格乱象、窜货屡见不鲜，这都是由于传统的白酒渠道是以"层级制"为主的。产品通过层层经销渠道到消费者手中，流转效率较低。江小白抓住渠道的变革机会，主张"去阶层"，通过以高频次、小批量的货物流转形式，代替传统白酒企业的低频次、大批量的流转形式，降低经销商压货的金额，直接减

少经销商的资金占用，以此提高资金利用率和渠道流转效率。

江小白一心打造"放松"的青年文化，追求简单纯粹的生活态度，积极参与摇滚、民谣、当代文学与当代艺术等文化活动，致力于打造新时代青年文化，强调品牌的当代感，持续推动都市青年的情绪陪伴。利用微博作为主媒体创建江小白时尚白酒品牌，借助"手机里的人已经坐在对面了，你怎么还在盯着手机看""陪你去走最远的路,是我最深的套路"等传达年轻人心声的语录，迅速征服了 80 后、90 后年轻一代。不仅如此，该品牌在《火锅英雄》《从你的全世界路过》《好先生》等热门电影、电视剧里也频频出现。如今，随着信息科技的发展，都市青年的社交越来越依赖手机和电脑，江小白推出"小约在冬季"活动，启发更多的青年人拿起电话，约朋友一起喝个小酒，让彼此间的问候更加有温度。为助推"小约在冬季"约酒活动，江小白送出 100 万瓶酒。

### ? 辩证性思考：

登录江小白微博，了解江小白品牌开创"互联网+"时代的全新营销模式，谈谈你对江小白品牌创新的感想。

## 营销知识检测

1．分析食品工业的发展趋势。
2．如何理解食品营销的内涵？
3．如何运用顾客让渡价值？

## 营销能力训练

**训练项目：**
1．访问一家食品企业，分析该食品企业适合采用哪种营销观念来指导营销工作。
2．运用顾客让渡价值分析一家食品企业的节日促销活动。

**训练目的：**
通过训练，加深对顾客让渡价值的认识与掌握，树立正确的市场营销观念。

**训练要求：**
由班级学习委员组织全班讨论、交流。

# 第 2 单元 ●●●
## 运用食品营销环境分析

### 学习与训练指导

　　食品企业营销活动成败的关键在于能否适应不断变化的食品营销环境。营销管理者的任务就是以各种不同的方式增强适应环境的能力，避免来自营销环境的威胁，在变化的环境中寻找新的机会，并尽可能地在一定的条件下运用经营资源去影响和改变食品营销环境，为食品企业创造一个更有利的活动空间，实现营销目标。

　　通过学习，掌握食品营销环境的内容，正确认知食品企业对营销环境的反应和适应；掌握运用食品营销环境分析的方法、操作程序和对策。

　　通过训练，具备食品营销环境分析的能力。

### 导入案例

#### 人口结构变化对食品需求会产生重大影响

　　目前，中国社会处于城镇化和老龄化双重加速阶段。城镇化与人口老龄化是我国未来一段时期内重要的经济社会发展大趋势，二者反映了人口结构在空间和时间两个维度的转型特征。国际经验表明，人口结构变化对食品需求会产生重大影响。从人口城乡结构来看，消费主体处于不同空间，收入水平、职业差异明显，消费习惯会产生明显差异。亚洲高收入国家 20 世纪 70—90 年代的发展经验表明，城镇人口扩大、畜产品消费量提高，意味着要消耗更多的粮食（饲料粮），从而扩大粮食的总需求量。从年龄结构来看，作为消费主体的人，在不同的生命周期，食品消费需求会有明显的区别。美国统计数据表明，食品支出的高峰出现在 35～44 岁阶段，之后逐渐下降，75 岁以上阶段食品支出下降到高峰时的一半左右。根据 FAO 数据表，17～18 岁成人热量需求值达到高点，随后呈现下降趋势，60～69 岁人口热量需求为最高值的 70.3%，80～89 岁进一步下降到 49.9%。

（资料来源：农村网. 人口结构变化对食品需求会产生重大影响.
http://www.nongcun5.com/news/20160416/51073.html）

**? 辩证性思考：**

人口结构变化对食品需求会产生哪些重大影响？

# 2.1　认知食品营销环境

**📖【学习与训练思路】**

培养分析食品营销环境的能力，首先，要理解食品营销环境的概念、构成要素和特点，明确食品营销环境对企业的生存与发展、对食品营销活动及决策过程产生的有利或不利的影响，以及不同的制约作用和效果。食品企业必须重视对营销环境的分析和研究。

## 2.1.1　认知食品营销环境

### 1．认知食品营销环境的概念

食品营销环境指的是与食品企业营销活动相关的特定的影响因素和条件。食品营销环境是食品企业的生存空间，是食品企业生存和发展的前提条件，是食品营销活动的重要基础。

### 2．认知食品营销环境的分类

（1）按影响范围分类。按影响范围分类，食品营销环境可分为微观环境和宏观环境，如图 2-1 所示。

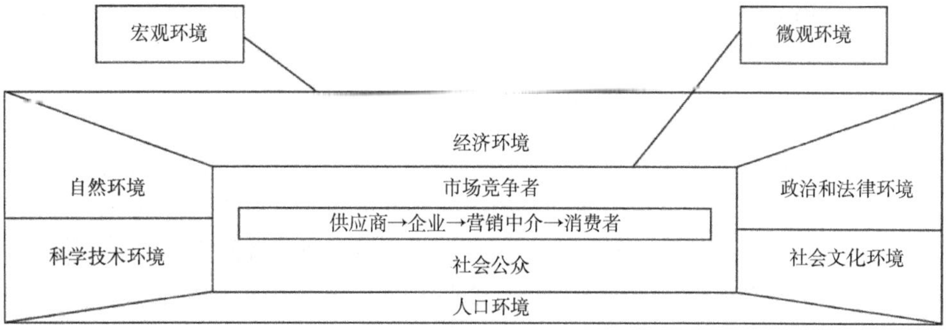

图 2-1　食品营销环境的构成要素

①微观环境，又称为直接环境，指与食品企业紧密相连，直接影响其营销能力的各类参与者。这些参与者包括食品企业的供应商、营销中介、市场竞争者，以及社会公众和食品企业内部条件。

②宏观环境，又称为间接环境，指影响食品企业微观环境的巨大社会性力量和因素，包括人口环境、经济环境、自然环境、科学技术环境、政治和法律环境、社会文化环境等多个方面。

宏观环境与微观环境是并列和包容的关系。微观环境为宏观环境的大背景所制约，宏观环境则借助微观环境发挥作用。

（2）按控制性难易分类。

①可控制因素，指由食品企业及营销人员支配的因素，即微观环境中的食品企业内部条件。它既包括最高管理部门可支配的因素，如产业方向、总目标、公司营销部门的作用、其他职能部门的作用，又包括食品营销部门可控制的因素，如目标市场的选择、营销目标、营销机构类型、营销计划、营销控制等。

②不可控制因素，指影响食品企业的工作和完成情况，而食品企业及营销人员不能控制的因素，即宏观环境和微观环境中的食品企业外部环境。

## 2.1.2 认知食品营销环境的特点

### 1. 客观性

食品营销环境作为一种客观存在，是不以食品企业的意志为转移的，有着自己的运行规律和发展趋势，对食品营销环境变化的主观臆断必然会导致营销决策的盲目与失误。因此，食品企业的生存和发展，愈来愈取决于其适应外界环境变化的能力。如果食品企业不能很好地适应外界环境的变化，则很可能在竞争中失败，从而被市场淘汰。

### 2. 差异性

食品营销环境的差异性不仅表现在不同的食品企业受不同环境的影响，而且同一种环境因素的变化对不同食品企业的影响也不尽相同。例如，不同国家或地区之间，在民族、人口、经济、社会文化、政治、法律、自然地理等方面存在着广泛的差异，这些差异势必对食品企业的营销活动产生不同的影响。可见，由于外界环境因素存在差异性，要求食品企业必须采取相应的营销对策。

### 3. 相关性

食品营销环境作为一个完整的系统，其各个影响因素之间发生相互作用是不可避免的，其中存在相互制约和相互依存的关系。例如，消费者对某种商品的需求量不仅受商品本身价格的影响，也受相关商品（互补品和替代品）的价格、消费者的收入水平、消费偏好及心理预期的影响，甚至还受国家宏观经济政策调控的影响。因此，食品企业有必要充分关注各种因素之间的相互作用。

### 4. 动态多变性

食品营销环境是一个动态的概念，它总是处在一个动态变化的过程中。就中国当今的食品营销环境而言，食品企业所处的环境已经有了很大的改善。当然，食品营销环境的变化有快慢、大小之分。其中，科技、经济等因素的变化相对快而大，因而对食品企业营销活动的影响相对短且波动大。例如，技术革新和发明创造不是均匀、连续的过程，而是有高潮和低潮的，这会导致经济的上升和下降，从而形成不同的经济周期。而人口、社会文化、自然因素等相对变化较慢、较小，对食品企业营销活动的影响就相对长而稳定。因此，食品企业的营销活动必须适应环境的变化，不断地调整和修正自己的营销策略，否则将会丧失市场机会。

### 5．不可控性

影响食品营销环境的因素是多方面且复杂的，食品企业对其不可控制。例如，一个国家的政治、法律制度、民族结构及一些社会文化习俗等是不可能被食品企业随意改变的。而且，这种不可控性对不同企业表现不一，有的因素对某些食品企业来说是可控的，对另外一些食品企业则可能是不可控的；有些因素在当下是可控的，到了以后则可能变得不可控了。

食品营销环境的特点决定了它对食品企业的生存与发展、营销活动及决策过程产生着有利或不利的影响，产生着不同的制约作用和效果。一方面，它为食品企业提供了食品营销机会；另一方面，它也会给食品企业造成某种威胁。因此，食品企业必须重视对食品营销环境的分析和研究，善于把握食品营销环境的变化趋势，懂得根据食品营销环境的变化制定和调整食品营销策略，扬长避短，趋利避害，抓住机遇，从而实现食品企业的营销目标。

## 2.1.3　认知食品企业对营销环境的反应和适应

食品企业对营销环境的反应和适应，并不意味着食品企业对于营销环境无能为力或束手无策，只能消极地、被动地改变自己以适应环境，而是应从积极主动的角度出发，能动地去适应食品营销环境。也就是说，食品企业既可以以各种不同的方式增强适应食品营销环境的能力，避免来自食品营销环境的威胁，也可以在变化的食品营销环境中寻找自己的新机会，并尽可能地在一定的条件下转变食品营销环境因素，制定有效的食品营销策略去影响营销环境，在市场竞争中处于主动地位，占领更大的市场。

# 2.2　认知食品营销环境的内容

📖【学习与训练思路】

培养分析食品营销环境的能力，要遵循分析什么、如何分析的思路。因此，要掌握食品营销环境的构成因素，以及食品营销环境的构成因素对企业食品营销的影响。

## 2.2.1　认知食品营销的宏观环境因素

### 1．认知人口环境因素

人口是构成一个市场的首要因素，人口动力可以创造新机会、新市场。人口环境是食品企业作营销决策的重要参照，是食品营销宏观环境的首要因素。食品企业应该加强对人口环境因素的研究，密切关注人口特性及其发展动向，善于抓住市场机会。另外，当出现威胁时，要相应地调整食品营销策略，以适应人口环境的变化。

（1）人口数量与增长速度对食品企业营销的影响。在消费者收入水平相当的前提下，人口数量直接决定了市场的发展空间，人口数量与市场规模成正比。我国13亿人口就是一个巨大的市场。从全球的视角看，世界人口依然呈现出爆炸性的增长趋势，到 2016 年，全球人口总数增至 72 亿人。世界人口的增长速度对食品营销活动具有较大的影响，人口规模的增加势必引起人类食品消费需求的增长。

（2）人口结构对食品企业营销的影响。人口结构包括人口的年龄结构、性别结构、教育结构、家庭结构、社会与民族结构等。

①年龄结构。年龄结构直接关系到市场的实际需求量及食品企业的目标市场选择。在一个市场上，不同年龄段的消费者对食品的需求自然存在差异性。营销人员应首先明确年龄段中最可能成为目标市场的具体群体。我国人口老龄化规模将进一步扩大并越来越突出，对食品消费和生活方式更加追求"天然"和健康。一部分企业已经率先看到了这个巨大的蛋糕，并采取了有效的行动，脑白金系列产品的成功很大程度上就是在营销策略上看准了老年市场的结果。一方面开发专门给老年人用的高档保健品；另一方面在广告上大打亲情牌、文化牌，符合中国人的传统——送礼。

②性别结构。人口的性别不同，其市场需求也有明显的差异。据调查，0～62 岁的年龄组内，男性略多于女性，其中 37～53 岁的年龄组内，男性约多于女性 10%；但到 73 岁以上，女性约多于男性 20%。这反映到市场上就会出现男性用品市场和女性用品市场。男性市场和女性市场在需求上表现出明显的差异，这种差异为食品营销带来了新的契机。在食品饮料领域，企业看到了差异化的市场需求后便积极地采取有针对性的差别营销手段，如推出了主要面向男性的运动功能饮料和面向女性的减肥可乐等。

③教育结构。教育结构对市场需求同样会产生较大的影响。例如，受教育程度较低的群体的消费行为一般趋于感性，广告应突出企业的形象而不是产品本身；而对于受教育程度较高的群体，接触到的广告媒体则更多的是一些专业报纸、期刊或互联网。随着高等教育的大众化，人们将更加看重教育、旅游和休闲的价值。

④家庭结构。现代家庭是社会的细胞，食品大多数是以家庭为单位购买和消费的。一个国家或地区的家庭单位和家庭平均成员的多少，以及家庭组成状况等，直接影响着食品的需求量。

依据第六次全国人口普查数据，我国共有家庭户 40 152 万户，家庭户人口 124 461 万人，平均每个家庭户的人口为 3.10 人。传统家庭比例下降，"离婚"和非传统家庭逐渐增多，形成了独身生活、同居生活、单亲家庭、丁克家庭以及空巢家庭在内的现代多元化家庭模式。总的来说，家庭结构呈现小型化、特殊化趋势。食品企业应当考虑非传统家庭的特殊需要，因为非传统家庭住户数的增长速度远远快于传统家庭住户数的增长速度。反映到市场上就是对某些以家庭为购买、消费基本单位的食品的销售，如食品以小包装和方便快捷为主。

⑤社会与民族结构。我国第六次人口普查结果显示，我国农村人口约占总人口的 50.32%。因此，农村是有着巨大潜力的市场。我国是一个多民族的国家，民族不同，其生活习性、文化传统也不相同，反映到市场上，就是各民族的市场需求存在着很大的差异。因此，食品企业要注意民族市场的食品营销。

（3）人口地理分布。人口分布即人口的地理分布。从人口区域分布看，我国东部沿海地区经济发达，人口密度大，消费水平高；中西部地区经济相对落后，人口密度小，消费水平低。随着我国城镇化战略的实施，必然推动城乡之间、地区之间的人口在数量和质量上都呈现强势流动的态势。不同城市之间流动人口的多少不等，反映在食品方面的市场需求量就会有很大差别。例如，南方人以大米为主食、北方人以面粉为主食，江浙人喜甜，四川湖南人喜辣。因此，研究人口的地域差别和变化，对食品企业的营销有着更为直接的影响。

### 2. 认知经济环境因素

经济环境是指食品企业营销活动所面临的社会经济条件及其运行状况和发展趋势，其中最主要的指标是社会购买力。而购买力直接或间接受消费者收入水平、消费者支出方式、价格水平、储蓄与信贷等经济因素的影响。可见，食品企业应特别关注消费者收入与消费模式的主要变化趋势。

（1）消费者收入水平的变化对食品企业营销的影响。消费者收入是影响社会购买力、市场规模、消费支出多少和支出模式的重要因素。

①可支配收入，即扣除消费者个人缴纳的各种税款和交给政府的非商业性支出后可用于个人消费和储蓄的收入，它是影响购买力和消费者支出的决定性因素。

②可随意支配收入，即可支配收入减去维持基本生活消费所必需的支出，如减去必要的食物、房租、水电费等必需费用和固定费用后所剩下的收入。可随意支配收入是影响消费者需求变化的最活跃的因素，也是消费者市场重点研究的收入。

③货币收入和实际收入。因为实际收入会影响实际购买力，假设消费者的货币收入不变，物价下跌，消费者的实际收入便增加；相反，物价上涨，消费者的实际收入便减少。即使消费者的货币收入随着物价上涨而增长，但如果通货膨胀率超过了货币收入增长率，消费者的实际收入也会减少。

（2）消费者支出结构的变化对食品企业营销的影响。消费者支出主要是指消费者在各种支出中的比例关系。随着居民收入水平的变化，消费支出结构也会发生相应的变化，从而使一个国家或地区的消费结构也发生变化。西方一些经济学家常用恩格尔系数来表示这种变化。恩格尔系数表明，在一定的条件下，随着家庭收入的增加，用于购买食物的支出占家庭收入的比重会下降，用于住宅建筑和家务经营的支出占家庭收入的比重大体不变，用于其他方面的支出和储蓄占家庭收入的比重会上升。根据联合国粮农组织提出的标准，恩格尔系数在 59% 以上为贫困，50%～59% 为温饱，40%～50% 为小康，30%～40% 为富裕，低于 30% 为最富裕。据统计，改革开放以来，我国城镇居民家庭恩格尔系数逐渐下降，1978 年为 57.5%，2011 年为 36.3%，2015 年为 34.8%；我国农村居民家庭恩格尔系数也在下降，1978 年约为 68%，2011 年约为 40.4%，2015 年为 37.1%。

（3）消费者储蓄与信贷水平的变化对食品企业营销的影响。居民个人收入不可能全部用于消费，总有一部分会以各种形式储蓄起来，这是一种潜在的社会购买力。个人储蓄的形式包括银行存款、国债、股票、证券投资基金和不动产等，这些均可变现，从而转化为现实的社会购买力。如果储蓄倾向增加，社会购买力和消费支出则随之减少；反之，如果储蓄倾向减少，购买力和消费支出便随之增加。

消费信贷是指先消费后还款，消费者利用信用先取得商品的使用权，然后按期归还贷款，是一种预支未来收入的购买力。信贷消费大大促进了汽车、房地产行业的发展。

（4）经济发展水平对食品企业营销的影响。食品营销活动还受到一个国家或地区的整体经济发展水平的制约。经济发展阶段不同，居民的收入不同，消费者对产品的需求也不一样，从而会在一定程度上影响食品企业营销活动。当消费者收入水平提高时，人们对食物的要求也会随之提高，如营养价值、新鲜度、绿色食品等。

①国内生产总值。国内生产总值是衡量一个国家经济实力与购买力的重要指标。从国内生产总值的增长幅度，可以了解一个国家经济发展的状况和速度。

②人均国民收入。人均国民收入是国民收入总量与总人口的比值。这个指标大体反映了一个国家人民生活水平的高低，也在一定程度上决定商品需求的构成。一般来说，人均收入增加，对消费品的需求和购买力就大，反之就小。

（5）其他影响食品企业营销活动的经济环境因素。一个国家或地区的经济体制、行业发展状况、城市化程度等因素都对食品营销活动产生或多或少的影响。所以，食品企业制定营销战略要综合考虑各方面的因素。

### 3. 认知政治和法律环境因素

政治因素像一只有形的手，调节着食品营销活动的方向；法律是企业的行为准则。政治和法律相互联系，共同对食品企业的营销活动发挥作用。

（1）政治环境对食品企业营销的影响。

①政治局势。政治局势指食品企业所处的国家或地区的政治稳定状况。如果政局稳定、经济发展、人民安居乐业，就会给食品企业带来良好的营销环境。相反，政局不稳，社会矛盾尖锐，战争、暴乱、罢工、政权更替等政治事件不断，经济处于崩溃状态，就会对食品企业营销产生不利的影响。因此，社会是否安定对食品企业的营销影响极大。

②政府的宏观经济政策。政府的宏观经济政策对食品企业的营销活动能够产生深刻的影响，主要包括人口政策、产业政策、能源政策和财政金融货币政策及其调整变化对食品企业营销活动的影响。这些政策不仅规定了国民经济的发展方向和速度，也直接关系到社会购买力的提高和市场消费需求的增长，甚至会使食品消费需求结构发生变化。

（2）法律环境对食品企业营销的影响。法律是体现统治阶级意志、由国家制定或认可、以国家强制力保证实施的行为规范的总和。对企业来说，法律是评判食品企业营销活动的准则，只有依法进行的各种食品营销活动，才能受到国家法律的有效保护。因此，食品企业开展营销活动，必须了解并遵守国家或政府颁布

**小思考**
2015年10月1日起，新修订的《中华人民共和国食品安全法》正式施行，这会对食品市场产生哪些影响？

的有关经营、贸易、投资等方面的法律、法规，依据经济政策、法律、法规进行营销活动，同时凭借法律、法规维护自身的权益。

### 4. 认知自然环境因素

自然环境既能给食品企业带来营销机会，也可能给食品企业带来营销障碍，而且从食品企业的长远营销战略来看，自然环境的影响也应该引起重视。首先，自然环境的变化能给食品营销创造机会。例如，2002 年的"非典"疫情期间，白醋能够防止"非典"，于是，白醋受到了人们的热捧，这给白醋企业带来营销机会。其次，自然环境的变化给食品营销也会带来困难。前些年在全国范围内发生的猪烂耳病，使肉食品企业的营销受到了重创。那段时间，全国谈猪肉色变，不少猪肉摊前无人问津。大家唯恐买到病猪肉，宁愿不吃肉，也不去冒险。

### 5. 认知科学技术环境因素

当今社会，市场是动态的，科学技术是不断发展的。食品企业必须认识到食品的生产、加工、运输、包装和销售，无不渗透着科技进步的影响。尤其在食品包装领域，科技的进步带动了材料的更迭，由最初的单纯包装到如今所倡导的绿色包装，每一步都是在科技进步的前提下做出的。科技对食品企业营销影响的另一个表现为食品的检验。食品企业推出健康、无公害安全食品来吸引消费者，开拓市场。这背后有强大的科技支持，进行科学合理的技术操作和管理规范。因此，食品企业在制定营销策略时，应充分考虑其产品的质量水平及科技含量，并随着科技的进步，对其产品的营销计划作进一步调整。

### 6. 认知社会文化环境因素

从社会文化环境因素分析，随着经济的发展，人们的生活习惯、消费理念和价值观念也在逐渐发生变化。现在人们有能力消费更好的肉、蛋、奶等食品，但在物质丰富的同时，也越来越关注自身的健康，均衡饮食，合理摄入。所以现在主要是蔬菜、水果、肉类等合理搭配的饮食结构。饮食文化也直接影响到食品企业营销，如江南地区的饮食很精致，而东北地区比较粗犷，这种饮食特色与当地人的性格似乎一脉相承。消费习俗也是食品企业重视的因素，如端午节吃粽子、中秋节吃月饼。人们在婚宴时置办酒席，在人情往来赠送礼品等方面都表现出独特的心理特征和行为方式。

社会文化因素中，品牌的影响力也是非常巨大的。品牌可以赋予消费者某些心理暗示。一个强势品牌会让消费者乐于接受，只有品牌变得更强大、更有亲和力，消费者使用起来才会更放心。另外，在市场竞争趋于白热化的时代，品牌的建设和推广的成败往往决定了一个食品企业的成败。一个不善于做品牌建设的食品企业会在残酷竞争中败下阵来，而一个善于做品牌建设的食品企业能够充分整合、包装其所有的优势，并在市场竞争中获得可持续发展。品牌竞争中，唯有独特的、有生命力的强势品牌才能使公司及其产品与竞争对手形成差异化优势并创造级差利润。

**相关链接**

### 双汇万中禽业：打造"中国清真食品第一基地"

中国是一个多民族融合、宗教信仰自由的国家，其中伊斯兰教在我国经过1 300多年的传播和发展，穆斯林人口目前已达2 000多万，孕育着巨大的商机。双汇集团的决策层敏锐地意识到，发展具有特色民族风味的清真食品大有可为。按照"做大、做强、做专、做精、做久"的思路，双汇万中禽业"十二五"发展目标致力于成为中国最大、世界领先的清真食品供应商，建设成为具有世界竞争力的国际化大型清真食品企业，在创新的道路上坚定前行，不断创造奇迹，逐渐树立了一面引领全国清真肉制品加工行业的旗帜。

（资料来源：漯河名城网.http://www.lhrb.com.cn/portal.php?mod=view&aid=74467）

## 2.2.2　认知食品营销的微观环境因素

微观环境是指与食品企业营销活动直接相关的各种环境因素的总和，由供应商、营销中介、消费者、竞争者、社会公众和食品企业内部条件等因素组成。经过食品企业的努力，微观环境的一些因素可以不同程度地加以控制。

### 1．供应商对食品企业营销的影响

供应商就是向食品企业及其竞争者提供生产经营所需的各种资源的企业和个人。食品企业要在生产经营中获得优势，就必须从供应环节取得资源优势，这样才能为销售环节提供可靠的物质和精神保证。

（1）供应商对食品企业营销的影响因素。这些因素包括供应商提供资源的价格、供应商提供资源的数量、供应商提供资源的质量及供应商提供资源的时间。

（2）供应商对食品企业营销的影响后果。

①短期影响。食品企业将难以按时完成生产计划和销售计划，直接导致销售额的减少，影响企业的资金周转。

②长期影响。食品企业如果不能按时生产、按期交货，将损害食品企业在消费者中的信誉，减少销售量，导致市场占有率降低。

（3）分析供应商主要应该了解的信息。

①食品企业所购物品在供应商销售收入中所占的比重。它是食品企业对供应商是否重要的一个尺度。

②有关备选供应品的来源、适用性及接受备选品供应商的可能性。

③供应商与食品企业竞争对手协议的条件内容。

（4）正确处理与供应商的关系。

1）作为竞争对手的供应商。①使供应商多样化，以免因过分依赖某些供应商造成被动局面。②向供应商表明企业有能力实现后向一体化，即企业有实力成为供应商的竞争者而不仅仅是一般的顾客。并且，应该主动了解供应商的制造过程和原材料成本方面的信息，从而使企业处于有利的讨价还价地位。③选择一些相对较小的供应商，使企业的购买成为其收入的一个重要部分，即增加供应商对企业的依赖性。

2）作为合作伙伴的供应商。①可以考虑与供应商签署长期合同而不是采用间断式的方式从供应商那里购买资源。②说服供应商接近顾客，让供应商尽量了解顾客的需求，有助于企业更好地为顾客提供所需服务。③分担供应商的风险。

### 2. 营销中介对食品企业营销的影响

营销中介是指协助食品企业促销、销售和配送其产品给最终购买者的企业或个人，包括中间商、物流商、营销服务机构（调研公司、广告公司、咨询公司等）、金融中介（银行、信托公司、保险公司等）。营销中介是一个完整的食品营销活动中不可缺少的中间环节，大多数食品企业的营销活动都需要有它们的协助才能使产品顺利地送到最终购买者手中，因为经过分工可以最大限度地降低交易成本。因此，食品企业必须重视并处理好与它们的关系。

### 3. 消费者对食品企业营销的影响

对食品企业来说，最重要的环境要素是消费者。消费者是食品企业服务的对象，也是食品企业的目标市场。根据购买者动机和类别，可以把食品企业的目标市场分为以下两类。

（1）食品消费者市场。食品消费者市场指个人和家庭为满足生活消费需要而购买食品和劳务的市场。消费者市场是一切市场的基础，是最终市场。因此，一切食品企业，无论是生产企业，还是商业、服务企业，也无论是否直接为消费者服务，都必须研究消费者市场及其购买者，必须深入研究消费者市场需求的特点和消费者行为模式，以消费者的需要为依据来制订营销方案，满足消费者需求，方能在竞争中取胜。

（2）食品组织市场。食品组织市场指各种组织机构形成的对食品企业产品和服务的市场需求总和。组织市场包括：①食品生产者市场，即为了生产、获得利润而购买的食品生产企业所构成的市场。②中间商市场，即为了转卖、获得利润而购买的批发商和零售商所构成的食品市场。当然，每种顾客市场的特点各不相同，具体的市场需求规模、市场占有率、发展速度也有所不同。因此，食品企业针对不同消费者的食品营销策略要具有差异性。

### 4. 竞争者对食品企业营销的影响

竞争者的食品营销战略和食品营销策略直接影响食品企业的营销活动。企业要想在市场竞争中获得成功，就必须能够比竞争对手更好地发现食品消费者的需求并满足其需求。因此，食品企业必须高度关注竞争者的变化，及时调整对策。竞争者分为以下几种。

（1）品牌竞争者。当其他公司以相似的价格向相同的顾客提供类似的产品与服务时，公司将其视为竞争者。例如，被伊利公司视为主要竞争者的是价格与档次相似、生产同样乳制品的蒙牛公司。

（2）行业竞争者。公司可把生产同样或同类产品的公司都广义地视为竞争者。

（3）产品形式竞争者。生产同种产品，但规格、型号、款式不同的竞争者。

（4）形式竞争者。公司可把所有能提供相同服务和产品的公司都视为竞争者。

（5）通常竞争者。公司还可以进一步把所有争取同一消费者的企业都视为竞争者。

### 5．社会公众对食品企业营销的影响

社会公众是指对食品企业实现其营销目标构成实际或潜在影响的任何团体。社会公众具体包括：

（1）金融公众，即影响企业取得资金能力的任何集团，如银行、投资公司等。

（2）媒体公众，即报纸、杂志、无线电广播、电视、网络等具有广泛影响的大众媒体。

（3）政府公众，即负责管理食品企业业务经营活动的有关政府机构。

（4）群众团体，指为维持某些部分的社会成员利益而组织起来的，会对立法、政策和社会舆论产生重大影响的各种社会团体，如消费者协会、环境保护组织等。

（5）地方公众，即食品企业附近的居民群众、地方官员等。

以上这些公众，都与食品企业的营销活动有直接或间接的关系。现代食品企业是一个开放的系统，它在经营活动中必然与各方面发生联系，因此食品企业需设立公共关系部门，专门负责处理与公众的关系。

### 6．食品企业内部条件对食品企业营销的影响

食品企业内部条件包括企业资源、企业能力、企业文化等因素，也称企业内部环境。企业内部环境是企业内部与战略有重要关联的因素，是企业食品营销活动的基础，是企业可以控制的因素，是制定战略的出发点、依据和条件，是市场竞争取胜的根本。

（1）企业文化。企业文化就是企业家及其率领的群体赋予企业的性格，具体表现为价值标准、企业精神、管理制度、行为规范等。良好的企业文化氛围有助于增进食品企业全体员工对企业的好感，并可以通过员工向外辐射这种情感以美化食品企业的对外形象。

（2）治理机制。食品企业内部必须有许多职能部门，它们各司其职，各行其是。企业整体要求各部门之间要相互联系，有效配合。但是，各部门一旦形成，就存在利益关系，客观上存在着产生矛盾的可能。

（3）资源基础。食品企业首先要具备优秀的"人"资源，但还必须具备良好的"物"资源。"人""物"双优，加上良好的机制，就能实现食品企业资源效能整体优化。

## 2.3 运用食品营销环境分析的方法与对策

📖【学习与训练思路】

可以运用环境机会分析法、环境威胁分析法、机会与威胁综合分析法与 SWOT 分析法进行食品营销环境分析，进而采取相应的对策。

在掌握环境机会分析法、环境威胁分析法、机会与威胁综合分析法与 SWOT 分析法的

基础上，具备运用环境机会分析法、环境威胁分析法、机会与威胁综合分析法、SWOT 分析法的能力。

## 2.3.1  运用环境机会分析的方法与对策

环境机会是指由环境变化造成的对食品企业营销活动富有吸引力和利益空间的领域。这些领域存在着尚未满足的需求，并且食品企业拥有竞争优势。

### 1. 寻找新的市场机会

企业可以通过四种途径寻找新的市场机会。

（1）识别市场渗透机会。市场渗透的目标是取得市场份额（准备进入市场）或扩大市场份额（已进入市场）。

①识别取得市场份额机会。企业以现有产品进入既定的目标市场，取得一定的市场份额往往不是一件轻而易举的事情，要遇到许多障碍或壁垒。进入市场的障碍往往是那些有待解决的问题，当然，有待解决的问题也是一种机会。

②识别扩大市场份额机会。对于已经进入目标市场的产品，市场渗透的主要目标是扩大市场份额。而食品企业产品市场份额的主要来源是市场潜量的剩余（市场潜量剩余=市场饱和点-市场销售量总和）和抢占竞争对手的市场份额。因此，食品企业必须对市场潜量剩余和竞争对手的市场份额有基本的判断和识别，以便明确市场渗透方向，即明确向潜量剩余渗透还是向竞争对手的市场份额渗透。但无论向哪个方向渗透，均要对市场结构要素，即顾客、竞争对手和市场法律法规进行分析，以便找出有效的市场渗透手段，识别提高渗透速度的机会。

（2）识别市场开发机会。食品企业以现有产品去满足现有目标市场以外的市场需求，称为市场开发。食品企业可以从三个方面进行识别。

①以人口变量为线索，寻找现有产品的新目标市场的需求。

②以地理变量为线索，寻找现有产品的新销售区域。

③开发现有产品的新用途，发现现有产品的新目标市场。

（3）识别产品开发机会。随着社会的进步，食品消费者需求不会停留在原有水平上，不同食品消费者有不同层次的需求。因此，食品企业必须进行产品创新，不断开发新产品来满足现有目标市场上不同层次食品消费者不断变化的需求。产品开发机会的方法有以下几种。

①分析现有产品的问题与缺陷。现有产品包括食品企业本身的产品和竞争对手的产品。新产品的构思往往源于对现有产品的问题与不足的分析。而现有产品的问题与不足又多源于食品消费者的需求和欲望未为现有产品所满足。因此，应着重调查和分析消费者对现有产品的不满和意见，以形成符合食品消费者需求的新产品构思。

②对目标市场的再细分。目标市场的消费者需求基本上一致，但又不完全一致，其中任何两名消费者的需求都有差异，即使是微小的差异。更为重要的是，随着时间的推移同

一目标市场的消费者需求会发生变化，微小的需求差异会演变成较大的需求差异。因此，对目标市场可以再细分。通过对目标市场的再细分可以发现现有产品的不足，启发新产品的创新灵感，使产品差异化程度更高，差别化利益更大。

③关注市场法律、法规。市场法律、法规是市场结构的要素之一，它每时每刻都在控制和影响着食品营销活动，也为产品开发提供着机会。

④宏观环境分析。经常分析外部宏观环境会给食品消费者带来新的需求，这是在为食品企业发掘产品创新创造机会。

（4）识别差异化机会。差异化经营是以新的产品去满足新目标市场的需求来取得利润的一种食品企业活动。因此，差异化机会既包括产品开发机会，又包括市场开发机会。市场细分的方法是识别差异化机会的主要方法。另外，由于新目标市场的"新"是食品消费者具有新的产品需求，而这种新需求不仅由食品消费者自身决定，市场外部宏观环境和法律、法规也会极大地影响和制约这种决定。因此，识别差异化机会的方法，不仅主要指市场细分，也指对宏观环境和法律法规的分析，即分析宏观环境和法律、法规及它们的变化将会给整个市场带来哪些新的需求。

### 2．评价市场机会

食品企业应从市场机会的潜在吸引力（营利性）和成功概率（企业优势）两个方面来确定食品企业的最佳营销机会。市场机会能否成为企业的营销机会，还要看它是否与食品企业的目标和资源相符。评价市场机会，可以用环境机会分析矩阵，如图2-2所示。

图2-2　环境机会分析矩阵

环境机会分析矩阵中，横轴表示成功可能性的高低，纵轴表示潜在吸引力的高低。可见，在四个区域中，区域Ⅰ成功的可能性和潜在吸引力均比较大，所以企业最佳的机会出现在区域Ⅰ中；区域Ⅳ成功的可能性和潜在吸引力均比较小；区域Ⅱ和区域Ⅲ的情况介于二者之间，企业应具体分析。

### 3．实施有效的对策

食品企业把握环境机会应采取以下对策。

（1）发展策略，又称抢先策略。一旦食品企业认为机会较好，即可抓住机会开发新产品和新服务，抢先进入市场，在竞争中处于领先地位。一般来说，这种策略投资较大，并且有一定的风险。

**相关链接**

自 2012 年 3 月下旬以来，在大连市水产市场，由于提前得到台风恶劣天气的预报，很多商业户没有开门营业。即使开业的商户，海鲜品类也多为前一天进货冰鲜后出售的，供应量比往日少了一半，但部分品种价格却略有下降。为了将剩余的海鲜卖出去好尽快回家躲避台风，很多海鲜商户都不同程度地降价销售。

（资料来源：中国水产养殖网.http://www.shuichan.cc/news_view-101206.html）

（2）利用策略，又称紧跟策略。经过分析后，企业认为经营风险大，但吸引力也大，在此时市场上已有企业进入的情况下，采取紧跟方式，既可避免风险，又可较早进入市场。

（3）维持策略，又称观望策略，是一种较为保守的做法。食品企业对机会采取观望态度，一旦时机成熟再加以利用。这一策略使食品企业往往有较大的回旋余地，比较适合中小型食品企业。

## 2.3.2　运用环境威胁分析的方法与对策

### 1. 运用环境威胁分析的方法

环境威胁分析可以运用环境威胁分析矩阵表示，如图 2-3 所示。

环境威胁是指营销环境变化中所出现的对食品企业不利的发展趋势及由此形成的挑战。

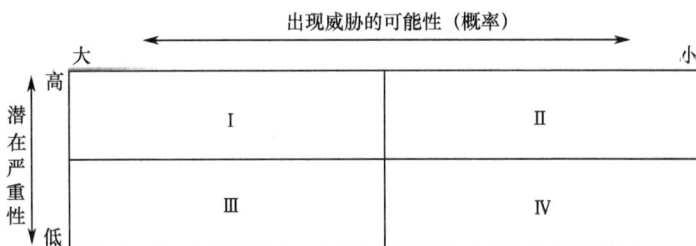

图 2-3　环境威胁分析矩阵

环境威胁分析矩阵中，横轴表示出现威胁的可能性，一般用概率表示；纵轴表示潜在严重性。该图的四个区域中，区域 I 威胁出现的概率和严重性都比较高，所以企业要特别重视该区域；区域 IV 威胁出现的概率和影响程度都比较小，所以该区域可以不考虑；区域 II 威胁出现的概率小而影响程度却比较大，区域 III 威胁出现的概率大而影响程度却比较小，所以应该密切监控这两个区域。

### 2. 分析环境威胁的对策

（1）反抗策略。反抗策略也称抗争策略，即试图通过自己的努力限制或扭转环境中不利因素的发展。例如，通过各种方式促使（或阻止）政府通过某种法令或与有关权威组织达成某种协议，努力促使某项政策或协议的形成，以抵消不利因素的影响。这是一种积极的、主动的策略。

（2）减轻策略。减轻策略也称削弱策略，即食品企业力图通过改变自己的某些策略，达到降低环境变化威胁对食品企业的负面影响程度。一般可以通过调整食品营销组合等来改善环境，以减轻环境威胁的严重性。

（3）转移策略。转移策略也称转变或回避策略，指食品企业通过改变自己受到威胁的主要产品的现有市场或将投资方向转移来避免环境变化对它的威胁。一般有如下几种转移策略：

①食品企业原有销售市场的转移。

②食品企业不仅仅限于目标市场的改变，而且常常作行业方面的调整。

③食品企业依据营销环境的变化，放弃自己原有的主营产品或服务，将主要力量转移到一个新的、赢利更多的行业或市场中。

### 2.3.3 运用机会与威胁综合分析的方法与对策

#### 1. 运用机会与威胁综合分析的方法

食品营销活动过程中，当某一环境发生了变化，往往既是威胁，又是机会。食品企业需要将两者结合起来进行分析。

运用市场机会与环境威胁矩阵法分析、评价食品营销环境，可得出四种不同的结果，即理想业务、冒险业务、成熟业务和困境业务，如图2-4所示。

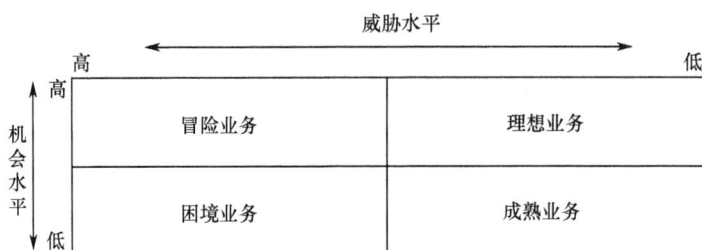

图2-4 机会与威胁的综合分析

#### 2. 运用机会与威胁综合分析的对策

（1）对理想业务，即高机会和低威胁的业务，应看到机会难得，甚至转瞬即逝，必须抓住机遇，迅速行动；否则，将会丧失战机。

（2）对冒险业务，即高机会和高威胁的业务，有高利润与高风险，既不宜盲目冒进，也不应迟疑不决、坐失良机，应全面分析自身的优势与劣势，扬长避短，创造条件，争取突破性的发展。

（3）对成熟业务，即低机会和低威胁的业务，机会与威胁处于较低水平，可作为企业的常规业务，用以维持企业的正常运转，并为开展理想业务和冒险业务准备必要的条件。

（4）对困境业务，即低机会和高威胁的业务，要么努力改变环境，走出困境或减轻威胁，要么立即转移，摆脱无法扭转的困境。

## 2.3.4　运用 SWOT 分析法分析

### 1．认知 SWOT 分析法

SWOT 分析法也称 TOWS 分析法，即态势分析法，用来分析企业优势（Strength）、劣势（Weakness）、机会（Opportunity）和威胁（Threats）。因此，SWOT 分析法实际上是对食品企业内外部各方面内容进行综合和概括，进而分析组织的优劣势、面临的机会和威胁的一种方法。通过分析企业的优势和劣势，食品企业可以了解自身所面临的机会和挑战，从而制定企业战略。SWOT 分析模型如图 2-5 所示。

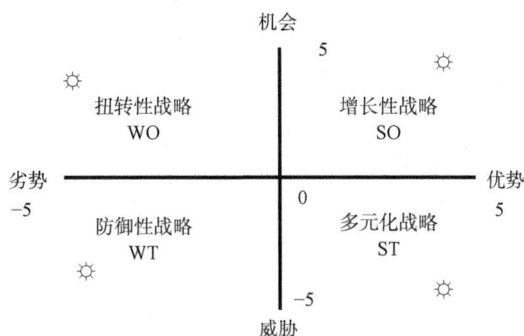

图 2-5　SWOT 分析模型

### 2．运用 SWOT 分析法的操作程序

（1）收集信息。SWOT 分析法实质上是机会、威胁分析与优势、劣势分析的综合，信息的收集也就是对外部环境和内部环境资料的收集。信息收集主要包括宏观环境信息的收集、行业（中观）环境的收集、微观环境信息的收集。

（2）整理与分析信息。把收集到的信息分别归类到宏观环境、行业环境和微观环境后，再分析信息的涵义，看其是否表明食品企业面临着机会或者遭遇威胁，是否反映了食品企业的优势与劣势。

（3）确定食品企业具体业务所处的市场位置。资料收集整理完毕后，再看食品企业某一项具体业务面临的环境是机会多于威胁还是威胁多于机会，食品企业在这项业务上是处于优势还是劣势。

（4）拟定食品营销战略。食品企业某一项业务的市场位置确定后，就可以根据其具体情况制定相应的食品营销战略和策划方案，决定食品企业是否应加大对这项业务的投资，以及产品组合、促销组合等方面有哪些要改进的具体问题。

### 3．运用 SWOT 分析法应注意的问题

（1）明确在 SWOT 分析法中，优势、劣势与机会、威胁的地位是不同的，外部环境因素是通过改变竞争双方的优劣势对比来为研究对象产生一定机会或威胁的，这是 SWOT 分析法的基本结构。

（2）从内容上说，SWOT 分析既应该包含静态分析，也应该包含动态分析，即既要分

析、对比研究对象与其竞争对手现实的优势、劣势，还要探讨研究对象与其竞争对手各自的优势、劣势及其面临的机会、威胁发展变化的规律性，由此预测现实优势、劣势在未来可能发生的变化，据此分析战略目标的合理性，并设想战略措施。

（3）在战略管理中，SWOT 分析不能是孤立的，而应该与对现状产生原因的分析，特别是达到未来战略目标或阶段战略目标需满足的条件的分析相结合。对现状产生的原因没有客观、全面的认识，或对达到战略目标应具备的条件作出错误判断，均可能导致对优势、劣势和机会、威胁的认识错误。

（4）确立对优势、劣势正确的态度。"扬长避短"这句话并不永远正确。如果某个劣势阻碍了企业实现战略目标，就应该弥补这个劣势，而不是一味回避它。只有当劣势在战略所覆盖的未来一段时间内难以改变时，才采取避开该劣势的态度。对优势、劣势的态度还应取决于所选择的战略目标和战略途径，实现某一战略目标的充分条件可能有多组，这决定了达到战略目标可能有多条途径。对于决策者最终选择的战略途径，应该采取措施放弃或回避与该战略途径无关的优势、劣势，保持或增强与该战略途径有关的优势，并弥补与之有关的劣势，促使全面实现该战略途径对应的充分条件。

## 案例分析

### 湖北周黑鸭食品有限公司 SWOT 分析

湖北周黑鸭食品有限公司是一家专业从事鸭类、鹅类、素食产品等熟卤制品生产的品牌企业，其前身为"武汉世纪周黑鸭食品有限公司"，2008 年 5 月更名为"湖北周黑鸭食品有限公司"。公司位于湖北省武汉市江岸区谌家矶大道 72 号，建筑面积 8 000 平方米，现有职工近 300 人，年加工生产鸭类产品 5 000 吨以上。主要经营"周黑鸭"系列产品：鸭舌、鸭脖、鸭翅膀、鸭翅尖、鸭锁骨、鸭掌、鹌鹑、鸡尖、卤干子、酱板鸭等。目前在武汉市区内拥有 40 家直营门店，基本遍布武汉三镇商圈，产品享誉全江城。同时在武汉市周边二级城市黄石、孝感、咸宁、安陆等均有直营门店；在北京、南昌、长沙、深圳设有分公司，产品具有非常高的知名度与美誉度。

#### SWOT 分析

1. 优势（Strength）

（1）"周黑鸭"口味多样，符合多种人群的口味。它皮黑肉嫩、醇厚不腻、香鲜美味，具有香、辣、麻、酥、嫩的特点，常使人垂涎三尺，食之不忘。

（2）店面干净卫生，产品透明化，让消费者更放心购买食用。员工服务态度好，让消费者买得舒心。

（3）"周黑鸭"采取平民化营销策略，能实现商场、超市、集贸市场、村镇、街道等全方位营销，店面多，具有很强的市场扩张力，同时也满足了消费者需求。

（4）投入电子商务，使用网络营销，如在京东商城设立旗舰店，扩大销售范围。

（5）"周黑鸭"冠名武汉地铁 2 号线江汉路站，引起公众热议的同时提升了知名度。

（6）"周黑鸭"凭借独特工艺、神奇配方、迷人口味、超值性价比，形成国内同行业其他企业不易逾越的市场壁垒，确立了市场领先优势，增强了核心竞争力、品牌知名度和影响力。

（7）引进 ERP。周黑鸭总部能在线实时查看到全国任何一家门店任何时刻的销售状况，并能根据销售状况进行生产计划，然后按照销售情况有针对性地进行产品配送。

（8）周黑鸭零库存生产，保证不卖陈货，更能博得消费者喜爱。

2．劣势（Weakness）

（1）周黑鸭的假冒者明目张胆，从门店招牌、价格表、食品包装袋到认证标志等，全面复制正宗周黑鸭，有些连包装袋上的地址、电话、公司名称甚至员工服饰都全套克隆。面对山寨周黑鸭的泛滥，由于没有具有排他性的注册商标作后盾，湖北周黑鸭公司维权底气不足，同时也降低了消费者的信任度。

（2）宣传推广前期仅仅依靠口碑效应，后来才有广告投放，在宣传推广方面的力度和推广方式的多元化上都做得还不够。

（3）市场范围不大，主要市场局限于湖北。

（4）不同周黑鸭分店的口味不一致。周黑鸭作为连锁直销店，应严把口味关，规范口味，统一生产。

（5）店址选择有问题。以武汉理工大学鉴湖校区为例，其附近不仅上班人群大，而且集中了大量学生，却没有开设一家分店，导致消费者无法购买。而在广埠屯一带却不止一家分店，距离也不远，供过于求，导致资源浪费。

（6）与同行多采取加盟的扩张模式不同，周黑鸭"背道而驰"，只做直营。"中央厨房+直营店"的模式难以实现迅速扩张。

3．机会（Opportunity）

（1）本土化特色的优势让周黑鸭的外部竞争环境较为轻松，独特的代表意义更为周黑鸭企业营造了一个不同于其他卤味的企业氛围。

（2）休闲餐饮是 21 世纪餐业的发展方向。周黑鸭作为休闲餐饮，具有得天独厚的优势。

（3）生活消费水平的提高，人们越来越享受吃与玩的结合。周黑鸭具有无限的发展优势。

（4）市场集中在少年、青年、中年，并已经从简单的卤味向零食业趋向发展，具有广大的发展潜力和市场。

（5）周黑鸭已经在国外注册商标，使其能快速进军国外市场。

（6）网购的普及为周黑鸭提供了更大的市场平台。

4．威胁（Threats）

（1）各竞争者经营模式类似，产品有一定的同质化，存在可替代性。

（2）同行竞争对手太多，如汉味鸭脖、精武鸭脖、绝味鸭脖、廖记棒棒鸡等。

### 营销战略

#### 1．SO 战略

增加产品的种类，如海带、千张等，这些都是广大食品消费者喜爱的卤菜。利用得天独厚的市场机会，通过营销手段留住回头客，锁定老顾客，敢于创新。不断推出有特色的活动，如与百事可乐建立合作关系，购周黑鸭任意产品满一定金额可送一个中杯或大杯的百事可乐，多买多送；设立心语墙，在彩色便笺纸上写下自己想说的话，并贴在墙面上，促进店员与顾客、顾客与顾客之间的交流和互动（情感促销，参照奶茶店的创意）。上架销售，与国际连锁大型超市沃尔玛、家乐福等建立合作关系。

#### 2．WO 战略

向肯德基、麦当劳学习，借鉴其工作人员的态度，对工作人员进行统一的培训及管理，形成独具周黑鸭特色的服务管理，加强自己的信誉度，打造金牌口碑。同时宣传时扬长避短，把握机会。鼓励广大消费者积极办理会员卡，可以享受一定优惠。学生凭学生证可享受优惠。在尽量节约成本的前提下建立多家食品加工制造厂，减少产品的物流途径，节约物流费用，方便散装产品的售卖。

#### 3．ST 战略

避免恶性竞争，严厉打击盗版，扩大品牌认知度。为增加消费者对正宗周黑鸭的印象，可采取在公交、地铁、火车上投放广告的方式，对周黑鸭进行全方位宣传，树立稳固的品牌认知度，保证消费者买到的都是正品。同时，选址时要充分考虑周围环境，做好准备工作，避免有些地段人流量、消费量不够而造成资源浪费，资金损失。尽快通过营销手段增强自己的特色，增强消费者的购物欲。

#### 4．WT 战略

保证产品质量，做好各城市的宣传工作，扩大在全国范围的知名度，做好网络管理，建立良好的企业形象。在周黑鸭腾讯微博、新浪微博、贴吧、论坛等社会性网站上，建立与广大消费者的长期互动关系，了解顾客的需要，解答顾客的疑难杂问，稳固消费者对周黑鸭的信任。同时利用网络"病毒式传播"的优势，扩大周黑鸭的知名度。

（资料来源：百度文库 https://wenku.baidu.com/view/b2097bcd08a1284ac85043ec.html）

**❓ 辩证性思考：**

通过运用 SWOT 分析法对湖北周黑鸭食品有限公司的环境分析，你认为湖北周黑鸭食品有限公司要采用何种营销战略。

## 营销知识检测

1．食品营销宏观环境的构成因素主要有哪些？
2．食品营销微观环境的构成因素主要有哪些？
3．如何进行环境机会分析？面对市场机会应采取哪些对策？

4．如何进行环境威胁分析？面对环境威胁应采取哪些对策？

5．简述 SWOT 分析的操作程序。运用 SWOT 分析方法时应注意什么？

## 营销能力训练

**训练项目：**

访问一家食品类校企合作企业，对该企业进行食品营销环境分析，撰写食品营销环境分析方案。

**训练目的：**

通过训练，加深对食品营销环境分析的认识与把握，具备食品营销环境分析的能力。

**训练要求：**

由班级学习委员组织全员对食品营销环境分析方案进行讨论、交流。

# 第 3 单元

# 运用食品消费者市场分析

## 学习与训练指导

运用食品消费者市场分析首先要解决以下三个问题，才能处于明确的学习状态。

1. 谁来分析市场

卖方食品企业是市场营销活动的主体。所以，卖方食品企业开展市场营销活动必须进行食品消费者市场分析。卖方食品企业包括食品生产企业和中间商。

2. 分析什么市场

卖方食品企业分析买方市场，包括食品生产企业分析食品生产者市场、中间商市场、食品消费者市场。中间商企业分析食品消费者市场。

3. 如何分析市场

食品消费者市场重点分析食品消费者购买行为模式，掌握了食品消费者购买行为规律，即发现了食品消费者需求，便于食品生产企业、中间商制定营销组合策略，满足食品消费者的需求。

通过学习，掌握食品消费者市场分析的内容、方法。通过训练，具备食品消费者市场分析的能力。

## 导入案例

### 杭州狗不理包子店为何无人理

杭州狗不理包子是天津狗不理集团在杭州开设的分店，地处商业黄金地段。正宗的狗不理以其皮薄、水馅儿，滋味鲜美，咬一口汁液横流而享誉全国。但杭州狗不理包子店却很冷清。其原因是：首先，狗不理包子馅儿比较油腻，不符合喜欢清淡食物的杭州市民的口味；其次，狗不理包子容易流汁，不能拿在手里吃，与杭州市民快节奏的生活方式不符；最后，狗不理包子馅儿多半是蒜类等辛辣刺激物，与杭州传统的酸甜口味相背。狗不理包子一再强调其鲜明产品特色时，却忽视了消费者是否接受得了。

（资料来源：道客巴巴. http://www.doc88.com/p-953217256512.html）

**❓辩证性思考：**

分析杭州狗不理包子店生意冷清的原因。你从中得到了哪些启示？

# 3.1　认知食品消费者市场

📖【学习与训练思路】

食品消费者购买行为模式是食品消费者购买行为的规律，掌握了食品消费者购买行为的规律即发现了食品消费者的需求规律，便于制定市场营销策略，满足食品消费者的需求。这是食品企业针对食品消费者市场开展市场营销活动的思路。

在掌握食品消费者市场的特点、食品消费者购买决策过程的参与者、食品消费者购买行为的类型、影响食品消费者购买行为的因素与食品消费者购买行为模式的内容的基础上，具备分析影响食品消费者购买行为的因素与运用食品消费者购买行为模式的能力。

## 3.1.1　认知食品消费者市场的概念

食品消费者市场是指个人或家庭为了满足生活消费需要而购买食品或服务的市场。在食品消费者市场，购买者购买产品或服务的目的是满足自身的最终需求，而不是作为生产资料获取利润，因此食品消费者市场也称最终产品市场、最终消费市场。消费者市场在整个市场体系中处于基础性的中心地位。消费者市场从根本上决定其他所有市场的需求，因而是其他市场乃至整个经济活动服务的最终市场。

## 3.1.2　认知食品消费者市场的特点

### 1. 广泛性与分散性

生活中的每一个人都不可避免地发生食品消费行为或消费品购买行为，成为食品消费者市场的一员，因此食品消费者市场人数众多，范围广泛。食品消费者市场的分散性体现在两个方面：一是食品消费者地理分布范围广，且分散不集中；二是食品消费者每次购买的数量少，但购买次数频繁。因此，绝大部分食品都是通过中间商系统广泛分销，以方便食品消费者购买。

### 2. 多样性与复杂性

由于受年龄、性别、身体状况、性格、习惯、文化、收入、职业、教育程度和市场环境等多方面的影响，食品消费者的消费需求和消费行为体现出明显的多样性和差异性，购买产品时对所购产品的品种、规格、质量、外观、价格、服务等会有不同的要求。另外，很多食品消费者的需求还呈现出明显的地区性和季节性。

> **小思考**
>
> 消费者的声音：20 世纪五六十年代，十个消费者只有一种声音；七八十年代，十个消费者有十种声音；90 年代以后，一个消费者有十种声音。为什么？

### 3．易变性与发展性

食品消费需求具有求新求异的特性，需求的内容、形式、层次在不断提升。随着食品市场商品供应越来越丰富和食品企业竞争的加剧，食品消费者对商品的挑选性增强，消费风潮的变化速度加快，食品的流行周期缩短，这些变化往往令人难以把握。随着新产品不断出现，消费者收入水平不断提高，消费需求也就呈现出由少到多、由粗到精、由低级到高级的发展趋势。

### 4．关联性与替代性

食品消费者的需求是多种多样的，各种需求之间往往具有一定的关联性。食品企业往往利用这种关联性来设计产品系列，食品销售商则据此来安排商品货架陈列。食品消费者需求还具有相互替代性的特点。这种替代性使消费品市场常常出现某种（某类）商品销售量增长，而另一种（一类）产品销售量减少的现象。例如，禽流感期间，对家禽类产品的需求减少，取而代之的是猪、牛、羊肉制品需求的增加。消费品这种替代性较强的特点，往往导致其需求弹性较大，市场伸缩性较强。

### 5．非专业性与可诱导性

食品消费品市场的购买者大多缺乏相应的食品知识和市场知识，其购买行为属非专业性购买。食品消费者购买行为具有可诱导性，他们对食品的选择受广告宣传的影响较大。食品生产企业和经营者应注意做好商品的宣传广告，指导消费，一方面当好食品消费者的参谋，另一方面也能有效地引导食品消费者的购买行为。

食品消费者市场的变化趋势是：对健康、绿色、快捷、便利有更高的期望，对品牌的期望持续上升，特别是移动互联网和社会化媒体对消费者的影响日益增强。

## 3.1.3 认知影响食品消费者购买行为的因素

食品消费者的购买行为受主观、客观等众多因素的影响，如图 3-1 所示。

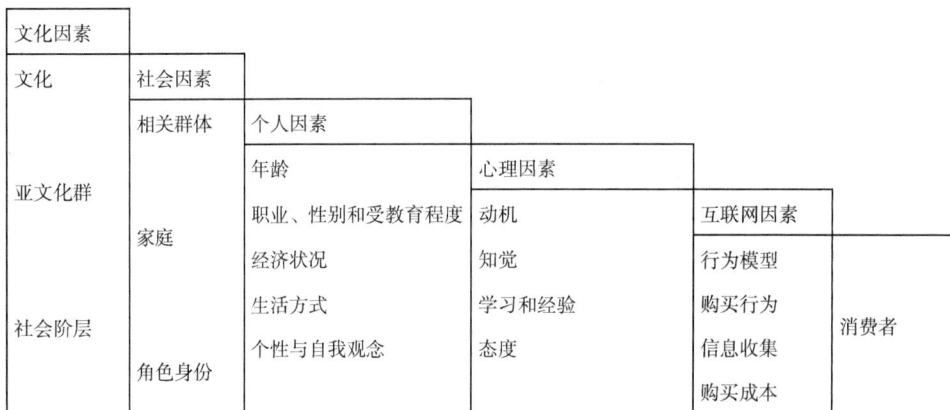

图 3-1 影响食品消费者购买行为的因素

**1．分析文化因素对食品消费者购买行为的影响**

文化是人类知识、信仰、艺术、道德、法律、美学、习俗、语言文字以及人作为社会成员所获得的其他能力和习惯的总称。文化是人们在社会实践中形成的，是一种历史现象的沉淀；同时，文化又是动态的，处于不断的变化之中。

（1）文化。每个人都生活在一定的文化氛围中，并接受这一文化所含价值观念、行为准则和风俗习惯的规范。文化的差异引起食品消费行为的差异，表现在物质和文化生活的各个方面。

①具有明显的区域属性。生活在不同的地理区域的人们文化特征会有较大的差异。例如，西方人由于注重个人创造能力的发挥，比较崇尚个人的奋斗精神，注重个人自由权的保护；东方人由于注重集体协作力量的作用，比较讲究团队精神，注重团体利益和领导权威性的保护。

②具有很强的传统属性。文化的遗传性是不可忽略的。由于文化影响着教育、道德观念甚至法律等对人们的思想和行为发生深层次影响的社会因素，所以一定的文化特征就能在一定的区域范围内得以持续。

③具有间接的影响作用。文化对人们的影响在大多数情况下是间接的，即"潜移默化"。其首先影响人们的生活和工作环境，其次影响人们的行为。例如，一个在农村长期生活的农民，在乡下时可以放任不羁地大声说笑，随地吐痰，而进城到某企业办事，马上会变得斯斯文文，彬彬有礼，这是由于城市企业的文化环境对其产生了影响。

（2）亚文化群。亚文化群包括民族亚文化群、地区亚文化群和宗教亚文化群。例如，由于受地理位置、气候、历史、经济、文化发展的影响，我国可明显地分出南方、北方，或东部沿海、西部内陆区等亚文化群。不同地区自然条件不同，经济发展水平和人们的生活习惯都不同，消费自然有别，甚至许多风俗习惯也不同。同属一个亚文化群的消费者往往具有相同或相似的价值观念、生活习俗和态度倾向。

（3）社会阶层。每个社会客观上都会存在社会阶层的差异。现代社会，一般认为所从事职业的声望、受教育程度、收入水平和财产数量综合决定一个人所处的社会阶层。显然，处于不同社会阶层的人，经济状况、价值取向、生活背景和受教育水平也不同。

**2．分析社会因素对食品消费者购买行为的影响**

（1）相关群体。相关群体是指对个人的态度、偏好和行为有直接或间接影响的人群。人们往往有意无意地按照或跟随周围人的意志决定自己购买什么、购买多少。根据密切程度，相关群体可分为三种：①关系密切的相关群体，如家庭成员、邻居和同事等；②关系一般的相关群体，如校友会、歌迷会、商业俱乐部等；③没有直接联系但影响力很大的群体，如影视明星、体育明星等。

相关群体对食品消费者购买行为的影响主要有：①信息性影响，指相关群体的价值观和行为被个体作为有用的信息加以参考。②功利性影响，指相关群体的价值观和行为方式对消费者发生作用后，可以帮助其获得奖赏或避免惩罚。③价值表现的影响，指群体的价值观和行为方式被个人内化，无需任何外在的奖罚就会依据群体的价值或规范行事。这时，相关群体的价值观和行为规范已经完全被个体接受，成为个体价值观和行为规范。

（2）家庭。家庭是社会中最重要的食品消费者购买组织。一个人从出生起就生活在家庭里，家庭在个人消费习惯方面给人以种种倾向性的影响，这种影响可能贯穿一生。而且，家庭还是一个食品消费者购买组织，家庭规模的大小、家庭生命周期的不同阶段、家庭各成员的态度和参与决策的程度，都会影响到购买。家庭决策类型分为四种。

①各自做主型：在购买一些个人使用产品（如剃须刀、化妆品）时，由丈夫、妻子独立作出决定。

②丈夫支配型：在购买汽车、保险、维修工具等商品时通常由丈夫做主。

③妻子支配性：在购买清洁、厨房用品和食品时，通常由妻子做主。

④共同支配型：在度假、教育、购买和装修住宅时，多由丈夫和妻子共同作出购买决策。

（3）角色身份。角色是指个人在群体、组织及社会中的地位和作用。一个人在一生中会参加许多群体，如家庭、班级、俱乐部及其他多种社团组织。每个人在不同的群体中、在不同的环境中扮演着不同的社会角色，塑造不同的自我，具有不同的行为，并且这种角色身份随着不同阶层和地理区域而改变。

### 3. 分析个人因素对食品消费者购买行为的影响

（1）年龄。不同年龄的食品消费者的兴趣、爱好和欲望都有所不同，他们购买或消费食品的种类和式样也有区别。

（2）职业、性别和受教育程度。由于生理和心理上的差异，不同性别的食品消费者在购买欲望、消费过程和购买习惯上也有所不同。职业和受教育程度也影响人们的需求和兴趣，受教育程度越高，购买食品越理智；而受教育程度低的食品消费者在购买食品更容易冲动，且更多表现出从众性购买。

（3）经济状况。食品消费者的经济状况包括食品消费者的可支配收入、储蓄与个人资产、举债能力和对消费与储蓄的态度。经济状况的好坏直接决定了食品消费者的购买力，食品消费者通常会在可支配收入的范围内考虑以最合理的方式安排支出，以便更有效地满足自己的需求。一般来说，收入较低的食品消费者往往比收入较高的食品消费者更关注产品价格的高低。

（4）生活方式。生活方式是个人行为、兴趣、思想方面所表现出来的生活模式。简单地说，就是一个人如何生活。通常，生活方式比一个人的社会阶层或个人性格更能说明问题，因为它勾勒了一个人在社会上的行为。市场营销人员应找出其产品和各种生活方式群体之间的关系，努力使本企业的产品适应食品消费者不同生活方式的需要。

（5）个性与自我观念。个性在心理学中也称为人格，是指个人带有倾向性的、比较稳定的、本质的心理特征的总和。它是个体独有的，区别于其他个体的整体特性。自我观念也称为自我感觉或自我形象，是指个人对自己的能力、气质、性格等个性特性的感觉、态度和评价。一般来说，气质影响着食品消费者行为活动的方式，性格决定着食品消费者行为活动的方式，能力标志着食品消费者行为活动的水平。

**4．分析心理因素对食品消费者购买行为的影响**

（1）动机。动机是所有食品消费者行为的基本。它是一种驱使人满足需要、达到目标的内在驱策力，它能够及时引导人们去探求满足需要的目标。食品消费者购买食品主要是情绪性动机起作用。

（2）知觉。这个世界充满了各种刺激。人们对各种刺激进行了选择、组织，并在头脑里连贯成画面的过程叫做知觉。通常，人们对同一刺激物会产生不同的知觉，这是因为人们要经历三种知觉过程，即选择性注意、选择性理解和选择性记忆。

①选择性注意。并不是所有的外界刺激都会引起同等的注意，人们倾向于注意那些与其当时需要有关的、与众不同的或反复出现的外界刺激。

②选择性理解。人们接收了外部刺激，但并不一定会得出同样的解释，而是根据自己以往的经验或成见对信息进行理解。

③选择性记忆。人们获悉的大部分信息很快就被忘记了，只有少数被记住。

（3）学习和经验。学习是指通过形成经验引起个人行为改变的过程。一个人的学习是通过驱动力、刺激物、诱因、响应和强化的相互作用而产生的。经验是一种经历和体验，是在外界环境与个人认知和情感中形成的。经验是食品消费者学习的一种重要方式，是消费行为的核心。营销人员促销产品，实质上是在促销一种产品消费经验。

（4）态度。态度是指个人对某些事物较长期持有的情感上的感受和行为倾向。表现态度的词语有信念、意见、倾向、偏好、感情等。人们对品牌的喜好，大多介于非常喜欢和讨厌之间，或者就是食品消费者对品牌不完全了解。市场营销管理者应对食品消费者采取相应的措施，或者强化现有的喜好态度，或者让食品消费者喜欢上新产品和不了解的品牌，或者让其改变现有态度，变讨厌为喜欢。

## 相关链接

### 巧克力糖的故事

日本有一家 W 厂生产巧克力糖，从前一直在同行业排名第二，但近年来效益下降已经滑到了第三位。为了改变这种被动的局面，公司决定开发新的产品，于是花重金聘请美国的一家市场分析公司来进行调查。一个月后，在基于调查报告的基础上，公司推出了一种名为"爱情巧克力"的产品。将巧克力放在一本本精美的外形像书的包装盒内，这本书的名字叫"爱情书"。另外，公司还请了很多社会学、心理学等方面的专家在每一颗糖的糖纸上写上一句富有哲理的话。不同的阶段有不同的爱情书，不同的阶段有不同话语的糖纸。

例如，当两个青年男女初次见面时，男生可以送给女生第一册爱情书，由于大家关系不明确，糖纸上写的内容也只是一些泛泛的话语，如"成功在于勤奋"这样一些无关紧要的话。当两人再次见面时，互相都有了好感以后，男生就可以送出第二册爱情书，这时糖纸上的话语就会有些暧昧，如"你长得真漂亮"。随着关系的进一步深入，糖纸上的话语也越来越浓情蜜意。到了最后，女孩子收到这种巧克力并不是用来吃的而是想急于知道糖纸上的话语。这样，企业就获得了三种优势：①糖的成本降低。因为消费者最后几乎不在乎糖是否好吃，而在于急于想看糖纸上的话语。②品牌忠实度上升。即使出现效仿者，但由于爱情书是连续的，买了第一册就要连续买下去，如果中途换品牌可能就失去了这种连续性。③差异性提高。这种方式和普通的巧克力有很大的区别。

（资料来源：商友圈. https://club.1688.com/article/3988829.html）

### 5. 分析互联网因素对食品消费者购买行为的影响

（1）互联网创新消费者行为模型。随着互联网在生活中各个领域的渗透，消费者的日常消费行为也因为互联网的出现受到较大影响。在传统市场环境下，消费者行为模型主要是 AIDMA 模型，而随着互联网的发展已经转变为 AISAS 模型。在 AIDMA 消费者行为模型中，主要由五个环节组成，按照先后顺序依次为：注意（Attention）、兴趣（Interest）、愿望（Desire）、记忆（Memory）、行动（Action）。从整个流程来分析，在消费过程中，消费者在消费过程中并没有太大的主动权，而是处于十分被动的状态。随着互联网的渗入，消费者行为模型有所创新，并且演变为 AISAS 模型。在 AISAS 消费者行为模型中，仍由五个环节组成，即注意（Attention）、兴趣（Interest）、搜索（Search）、购买（Action）、分享（Share）。在该消费者行为模型中，原本 AIDMA 模型中的愿望（Desire）、记忆（Memory）、行动（Action）环节在互联网环境下已经被创新为 AISAS 模型中的搜索（Search）、购买（Action）、分享（Share）三个环节，而 AISAS 模型中的搜索（Search）、分享（Share）环节都在一定程度上体现了消费者在消费行为中的主动性，都是消费者的主动行为，因此，在互联网环境下，消费者在消费时变得越来越主动。

（2）互联网改变了消费者购买行为特征。消费者的购买行为是在特定的情境下完成的。在传统的零售商业模式下，消费者购买决策的作出是和销售现场的环境密切相关的。销售人员的态度、说服工作、销售现场的氛围及销售刺激会对消费者的购买行为产生影响，消费者经常在销售现场就作出了是否购买的决定，消费行为有一些冲动。然而，在互联网上，购物网站难以达到销售现场的刺激效果，也没有推销员的说服，购买商品的压力也没有了，消费者不必考虑销售人员的感受及情绪，购买行为更趋理性。消费者习惯在网站与网站之间频繁地转换、浏览，比较和选择的空间大了，消费者轻易放弃或轻易转向其他商家进行购买的可能性也大了。在传统商业模式下，由于信息不对称，生产经营者总是拥有比消费者更为专业、更为丰富的产品知识，这使得消费者在作购买选择时，通常会较多地依赖生产经营者传递的信息。传统的大众媒体（如电视、广播、报纸、杂志等），都是单向信息传播，强制性地在一定区域内发布广告信息，受众只能被动地接受，商家不能及时、准确地获得消费者反馈的信息。而网络具有广泛的传播性、非强迫性和全天候传播等特点，消费者可以随时随地阅读广告、访问企业站点等。广告内容直观、生动、丰富，更新快。消费者还可以通过友情链接或搜索引擎访问竞争者的网站，将他们的产品的相关信息、产品网页进行对比分析，可以较系统全面地了解商品。消费者之间可以通过网上的虚拟社区，交流思想，传递信息。消费者对商品从无知过渡到有知，从知之甚少到耳熟能详。消费者的购买行为有从"非专家型购买"向"专家型购买"转变的趋势。在消费者的购买行为转变的过程中，交易风险降低了，消费者对自己的购买行为更有信心，消费者更强调产品的性价比，对产品品牌的忠诚度也降低了。

（3）互联网使消费者更加睿智。如今，在我国已经出现了较为成熟的 SNS、B2B、B2C、C2B、C2C 等商业模式，使得消费者的消费行为变得更加灵活，内容更加丰富，消费者在消费过程中不再像以往那样被动，而是更具主动性。除此之外，在互联网的帮助下，消费者通过对所获信息的综合分析，使得原本盲目的消费目的变得更加明确，而且消费者可以通过互联网对商家所提供的商品作出更加清晰的筛选，从而选择出性价比更高的商品，作出更加明智的选择。互联网的出现不仅优化了消费者在消费过程中的各个环节，而且也在一定程度上帮助消费者作出更加准确的商品定位，利用最短的时间以及最简便的方式为消费者提供所需的商品。

（4）互联网改变了消费者信息收集的方式。在传统的商务模式下，当消费者对某种产品产生需求之后，对于欲购买的商品的信息，只能通过个人来源、商业性来源、公众来源或经验来源获取。互联网极大地提高了消费者信息收集的效率，降低了信息收集的成本，信息收集的半径也扩大了。搜索引擎为消费者进行信息收集提供了便利，节省了信息收集的时间和成本。消费者只要在搜索网站上输入欲购买商品的名称，就能获得商品的相应信息。网上不同类型的虚拟社区的存在，使消费者不仅可以从身边获得信息，还可以向素不相识的人了解信息。各种网站也为消费者的信息获取提供了便利。在各门户网站上，消费者很容易了解某类商品的市场行情。在如易趣、当当网、淘宝网等购物网站上，消费者可以得到商品比较真实，甚至低于市场行情的价格信息。

（5）互联网改变了消费者购买产品的成本。在传统的零售商业模式下，消费者购买产品往往是先收集商品信息，然后选购产品，最后将产品运送回家。其购买成本不仅包括产品价格，而且包括运输费（自己去商店、商场和回家的车旅费等）和交易的时间、精力成本。在互联网环境下，消费者购买产品的成本包括货物送到时的产品费用、上网的设备使用费及时间、精力等。相对于传统零售业务，互联网大大降低了消费者的交易成本，消费者不必再为购买产品而在不同商店之间奔走，不必再为和业务员讨价还价而筋疲力尽。互联网使得消费者几乎在"弹指之间"就能完成产品价格的比较，从而大大提高了产品价格的透明度。网上直销方式的兴起，极大节约了中间渠道的成本，产品价格更低了。

### 相关链接

#### 为何消费者会选择比一般矿泉水都贵的依云矿泉水

依云（evian）是目前全球最贵的矿泉水，被誉为高端水第一品牌。依云矿泉水是法国达能集团下属品牌。依云矿泉水经过至少 15 年冰川岩层过滤而成，含有多种矿物质，持续使用可能增加皮肤弹性。依云矿泉水的目标市场是青少年市场，其市场定位为：依云，活出年轻。据显示，目前依云矿泉水市场销售价格为 15 元，而我国的矿泉水的一般销售价格为 1.5 元左右，依云的售价远远高于我国一般矿泉水。但依云矿泉水却拥有高达 10.8% 的全球市场占有率，并且自登陆中国后销售量不断攀升。

为什么如此昂贵的矿泉水却有这么高的市场占有率？为什么有这么多的消费者愿意购买这瓶实际上并不是很特殊的矿泉水？可以从消费者的购买动机的角度进行分析。

（1）求实动机。消费者在选购该产品时，可能特别关注了该产品的质量、功效。因为依云矿泉水产于法国阿尔卑斯山，经过至少 15 年冰川岩层过滤而成，含有多种矿物质，持续使用可以增加皮肤弹性，并且有促进健康的功效。

（2）求新动机。依云包装由英国时装设计大师设计，无论瓶身设计或是创作理念，都展现出依云的天然纯净和年轻活力：纵横交错的缤纷条纹，充分表现出年轻人的青春活力与乐观主义；鲜艳夺目的色彩配搭，同时洋溢着欢欣的节日气氛；五种不同颜色的瓶盖，尽显品牌灵活跳脱的一面。

（3）求美动机。其特殊喷嘴设计每次可喷出数百万滴依云天然矿泉水，有助于滋润面部肌肤并有助于妆容贴身持久。连续使用两周后使肌肤含水量增加 60%。冬天办公室内的热空调，特别容易让肌肤的水分流失，依云可及时有效补充水分。

（4）求名动机。依云是法国名牌产品，其消费者一般是高收入人群。他们购买该产品，除了有显示身份、地位、富有和表现自我等作用外，还隐含着降低购买风险，简化决策程序和节省购买时间等多方面考虑因素。

（5）模仿或从众动机。依云是时尚达人的爱好商品，因此引起了有消费能力的消费者跟风购买。

### 3.1.4 认知食品消费者购买决策过程

消费者购买决策是指消费者谨慎地评价某一产品、品牌或服务的属性并进行选择、购买能满足某一特定需求的产品的过程。

广义的消费者购买决策是指消费者为了满足某种需求，在一定的购买动机的支配下，在可供选择的两个或者两个以上的购买方案中，经过分析、评价、选择并且实施最佳的购买方案，以及购后评价的活动过程。它是一个系统的决策活动过程，包括需求的确定、购买动机的形成、购买方案的抉择和实施、购后评价等环节。

#### 1. 食品消费者购买决策过程的参与者

家庭购买决策在许多情况下并不是由一个人单独作出的，而是有其他成员的参与，是一种群体决策的过程。一般来说，参与购买决策的成员大体可分为五种主要角色。

（1）发起者，即购买行为的建议人，首先提出要购买某种产品或劳务。

（2）影响者，即对发起者的建议表示支持或者反对的人，这些人不能对购买行为的本身进行最终决策，但是他们的意见会对购买决策者产生影响。

（3）决策者，指对是否购买、买什么、买多少、怎样购买等作出全部或部分最终决策的人。

（4）购买者，即执行具体购买任务的人，会对产品的价格、质量、购买地点进行比较选择，并同卖主进行谈判和成交。

（5）使用者，即产品的实际使用人，其决定了对产品的满意程度，会影响买后的行为和再次购买的决策。

消费者以个人为单位购买食品时，五种角色可能同时由一人担任；以家庭为购买单位购买食品时，一般由家庭主妇担任。

### 2．食品消费者购买决策过程

（1）问题认知。食品消费者认识到自己有某种需要时，是其决策过程的开始，这种需要可能是由内在的生理活动引起的，也可能是受到外界的某种刺激引起的，或者是内外两方面因素共同作用的结果。因此，营销者应注意不失时机地采取适当措施，唤起和强化消费者的需要。

（2）收集信息。信息来源主要有四个方面：个人来源，如家庭、亲友、邻居、同事等；商业来源，如广告、推销员、分销商等；公共来源，如大众传播媒体、消费者组织等；经验来源，如操作、实验和使用产品的经验等。

（3）评价备选方案。消费者得到的各种有关信息可能是重复的，甚至是互相矛盾的，因此还要进行分析、评估和选择，这是决策过程中的决定性环节。

在消费者的评估、选择过程中，有以下几点值得营销者注意：①产品性能是购买者所考虑的首要问题；②不同消费者对产品的各种性能给予的重视程度不同，或评估标准不同；③多数消费者的评选过程是将实际产品同自己理想中的产品相比较。

（4）购买决策。消费者对商品信息进行比较和评选后，已形成购买意愿，然而从购买意图到决定购买之间，还要受到两个因素的影响：①他人的态度，反对态度愈强烈，或持反对态度者与购买者关系愈密切，修改购买意图的可能性就愈大；②意外的情况，如果发生了意外的情况，如失业、意外急需、涨价等，则很可能改变购买意图。

（5）购后评价。购后评价包括购买后的满意程度和购买后的活动。消费者购买后的满意程度取决于消费者对产品的预期性能与产品使用中的实际性能之间的对比。购买后的满意程度决定了消费者的购后活动，决定了消费者是否重复购买该产品，决定了消费者对该品牌的态度，并且还会影响到其他消费者，形成连锁效应。

## 3.2　运用食品消费者购买行为分析

📖【学习与训练思路】

分析食品消费者的购买行为，首先要掌握食品消费者购买行为的类型、购买行为模式和购买行为的发展趋势，在此基础上，具备分析食品消费者购买行为的能力。

### 3.2.1 认知食品消费者购买行为的类型

食品消费者在购买产品时，产品价格、购买频率不同，投入购买的程度也不同。根据食品消费者在购买过程中的介入程度和品牌间的差异程度，可以将食品消费者的购买行为分为四种类型，如表3-1所示。

表 3-1　食品消费者购买行为类型

| 介入程度<br>品牌差异 | 高度介入 | 低度介入 |
|---|---|---|
| 品牌差异大 | 复杂的购买行为 | 广泛选择的购买行为 |
| 品牌差异小 | 减少不协调的购买行为 | 习惯性的购买行为 |

#### 1．认知复杂的购买行为

当消费者初次选购价格昂贵的、购买次数较少的、冒风险的和高度自我表现的产品时，属于高度介入购买。由于对这些产品的性能缺乏了解，为慎重起见，食品消费者往往需要广泛收 集有关信息，并经过认真的学习，产生对这一产品的信念，形成对品牌的态度，并慎重地作出购买决策。

针对食品消费者复杂购买行为采取的市场营销策略：首先，突出品牌重要属性方面的声望；其次，利用媒体和较长的广告描述产品的优点；最后，谋求中间商销售人员和购买者的熟人的支持。

#### 2．认知减少不协调的购买行为

当食品消费者高度介入某项产品的购买，但又看不出各个品牌有何差异时，对所购产品往往产生失调感。因为食品消费者在购买一些品牌差异不大的产品时，虽然对其购买行为持谨慎的态度，但他们的注意力更多地集中在品牌价格是否优惠及购买时间、地点是否便利上，而不是花很多精力去收集不同品牌间的信息并进行比较，而且从产生购买动机到决定购买之间的时间较短。这种购买行为容易产生购买后的不协调感，即食品消费者购买某一产品后，或因产品自身的某些方面不称心，或得到了其他产品更好的信息，从而产生不该购买这一产品的后悔心理或心理不平衡感。为了改变这种心理，追求心理平衡，食品消费者会广泛地收集各种对已购产品的有利信息，以证明自己购买决定的正确性。

针对减少不协调的购买行为采取的市场营销策略：食品企业要提供完善的售后服务，通过各种途径经常提供有利于本企业和产品的信息，增强食品消费者的信念，使之有满意感。

#### 3．认知广泛选择的购买行为

广泛选择的购买行为又叫做寻求多样化购买行为。如果一个食品消费者购买的产品品牌间差异虽大，但可供选择的品牌很多时，他们并不花太多的时间选择品牌，也不专注于某一产品，而是经常变换品种。例如，食品消费者购买饼干，上次买的是巧克力夹心的，而这次想购买奶油夹心的。这种品种的更换并非对上次购买饼干的不满意，而是想换换口味。

针对食品消费者广泛选择的购买行为采取的市场营销策略：运用多种促销方式，如产品摆满货架，降低价格，提供优惠、赠券、免费样品，制作提醒式广告和宣传使用新产品的广告，会有很好的效果。

### 4. 认知习惯性的购买行为

食品消费者有时购买某一产品，并不是因为特别偏爱某一品牌，而是出于习惯。例如，食盐、糖、醋等这些价格低廉、品牌间差异不大的产品，消费者购买它们时，并未深入地寻找与该产品有关的信息，并不经过信念—态度—行为的正常顺序，大多不会关心品牌，而是靠习惯去选定某一品牌。

针对消费者习惯性的购买行为采取的市场营销策略：利用价格策略与促销策略作为某品牌产品试用的诱因，是一种非常有效的方法；运用广告策略时，低介入度的电视广告、微博、微信比印刷品广告更为有效；通过增加产品特色，把低介入度产品转化为高介入度产品，也是一个好的策略。

## 3.2.2　运用食品消费者购买行为模式

食品消费者购买行为模式直接反映食品消费者的购买行为规律，通过对其进行分析，可以掌握食品消费者购买行为的规律性及变化趋势。依据食品消费者购买行为规律，以便制订和实施与之相适应的市场营销战略和策略，这是食品企业和中间商开展市场营销活动的思路与方法。食品消费者购买行为模式如表 3-2 所示。

表 3-2　食品消费者购买行为模式

| 谁是食品购买者 | 购买者 |
| --- | --- |
| 购买什么食品 | 购买对象 |
| 为何购买食品 | 购买目的 |
| 何时购买食品 | 购买时间 |
| 何地购买食品 | 购买地点 |
| 如何购买食品？ | 购买行为 |

### 1. 分析谁是食品购买者

分析谁是食品购买者解决食品购买者和参与购买的问题。这里分析以下问题：该市场由谁构成？谁购买？谁参与购买？谁决定购买？谁使用所购产品？谁是购买的发起者？谁影响购买？

通过谁是食品购买者或参与购买者的分析，明确了某种产品的购买者，解决了两个方面的问题：一是食品生产企业如何选择中间商和食品消费者的问题；二是食品生产企业和中间商有针对性地制订接待食品消费者、说服食品消费者、激发食品消费者购买策略的问题。

### 2. 分析购买什么食品

分析购买什么食品解决食品消费者购买对象的问题。这里分析以下问题：消费者需要什么食品？食品消费者的需求和欲望是什么？对食品消费者最有价值的产品是什么？满足食品消费者购买愿望的效用是什么？食品消费者购买产品想从中获得的核心利益是什么？

通过购买什么食品的分析，明确了食品消费者的需求，解决了两个方面的问题：一是食品生产企业开发、生产什么产品、销售什么产品的问题；二是中间商购进什么产品、销售什么产品的问题。

### 3．分析为何购买食品

分析为何购买食品解决食品消费者购买目的的问题，即购买动机。这里分析以下问题：购买食品的目的是什么？为何喜欢？为何讨厌？为何不购买或不愿意购买？为何买这个不买那个？为何买本企业产品而不买竞争者的产品？为何买竞争者的产品而不买本企业产品？

通过为何购买食品的分析，明确了食品消费者的购买目的，即食品消费者的买点，解决了两个方面的问题：一是卖方即食品生产企业和中间商如何确定产品利益点、卖点的问题，只有产品的利益点、卖点适应了食品消费者的利益点，买点才能实现交易；二是卖方即食品生产企业和中间商如何确定推销产品利益点、卖点的问题。

### 4．分析何时购买食品

分析何时购买食品解决食品消费者购买时间的问题，即掌握食品消费者购买的时间规律，包括关键月、关键日、关键时，以及食品消费者购买产品的时令性、季节性。这里分析以下问题：何时购买？什么季节购买？何时需要？何时消费？曾经何时购买过？何时重复购买？何时换代购买？何时产生需求？何时需求发生变化？

通过何时购买食品的分析，明确了食品消费者购买产品的时间规律，解决了两个方面的问题：一是食品生产企业何时生产产品、何时销售产品的问题；二是中间商何时购进产品、何时销售产品及确定营业时间的问题。

### 5．分析何地购买食品

分析何地购买食品解决食品消费者购买地点的问题，即"只适宜"或"最适宜"在某个地方购买。食品消费者对购买地点的选择有其规律性，日常必需品习惯于就近购买，选择性较强的或贵重的产品到商业街、购物中心购买，某些特殊产品到有信誉的专业店购买，某些地方特色产品或专用产品喜欢去产地、生产企业购买。而且，当食品消费者对某一商家形成良好的印象时，便乐意经常到那里购买，形成对购买地点的习惯性。这里分析以下问题：在城市购买还是在农村购买？在超市购买还是在农贸市场购买？在大商场购买还是在小商店购买？通过电视购买还是网络购买？

通过何地购买食品的分析，明确了食品消费者的购买地点，解决了两个方面的问题：一是食品生产企业确定分销形式，即直销、电子商务分销、中间商分销及分销商数量的问题；二是中间商确定网点设立在什么地点、设立多少网点的问题，以及如何利用食品消费者对购买地点的习惯性提高服务质量、培养满意消费者和忠诚消费者的问题。

### 6. 分析如何购买食品

分析如何购买食品解决食品消费者购买行为方式的问题，即食品消费者的购买类型与支付方式。这里分析以下问题：食品消费者如何决定购买行为？以什么方式购买？按什么程序购买？

通过如何购买食品的分析，明确了食品消费者的购买方式，解决了两个方面的问题：一是食品企业和中间商根据不同的购买类型为食品消费者提供针对性服务以提高服务质量的问题；二是为食品消费者提供多种购买方式、开展多种促销活动以激发食品消费者购买的问题。

**相关链接**

#### 日清方便面："四脚"营销挺进美国

在我国方便面产销领域，品牌繁多，可是，能令消费者真正动心的却寥寥无几，于是许多方便面企业感叹："人们的口味越来越挑剔了，真是众口难调。"

可是，日本一家食品产销企业集团——日清食品公司，却始终坚持"只要口味好，众口也能调"的独特经营理念，从人们的口感差异性出发，不惜人力、物力、财力在食品的口味上下功夫，终于改变了美国人"不吃热汤面"的饮食习惯，使日清公司的方便面成为美国人的首选快餐食品。

日清食品公司基于亲自调查的结论，从美国食品市场动态和消费者饮食需求出发，确定了"四脚灵蛇舞翩跹"的营销策略，全力以赴地向美国食品市场大举挺进。

"第一脚"——他们针对美国人热衷于减肥运动的生理需求和心理需求，巧妙地把自己生产的方便面定位于"最佳减肥食品"，在声势浩大的公关广告宣传中，刻意渲染方便面"高蛋白，低热量，去脂肪，别肥胖，价格廉，易食用"等种种食疗功效；针对美国人好面子、重仪表的特点，精心制作出"每天一包方便面，轻轻松松把肥减""瘦身最佳绿色天然食品，非方便面莫属"等具煽情色彩的广告语，挑起美国人的购买欲望，获得了"四两拨千斤"的营销奇效。

"第二脚"——他们为了满足美国人以叉子用餐的习惯，果敢地将适合筷子夹食的长面条加工成短面条，为美国人提供饮食之便；并从美国人爱吃硬面条的饮食习惯出发，一改方便面适合东方人口味的柔软特性，精心加工出稍硬又劲道的美式方便面，吃起来更有嚼头。

"第三脚"——由于美国人"爱用杯不爱用碗"，于是日清公司别出心裁地把方便面命名为"杯面"，并给它起了一个地地道道的美国式副名——"装在杯子里的热牛奶"，期望方便面能像牛奶一样，成为美国人难以割舍的快餐食品；他们根据美国人"爱喝口味很重的浓汤"的独特口感，不仅在面条制作上精益求精，而且在汤味佐料上力调众口，使方便面成为"既能吃又能喝"的二合一方便食品。

"第四脚"——他们从美国人食用方便面时总是"把汤喝光而将面条剩下"的偏好中，

灵敏地捕捉到了方便面制作工艺求变求新的着力点，一改方便面"面多汤少"的传统制作工艺，研制生产了"汤多面少"的美式方便面，并将其副名更改为"远胜于汤"，从而使"杯面"迅速成为美国消费者人见人爱的"快餐汤"。

（资料来源：中国食品科技网. http://www.tech-food.com/news/detail/n0048259.htm）

### 3.2.3 食品消费者购买行为的发展趋势

**1. 食品购买信息获取多元化**

（1）信息获取途径越来越多样化。食品消费信息获取途径越来越多样化，商业信息的传播极大地调动了消费者的潜在需求。从电视上、网络上、期刊上、直投上，食品消费者不断收集消费信息，寻找食品消费目标；相比而言，家庭的影响、朋友的影响也部分存在，但其影响已经弱化。

（2）信息影响程度不同。信息影响程度、影响效力各有不同，电视占据了主导地位，明星代言层出不穷；网络是后起之秀，在沟通互动、网络传播方面不断出新；移动营销方法创新，在微信互动的同时强化信息沟通。活动通知、品牌传播是食品消费信息传播中的生力军，而广播、报纸、期刊仍在发挥着自己的传统效力。

**2. 食品购买区域特征不同**

（1）食品类购买重点因区域不同而不同。东部经济发展水平较高，居民偏向于休闲型、享受型消费，食品消费类型集中在营养食品、保健食品、休闲食品等，方便食品增长迅速；而中部经济处于上升态势，食品的质量型消费特征明显，食品消费集中在粮食类产品、动物性食品，肉类消费逐渐增加。

（2）城镇的食品消费水平高于农村。城镇的经济发展水平、人均收入均高于农村，其食品消费水平也高于农村。

**3. 食品购买品类发生变化**

（1）绿色食品、有机食品受到欢迎。随着人们生活水平的不断提高和消费意识的觉醒，人们的食品消费也由追求数量向数量与质量并重转变，由吃饱向吃得健康和吃得营养方面转变，食品的安全性问题受到了消费者的广泛关注，由于绿色、有机食品具有无污染、安全、优质、高营养性等特点，所以正日益受到消费者的广泛青睐，绿色有机食品消费将成为21世纪的主流饮食消费模式。

（2）原生态食品更受欢迎。随着生活日益改善，人们的营养越来越丰富，同时人们的环保意识、健康意识日益增强，谷物食品、粗粮食品、粗粮饮料等原生态产品越来越受欢迎，原生态食品消费也逐渐成为一种时尚。

（3）从主流到特色，从传统到时尚。食品消费从主流品类的消费到更具时尚感、更新潮、更有特色的特色化食品消费。如区域特色食品的崛起，新郑大枣品类的突出等；部分特色食品的规模化、工业化，"齐云山"南酸枣的崛起等。

### 4. 对食品购买的关注度提高

（1）食品的组合式销售、复合化创新受欢迎度提升。"组合式产品销售""复合式产品"越来越受欢迎。食品消费者希望以"产品组合""大礼包"等的形式购买商品，一则希望购买更为方便，二则想更加简单化决策；同时产品的复合化更受欢迎，产品的口味复合化、原料复合化备受推崇。

（2）包装的关注度上升。包装一直都是产品重要的"静销力"，担负着保护产品、表达产品诉求、促进销售等的重要责任，也是食品企业销售实现的重要环节。食品消费者喜欢有冲击力的"产品外包装"，包装更加新颖、别致，充分表达产品卖点，同时彰显个性，如长青食品的"口红糖"包装。

（3）包装材料更关注环保、安全，充分体现产品特点。据有关调查表明，食品消费者的绿色、环保意识逐渐增强，在包装材料上期望更加环保、无毒等，而包装材料的保鲜、保营养、是否抑菌等关注度并不高；同时，食品消费者希望从包装上了解到更多的产品信息、厂家信息、产品卖点等。

### 5. 对食品购买服务的期望提升

（1）购买服务期望更加快捷。现在生活节奏越来越快，人们的时间观念越来越强，对服务的要求越来越高，对产品的购买速度越来越看重，希望购买食品能更加快捷，如电子商务网站风行等均顺应了这种需求，而优秀食品企业也强化了服务的多元化、快捷化，如中粮我买网的推出和良好运营。

（2）购买便利性期望持续提升。消费者希望食品购买越来越便利，能随时随地买到，这使得更多食品企业更加强化渠道覆盖、广泛铺货，实现对终端的有效覆盖，以更好地满足食品消费者的需求。

## 案例分析

### 休闲食品消费者市场分析

近年来，我国休闲食品市场每年需求额超过千亿元，市场规模正在以几何级的速度增长，消费市场也在快速增长，年增幅在 25% 左右。仅仅休闲食品企业注册一项就已高达 10 多万家，这些数据说明我国休闲食品企业在未来具有巨大的发展潜力和生存空间。

1. 休闲食品消费者市场的构成

（1）从年龄上分析，休闲食品的消费人群分为三类：18 岁以下青少年及儿童、青年人、老年人。目前，消费主体已经由原来以儿童和青少年为主，拓展到以年轻成人为主，其中少年儿童和青年人中的女性消费者更是已上升为当前休闲食品的主流消费者。

（2）从性别上分析，15～34 岁年轻女性仍是引导时尚食品消费的主流群体。

（3）从职业类别上分析，休闲食品消费者中，学生和办公室白领在总体中的占比超过半数。

（4）从家庭生命周期分析，各种休闲食品的消费主力是有 12 岁以下小孩的家庭，消费占比为 41%；而高收入满巢家庭（有孩子，但孩子尚未独立的家庭）和空巢期家庭（孩子已独立，老人自己构成的家庭）则占到了一半。

2. 休闲食品的开发

根据对休闲食品目标人群的细分，休闲食品生产厂家应该根据目标客户的不同性别、职业类别、年龄等不同变量进行市场细分，并设计生产出有针对性的产品系列和推广方案。

（1）儿童类休闲食品应突出"童趣"特点。儿童消费群体，虽然经济上完全依靠父母，但是在选择上可以从自身的主观意愿出发，多数情况下父母也会给予满足。他们最大的特点是对新奇的、刺激性的事物感兴趣，尤其对奇形怪状或者有卡通元素的商品感兴趣，而且乐于、勇于尝试，而对健康没有任何概念。

针对这一目标人群的产品应该适当提升产品的视觉冲击力，如小熊饼干、好多鱼、鬼脸嘟嘟、奥利奥等，要么形状可爱，要么名字怪异，抑或有充满童趣的吃法。

在促销上，可以适当赠送卡通玩具，尤其是经典形象更受孩子们欢迎，如白雪公主、变形金刚等，这对目标消费者的吸引力是巨大的，一旦挑起孩子的欲望，父母基本很难拒绝。

（2）青年类休闲食品应重视品牌概念的打造。调查表明，25～34 岁的消费者对休闲食品的消费比例最高，这是一个被"品牌概念"熏陶长大的消费群体，而且也是目前社会中最忙碌的一群人。他们没有过多的时间精挑细选，他们更讲究品牌，更在意包装，对价格不是太敏感，但一定要方便购买和携带。这是需求最多样化的一群人。针对他们的需求，可开发出更多的细分产品品类，如补充维生素的雅克 V9，针对电脑一族的网络饭饭、闲趣等。此外，还有美容、护眼、瘦身、抗疲劳、低脂等多种细分产品。

这类人群已基本形成饮食"健康"观念，对产品会有一个基本的筛选，像糖果、巧克力、薯片、膨化食品等高热量的东西，他们会有选择性地消费。这就要求休闲食品企业应该及时了解并抓住目标消费者的消费心理和特殊的消费需求点，更加注意品牌形象的塑造，强调营养搭配的合理性和产品自身品质的提升，成功吸引到更多具备消费能力的目标人群，这样，休闲食品企业的产品销量将会取得快速突破。

（3）老年类休闲食品应突出实用性。相对于前两者倾向刺激性、美观性之外，老年人就守旧许多，口味选择上更单一，形式选择上更实用，更喜欢酥软的东西，传统、中式食品更让他们青睐，如稻香村糕点，各种现场烘焙蛋糕、酥饼等，而且老年人也有他们特殊的营养需求，针对他们的产品也适合走功能细分道路。尽管他们选择得少，但消费总量依然可观。

（资料来源：人大经济论坛. http://bbs.pinggu.org/thread-3567496-1-1.html）

? 辩证性思考：

针对休闲食品消费者市场的构成，食品企业应采取哪些营销策略？

## 营销知识检测

1．食品消费者市场的特点有哪些？
2．影响食品消费者购买行为的因素有哪些？
3．食品消费者市场购买行为主要有哪些类型？
4．如何运用食品消费者购买行为？

## 营销能力训练

**训练项目：**

1．选择一家商场或食品生产企业，对该企业进行食品消费者市场分析，撰写食品消费者市场分析方案。

2．针对本地区的高等院校，进行大学生食品购买行为分析，撰写大学生食品购买行为分析方案。

**训练目的：**

通过训练，进一步熟悉、掌握食品消费者市场分析的方法，具备食品消费者市场分析的能力。

**训练要求：**

由班级学习委员组织全员对食品消费者市场分析方案进行讨论、交流。

# 第 4 单元 ● ● ●

## 运用食品市场竞争者分析与竞争策略

学习与训练指导

人们常用"没有硝烟的战争"来比喻企业的市场营销活动。市场营销不仅提供能满足消费者需要的产品或服务,而且要求比竞争对手做得更好。因此,市场竞争是进行市场营销活动的前提条件。食品企业必须认真地对各种现实的和潜在的竞争者进行识别和分析,有的放矢地制定市场竞争战略,才能在激烈的市场竞争中求得生存和发展。

通过学习,掌握食品市场竞争者分析、食品市场竞争战略地位与食品市场竞争战略选择的内容、操作程序与方法,以及食品市场竞争战略运用的适用条件与运用中应注意的问题。

通过训练,具备分析食品市场竞争者与选择食品市场竞争战略的能力。

导入案例

### 王老吉的"可口可乐"梦想

一瓶红色的易拉罐和一句"怕上火,喝王老吉"的广告语红遍了大江南北,这个源自岭南的凉茶饮料实现了质的跨越。凉茶市场份额首次超过了中国内地可口可乐的市场份额。而王老吉在产品包装、品牌运作、渠道策略上都把可口可乐作为标杆,在终端视觉识别管理方面已经成为很多本土品牌的榜样。王老吉的独特销售主张(Unique Selling Proposition,USP)"怕上火,喝王老吉"以及致力于成为凉茶饮料品类代表的品牌定位,证明了这一市场策略是成功的。以健康饮料概念打击非健康碳酸饮料可乐类产品,"可口可乐"梦想离王老吉越来越近。2002年销售额1.8亿元,2003年6亿元,2004年14.3亿元,2005年25亿元(含盒装),2006年近40亿元(含盒装),2007年近90亿元(含盒装)。

面对王老吉等广东凉茶品牌的咄咄攻势,以及基于可口可乐在全球重点推广非碳酸饮料的决心,可口可乐公司收购了香港"健康工房"。"健康工房"是香港传统凉茶馆"同治堂"旗下品牌,现为香港即饮草本饮料市场的知名品牌。可口可乐目前推出的"健康工房"

系列草本饮料有两个口味："清凉源"和"美丽源"。邀请张学友出任健康大使，目标直指凉茶市场，包装规格除了类同王老吉热卖的易拉罐外，还增加了凉茶市场所罕见的 PET（热塑性聚酯）瓶包装，与王老吉等凉茶品牌更大的区别是：更现代、更时尚、更健康的诉求，而不是中国传统的凉茶的诉求方式。

王老吉与可口可乐品牌分析：①产品层面：王老吉以易拉罐产品为核心产品，利乐装产品借势发展，这两种产品分别为两家公司所拥有，市场拓展缺乏合力；可口可乐"健康工房"以两种口味、两种规格包装进入市场，尤其 PET 瓶设计独特，并且是饮料的主流包装，可口可乐在产品上略显优势。②价格层面：王老吉面对的现状非常尴尬，利乐装产品因为价格很低，打击了易拉罐产品的销量，而可口可乐"健康工房"两种口味、两种规格包装价格一致，在销售上可起到相互支撑的作用。③渠道层面：虽然王老吉经过这几年的迅猛发展，在全国建立了很好的销售渠道，但在饮料行业，可口可乐的渠道依然是最强势的，并且由于可口可乐产品线丰富，所以渠道成本分摊后很低，而王老吉由于产品单一，渠道成本自然很高。④推广层面：王老吉以中国传统凉茶为主基调，"怕上火，喝王老吉"为核心的功能诉求，体现了专业的功能饮料；可口可乐"健康工房"以"亲近自然、感觉自然健康"为诉求点，并邀请张学友出任健康大使，体现了时尚的健康饮料，其目标消费群体比王老吉更为庞大，通过简单的 4Ps 理论分析和比较，可以发现，可口可乐"健康工房"略显优势。但是，毕竟王老吉在凉茶饮料市场更专业、资源更集中，而可口可乐资源分散，并不一定能全力做好这个产品。

（资料来源：豆丁网. http://www.docin.com/p-884634723.html）

### ⑦ 辩证性思考：

谈谈你对可口可乐"对战"王老吉的看法。

# 4.1　运用食品市场竞争者分析

### 📖【学习与训练思路】

知己知彼才能对市场竞争者施以更有效的攻击，才能够防御较强市场竞争者的"攻击"。因此，对食品市场竞争者进行识别和分析是有的放矢地制定市场竞争战略的基础。

在掌握识别食品市场竞争者的内容、分析竞争者的优势与劣势、分析竞争者的市场反应行为类型的基础上，具备识别食品市场竞争者、分析竞争者的优势与劣势、分析竞争者的市场反应行为的能力。

## 4.1.1　认知食品市场竞争者分析

食品市场竞争者分析是指食品企业通过某种分析方法识别出市场竞争对手，并对它们的目标、资源、市场力量和当前战略等要素进行评价。其目的是准确判断市场竞争对手的战略定位和发展方向，并在此基础上预测市场竞争对手未来的战略，准确评价市场竞争对手对本企业战略行为的反应，估计市场竞争对手在实现可持续市场竞争优势方面的能力。

## 4.1.2 识别食品市场竞争者

### 1. 从市场角度识别食品市场竞争者

（1）品牌竞争者。食品企业把同一行业中以相似的价格向相同的消费者提供类似产品或服务的其他企业称为品牌竞争者。例如，矿泉水市场中，康师傅矿泉水、农夫山泉矿泉水、乐百氏矿泉水、娃哈哈矿泉水等厂家之间的关系就属于品牌竞争者。品牌竞争者之间的产品相互替代性较高，因而市场竞争非常激烈，各食品企业均以培养消费者品牌忠诚度作为争夺消费者的重要手段。

（2）行业竞争者。食品企业把提供同种或同类产品，但规格、型号、款式不同的企业称为行业竞争者。所有同行业的企业之间存在彼此争夺市场的竞争关系，如生产蜜枣与生产阿胶枣的厂家之间的关系。

（3）形式竞争者。提供不同种类的产品，但满足和实现食品消费者同种需求的企业称为形式竞争者。例如，矿泉水、饮料都可以满足消费者口渴的需求，当矿泉水价格上涨时，买饮料的顾客就可能增加，它们相互之间争夺满足消费者的同一需求。

（4）一般竞争者（又称为属类竞争）。食品企业把提供不同产品，满足消费者的不同愿望，但目标消费者相同的企业称为一般竞争者。

假如某人努力工作一段时间后需要休息一下时，他会问："现在我该做什么呢？"他可能会想到运动、社交、吃东西等。这些都是他的需求，能够满足这些需求的企业之间形成了一种竞争关系，即欲望竞争者；假如他迫切的需求是吃东西，那么问题就变成"我要吃什么？" 这时他就会想到许多食物，如炸薯片、糖果、水果、冷饮等。它们都能满足同样的需要，只是方式方法不同，这种满足同种需求的不同方式的企业间存在着一种竞争关系，即一般竞争者；他如果决定吃糖果，就会问"我想吃哪种糖果？"于是就会想到不同形式的糖果，如巧克力、奶糖、水果糖等，从而出现产品形式竞争者；最后他决定吃巧克力，又会面临着几种品牌，如赫尔希、雀巢、玛尔斯等，这些都是品牌竞争者。如图 4-1 所示。这些不同的竞争对手与企业形成了不同的竞争关系，都对食品企业有着直接的制约作用。

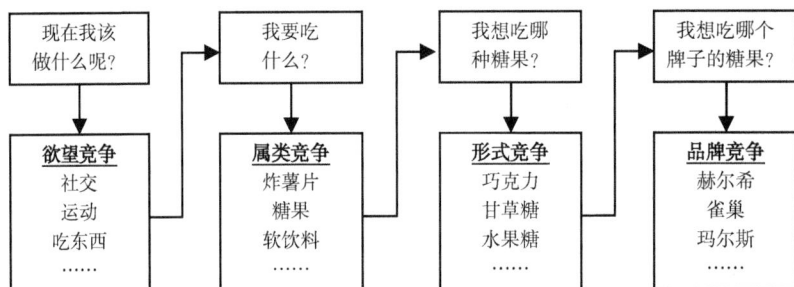

图 4-1　竞争的四种类型

根据对市场竞争的这种分类方法，在营销管理中，需要明确一个重要的竞争观念——欲望竞争观念。所谓欲望竞争观念，就是指食品企业通过促销让食品消费者在满足其需要和欲望时，能选择本行业的产品或服务，以此来扩大市场对本企业所在行业产品的需求，就是将"蛋糕"做大。通过争取到更多的食品消费者消费这种产品,来取得更大的营销成果。传统的竞争,主要表现在品牌竞争形式上。就是说,企业主要是将"品牌竞争者"视为竞争对手。很显然,由于品牌竞争是完全相似产品的竞争,竞争对手之间就只能争夺既定市场份额,故竞争表现为"你死我活"或"大鱼吃小鱼"的"零和博弈"竞争;而欲望竞争则是对产品的基本需要市场进行开发和扩大,因此是一种"非零和博弈"的竞争。当基本市场能被营销者成功扩大后,整个行业中的所有企业都会由于基本市场的扩大而受益,即所谓"我活你也活"或"各得其所"。

**2. 从行业的角度识别食品市场竞争者**

(1)现有同类产品生产企业,指本行业内现有的、与食品企业生产同样产品的其他厂家,这些厂家是企业的直接市场竞争者。

(2)潜在加入者企业。当某一行业前景乐观、有利可图时,就会引来新的市场竞争企业,使该行业增加新的生产力量,并要求重新瓜分市场份额和主要资源。另外,某些多元化经营的大型企业还经常利用其资源优势从一个行业进入另一个行业。新企业的加入,可能导致产品价格下降,利润减少。

(3)替代品生产企业。与某一产品具有相同功能,能满足同一需求的不同性质的其他产品,属于替代品。随着科学技术的发展,替代品将越来越多,食品行业的所有企业都将面临与生产替代品的其他行业的企业进行市场竞争。

**3. 从竞争者的竞争地位角度识别食品市场竞争者**

(1)市场领导者。市场领导者是指在某一行业的产品市场上占有最大市场份额的企业。例如,双汇集团是肉制品市场的领导者。市场领导者在产品开发、价格变动、分销渠道、促销力量等方面处于主宰地位。市场领导者的地位是在竞争中形成的,但不是固定不变的。

(2)市场挑战者。市场挑战者指在行业中处于次要地位(第二、第三甚至更低地位)的企业。例如,百事可乐是可乐市场的挑战者。市场挑战者往往试图通过主动竞争来扩大市场份额,提高市场地位。

(3)市场追随者。市场追随者指在行业中居于次要地位,并安于次要地位,在战略上追随市场领导者的企业。现实市场中存在大量的追随者。市场追随者最主要的特点是跟随。技术方面,它不做新技术的开拓者和率先使用者,而是做学习者和改进者。营销方面,它不做市场培育的开路者,而是搭便车,以减少风险和降低成本。市场追随者通过观察、学习、借鉴、模仿市场领导者的行为,不断提高自身技能,不断发展壮大。

(4)市场补缺者。市场补缺者是行业中相对弱小的一些中小型食品企业。它们专注于市场上被大企业忽略的某些细小部分,在这些小市场上通过专业化经营来获取最大限度的收益,在大企业的夹缝中求得生存和发展。市场补缺者通过生产和提供某种具有特色的产品和服务,赢得发展的空间,甚至可能发展成为"小市场中的巨人"。

### 4.1.3 分析食品市场竞争者的优势与劣势

食品企业需要分析竞争者的优势与劣势，才能有针对性地制定市场竞争战略，以便避其锋芒、攻其弱点，实现企业竞争目标。

**1．分析竞争者优劣势的内容**

（1）产品。竞争企业产品在市场上的地位、产品的适销性及产品组合等。

（2）销售渠道。竞争企业销售渠道的广度与深度、销售渠道的效率与实力、销售渠道的服务能力等。

（3）市场营销。竞争企业市场营销组合的水平、市场调研与新产品开发的能力、销售队伍的培训与技能等。

（4）生产与经营。竞争企业的生产规模与生产成本水平、设施与设备的技术先进性与灵活性、专利与专有技术、生产能力的扩展、质量控制与成本控制、区位优势、员工状况、原材料的来源与成本、纵向整合程度等。

（5）研发能力。竞争企业内部在产品、工艺、基础研究、仿制等方面所具有的研究与开发能力，以及研究与开发人员的创造性、可靠性、简化能力等方面的素质与技能等。

（6）资金实力。竞争企业的资金结构、筹资能力、现金流量、资信度、财务比率、财务管理能力等。

（7）组织。竞争企业组织成员价值观的一致性与目标的明确性、组织结构与企业策略的一致性、组织结构与信息传递的有效性、组织对环境因素变化的适应性与反应程度、组织成员的素质等。

（8）管理能力。竞争企业管理者的领导素质与激励能力、协调能力、管理者的专业知识，以及管理决策的灵活性、适应性、前瞻性等。

**2．运用竞争者优劣势分析的操作程序**

（1）收集信息。收集竞争者的信息，主要包括销售量、市场份额、利润率、投资收益率、现金流量、生产能力、综合管理能力等。

（2）分析评价。根据收集的信息综合分析竞争者的优势与劣势，如表 4-1 所示。表中，根据优、良、中、差四个等级综合评价 A、B、C 三个竞争者。

表 4-1 竞争者优势与劣势分析

| 竞 争 者 | 消费者对竞争者的评价 | | | | |
|---|---|---|---|---|---|
| | 消费者知晓度 | 产品质量 | 产品利用率 | 技术服务 | 企业形象 |
| A | 优 | 优 | 差 | 差 | 良 |
| B | 良 | 良 | 优 | 良 | 优 |
| C | 中 | 良 | 良 | 中 | 中 |

（3）确定超越基准。找出竞争者在管理和市场营销方面的较好做法作为标准，然后加

以模仿、组合和改进，力争超过竞争者。企业必须确定超越的对象是评价最好的企业。企业应当集中在影响用户满意度和成本的关键项目上进行超越。

### 4.1.4　分析食品市场竞争者的市场反应行为

分析竞争者反应行为解决企业确认在哪些地方应集中优势进攻，在哪些地方应加强防守，在哪些地方应主动退让，应进攻谁、回避谁的问题，拟定较适合食品企业的市场竞争战略，争取处于较为有利的市场竞争地位。

#### 1．分析迟钝型竞争者

某些竞争企业对市场竞争措施的反应不强烈，行动迟缓。这可能是因为竞争者受到自身资金、规模、技术等方面能力的限制，无法作出适当的反应；也可能是因为竞争者对自己的竞争力过于自信，不屑于采取反应行为；还可能是因为竞争者对市场竞争措施重视不够，未能及时捕捉到市场竞争变化的信息。

#### 2．分析选择型竞争者

某些竞争企业对不同的市场竞争措施的反应是有区别的。例如，大多数竞争企业对降价这样的价格竞争措施总是反应敏锐，倾向于作出强烈的反应，力求在第一时间采取措施进行反击，而对改善服务、增加广告、改进产品、强化促销等非价格竞争措施则不大在意，认为对自己不构成直接威胁。

#### 3．分析强烈反应型竞争者

有些竞争企业对市场竞争因素的变化十分敏感，一旦受到来自竞争挑战就会迅速地作出强烈的市场反应，进行激烈的反击，将挑战自己的竞争者置于死地而后快。这种反击措施往往是全面的、致命的，甚至是不计后果的，不达目的决不罢休。这些强烈反应型竞争者通常都是市场上的领先者，具有某些竞争优势，一般企业轻易不敢或不愿挑战其在市场上的权威，尽量避免与其正面交锋。

#### 4．分析随机型竞争者

这类竞争企业对市场竞争所作出的反应通常是随机的，往往不按规则出牌，使人不可捉摸。例如，不规则型竞争者在某些时候可能会对市场竞争的变化作出反应，也可能不作出反应；既可能迅速作出反应，也可能反应迟缓；其反应既可能是剧烈的，也可能是柔和的。

## 4.2　运用食品市场竞争战略

📖【学习与训练思路】

食品企业在识别、分析市场竞争者的基础上，必须明确自己在市场竞争中的地位，有的放矢地选择市场竞争战略，才能在激烈的市场竞争中求得生存和发展。

在掌握市场竞争战略、市场竞争战略地位的内容的基础上，具备确立食品市场竞争战略地位与选择食品市场竞争战略的能力。

### 4.2.1　选择基本的食品市场竞争战略

在激烈的市场竞争中，食品企业能够长时间维持高于平均水平的经营业绩，其根本原因是持久性竞争优势。企业的竞争优势有两个：一是成本优势，即在生产同一档次产品的经营活动中能体现出成本领先的优势；二是产品优势，即在不断提高产品档次的经营活动中能体现出产品差异的优势。根据企业的两个基本竞争优势，可以采用以下三种基本市场竞争战略，顺利地进行市场竞争。

#### 1. 选择成本领先市场竞争战略

成本领先市场竞争战略是指食品企业通过有效途径，使本企业的总成本低于竞争对手的成本，甚至达到全行业最低，以构建市场竞争优势的战略。

（1）选择成本领先市场竞争战略的条件。

①食品企业管理水平较高。企业在采购成本、生产成本、资金占用、人力成本等方面都能精打细算，厉行节约，从而达到低成本运作。

②规模经营。一般来说，单位产品成本与经营规模的扩大呈按比例下降的趋势。

③提高市场占有率。市场容量大，销售增长率高，成本也随之降低。

④不断提高技术水平。对食品企业进行技术改造，在扩大生产的同时大大提高效率，以技术领先来降低成本，同样可以达到低价竞争的优势。

（2）实现成本领先市场竞争战略的措施。成本领先市场竞争战略可以给企业带来很多优势，但要取得这种地位并不容易，需要采取一种或多种有效的措施。

①实现规模经济。通过规模经济生产和分销是实现成本领先战略最重要的措施。规模经济是指在技术水平不变时，单位产品的成本随着累计产量的增加而下降。如果一个企业可以比竞争对手更快地扩大其产量，则其经验曲线将比竞争对手下降得更快，从而可以拉大它们之间的成本差距。

②产品的再设计。要实现规模经济进而取得成本优势，食品企业还必须设计出易于制造的产品。可以说，能否利用新的制造技术和工艺来提高劳动生产率的关键在于产品的重新设计。

③降低输入成本。大多数行业，由于各种各样的原因，不同食品企业输入的成本有很大差异。食品企业要从多方面采取措施降低输入成本：减少由于地域原因造成的输入成本上的差异；选择低成本的供应来源；提高讨价还价的能力；稳定与供应商的关系。

④采用先进的工艺技术。多数产品生产过程中，总有几种或更多种生产工艺技术可供选择。在产出相同的情况下，如果某种工艺技术少消耗某种输入要素，而同时又不多消耗其他输入要素，那么这种工艺技术就有一定的优越性。

⑤紧缩间接费用和其他行政性费用的支出；保持适度的研究开发、广告、服务和分销费用。

（3）选择成本领先市场竞争战略应注意的问题。运用成本领先市场竞争战略，一定要考虑技术革新和技术进步的影响，注意竞争对手的战略反应和产品、市场的变化，降低或规避成本领先战略存在的风险。

### 2. 选择差异化市场竞争战略

差异化市场竞争战略是指为使本企业的产品与服务明显区别于竞争对手，形成与众不同的特点而采取的战略。这种战略的重点是创造被全行业和消费者都视为独特的产品与服务，能比同行业竞争者更有效地满足目标消费群的需求。

（1）选择差异化市场竞争战略的条件。

①食品企业拥有比竞争者独特的、明显的有利条件，即无论是产品特色、市场营销战略、服务水平、技术水平都是竞争者暂时不具备的。保持这种有利地位，可以使食品企业在市场竞争中能暂时独占鳌头，但当竞争者奋起直追，也拥有某方面的独特性后，差异化即会减弱。

②食品企业在硬技术和软技术开发上具有很强的创新能力。硬技术的创新使企业产品不断推陈出新，以技术领先，保证企业的差异化；软技术的开发和运用，保证企业高效运作，也是竞争者难以模仿和比拟的。

③食品企业具有很强的市场营销能力，即企业的市场营销战略、策略和方法手段别具一格。与竞争者相比，有独特的市场营销创意，对市场的适应能力和应变能力都很强，也是保持食品企业差别化的重要方面。

（2）差异化市场竞争战略的内容。

①产品差异化。产品差异化是指某一食品企业生产的产品，在质量、性能上明显优于同类产品的生产厂家，从而形成独自的市场。对同一行业的竞争对于来说，产品的核心价值是基本相同的，不同的是性能和质量。在满足食品消费者基本需求的情况下，为食品消费者提供独特的产品的是差异化战略追求的目标，而实现这一目标的根本在于不断创新。

②形象差异化。形象差异化即由食品企业的品牌战略和 CI 战略而产生的差异。食品企业通过强烈的品牌意识和成功的 CI 战略，借助媒体的宣传，让食品企业在消费者心目中树立了优异的形象，从而对该企业的产品发生偏好，一旦需要，就会毫不犹豫地选择这一企业生产的产品。

③市场差异化。市场差异化指由产品的销售条件、销售环境等具体的市场操作因素而生成的差异，它包括销售价格差异、分销差异、售后服务差异。

（3）选择差异化市场竞争战略应注意的问题。

①实现差异化的成本很高，形成较高的产品价格，如果这种价格超过消费者的承受能力，为了大量地节省费用，食品消费者会放弃差异化的产品特征、服务或形象，转而选择物美价廉的产品。

②食品消费者不太关注所需产品的差异性。尤其是当市场转向标准化产品的生产时，技术的进步和行业的成熟使产品的差异性被忽略。

③竞争对手的模仿使食品消费者看不到产品之间的差异。食品企业的技术水平越高，

形成产品差异化时需要的资源和能力越具有综合性，则竞争对手模仿的可能性越小。因此，企业要注意保护自己的知识产权。

### 3．选择集中化市场竞争战略

集中化市场竞争战略是指食品企业将目标市场锁定在某一个或某几个较小的细分市场，实行专业化经营，走小而精、小而专的道路。集中化市场竞争战略并不是一种独立的市场竞争战略，它是企业因受到资源与能力的约束而采取的一种折中战略。集中化市场竞争战略的基本思想是一个规模和资源有限的食品企业很难在其产品市场上展开全面的市场竞争，因而需要集中力量于某一个特定的细分市场，为特定的消费群体提供特定的产品和服务，实现有限的目标市场上的竞争优势。

（1）选择集中化市场竞争战略的条件。食品企业所拥有产品或技术是某一个特定细分市场必备的要求，食品企业在这个特定细分市场上有能力获得极大的市场占有率，成为小行业中的小巨人，并在充分挖掘特定细分市场需求之后有拓展能力。

（2）选择集中化市场竞争战略应注意的问题。

①原来以较宽的市场为目标的竞争对手找到了可以再细分的市场，并以此来实施集中化战略，从而使食品企业一直保持的集中化战略受到挑战，失去优势。

②由于技术进步、替代品的出现、价值观念的更新、消费者偏好改变等各种原因，细分市场和总体市场之间的产品和服务需求的差异逐步缩小，食品企业原先赖以生存的目标集中战略的基础将逐渐消失。

③食品企业采用集中化市场竞争战略与竞争对手拉开差距，保持自己的特色，有时需要增加一定的成本费用。随着市场竞争的逐步加剧，采用集中化市场竞争战略的食品企业与在较宽范围经营的市场竞争对手之间的成本差距会逐步扩大，有可能抵消企业采取集中化市场竞争战略所取得的成本优势或产品优势，导致食品企业集中化市场竞争战略的失败。

## 4.2.2 确立食品市场竞争战略地位

随着食品企业在行业中所占市场份额逐渐拉开并维持一个相对稳定的局面，不同市场份额者之间会进行比较长久的市场竞争。因此，食品企业要明确自己在同行业市场竞争中的地位，制定和实施不同的市场竞争策略。

### 1．确立市场领先者竞争战略地位

市场领先者是在食品行业中处于领先地位的企业，占有最大的市场份额，一般是该行业的领导者。一般来说，大多数行业都有一家企业被认为是市场领先者，它在价格变动、新产品开发、分销渠道的宽度和促销力量等方面处于主宰地位，为同行业所公认。

市场领先者要保持自己的市场占有额和在行业中的经营优势，有三种策略可供选择。

（1）选择扩大市场需求量策略。

①寻找新的使用者。一些潜在的消费者可能因为不知道食品企业的产品，或者因为对食品企业的产品不感兴趣，或者因为他们认为食品企业产品的价格不合理或存在缺陷等，

没有购买企业的产品，食品企业可以从这些群体中发掘新的使用者。

②发现和推广产品的新用途。如果食品企业能够发现和推广产品的新用途，也能扩大市场总需求。

③促使使用者增加使用。食品企业可以通过适当方式，说服消费者更多地使用企业的产品，这也能有效地增加产品的销售量。例如，日本铃木公司曾将盛有味精的小瓶打了许多小孔，不仅方便了消费者使用，又让人们在不知不觉中增加了消费量。

（2）选择保持市场占有率策略。

①阵地防御。采取阵地防御，是在现有市场四周构筑起相应的"防御工事"。典型的做法是企业向市场提供较多的产品品种和采用较大分销覆盖面，并尽可能地在同行业中采用低定价策略。这是一种最为保守的竞争做法，因缺少主动进攻，长期实行，会使企业滋生不思进取的思想和习惯。这一策略只有当竞争者发起的攻击不出企业所料时，才能奏效，而这是很难做到的；当竞争者的攻击出乎企业预料时，可能会导致企业防线的崩溃，给企业造成重大损失。而且，简单地防守企业现有的地位或产品，即使竞争者没有向企业直接发起攻击，企业也可能因为患上"营销近视症"而丧失市场领导者地位。

②侧翼防御。侧翼防御是指市场领先者针对在市场上最易受攻击处，设法建立较大的业务经营实力或是显示出更大的进取意向，借以向竞争对手表明：在这一方面或领域内，本企业是有所防备的。企业不但要保护自己的主要阵地，还应建立一些侧翼阵地以保护企业的薄弱部分或作为今后出击的前哨阵地。

③先发制人。这是一个以进攻的姿态进行积极防御的做法，即在竞争对手欲发动进攻的领域内，或是在其可能的进攻方向上，首先挫伤它，使其无法进攻或不敢再轻举妄动。

④反击防御。当市场领先者受到竞争对手攻击时，采取主动的甚至是大规模的进攻，而不是仅仅采取反击式防御。这种反击可能是正面反击，也可能是进攻竞争者的侧翼，或采取锥形攻势切断进攻者的退路。有时有效的方式是进入竞争者的领域里发起攻击。

⑤运动防御。运动防御是指市场领先者将其业务活动范围扩大到其他领域，一般是扩大到和现有业务相关的领域，而这些新领域又有可能成为食品企业未来的防御或进攻的中心。食品企业扩展市场可以采用两种方式：一种是市场扩大化，即企业将其注意力从现有产品转移到主要的基本需要上，并对与该需要相关联的整套技术进行研究开发。另一种是市场多元化，即进入与现有市场不相关联的市场，实行集团多元化经营。

⑥收缩防御。当市场领先者受到多个方面的竞争对手的攻击时，食品企业可能受到短期资源不足与竞争能力的限制，只好采取放弃较弱业务领域或业务范围，收缩到食品企业应该主要保持的市场范围或业务领域内，这就是收缩防御。收缩防御并不放弃企业现有细分市场，只是在特定时期，集中企业优势，应付来自各方面竞争的威胁和压力。

（3）选择提高市场占有率策略。

①产品创新策略。产品创新是市场领先者主要应该采取的能有效保持现有市场地位的竞争策略。

②质量策略。质量策略也是市场领先企业采用较多的市场竞争策略，即不断向市场提

供超出平均质量水平的产品。这种竞争做法，或者是为了直接从高质量产品中得到超过平均投资报酬率的收入，或者是在高质量产品的市场容量过小时，不是依靠其获得主要市场营销收入，而仅仅是为了维持品牌声誉或保持企业产品的市场号召力，从而能为企业的一般产品保持较大市场销售量。

③多品牌策略。多品牌策略，即在食品企业销路较大的产品项目中，采用多品牌营销，使品牌转换者在转换品牌时都是在购买本企业的产品。

④大量广告策略。市场领先企业往往可以在一定的时期，采用高强度多频度的广告来促使消费者经常保持对企业的品牌印象，使消费者增加对品牌熟悉的程度或产生较强的品牌偏好。

⑤有效或较强力度销售促进，即通过更多销售改进工作来维持市场份额。例如，不断加强售后服务、提供更多质量保证，建立更多的销售和消费者服务网点。

**2．确立市场挑战者竞争战略地位**

市场挑战者是市场占有率位居市场领先者之后而在其他的市场竞争对手之上，采取向市场领先者或其他竞争者发起攻击的方式来争取更多市场份额的食品企业。但是，并不能完全把它们看成竞争实力一定次于市场领先者，因为它们很可能是一些很有实力的食品企业，只是暂时对某项业务还没有投入更多精力或还没有将其作为主要业务来发展。

（1）市场挑战者成功进攻市场领先者的条件。

①市场挑战者拥有一种持久的竞争优势，如成本优势或创新优势。以前者之优创造价格之优，继而扩大市场份额；或以后者之优创造高额利润。

②市场挑战者必须有某种办法部分或全部抵消领先者的其他固有优势。

③具备某些阻挡市场领先者反击的办法，必须使市场领先者不愿或不能对市场挑战者实施旷日持久的反击。如果没有一些阻挡反击的办法，拥有资源和稳固地位的市场领先者一旦卷入战斗就采取进攻性的反击，迫使市场挑战者付出无法承受的经济和组织代价。

（2）选择市场进攻对象。

①攻击市场领先者。市场挑战者需仔细调查研究市场领先者的弱点，如有哪些未满足的需要、有哪些使顾客不满意的地方，然后确定自己进攻的目标。例如，为了向亚洲的主要金融市场东京发起挑战，香港和新加坡采取的策略是向用户收取更低的费用、提供更自由的管理、努力克服官僚主义作风等。

②攻击与自己实力相当者，设计夺取它们的市场阵地。

③攻击小企业。对一些地方性小企业中经营不善、财务困难者，可夺取它们的消费者，甚至这些企业本身。

④连横伐纵。与同行业的竞争企业结成战略伙伴或者整体合并。

（3）选择市场挑战者的战略目标。

①进攻目标。市场挑战者在市场上发起进攻，或是攻击市场领先者较弱的细分市场，或是攻击比自己更小的食品企业。当市场挑战者具备如下条件时，就可以考虑选取进攻目标：当企业在食品行业中具有一定的市场声望，并且可以利用已有声望来扩大现有的市场

份额，而又难以寻找到新的市场时；当食品企业财力较强，有充足的资金积累，却还没有更为适宜的新投资领域时；当主要的竞争者——它们可能是一个市场领先者，也可能是一个和自己的地位相差不多的挑战者转换了战略目标，而市场竞争对手所实行的新的市场营销战略和本企业已经实行的市场营销战略很类似时；主要的市场竞争者如果正在犯某种市场营销错误，留下可乘之机时。

②固守目标。市场挑战者满足下列条件时，可以采取固守目标：当食品行业市场需求处于总体性缩小或衰退时；估计市场竞争对手会对所遭受的进攻作出激烈反应，而本企业缺乏后继财力支撑可能出现的长期竞争消耗战时；食品企业虽找到了更好的新的投资发展领域，但对新领域的发展风险不能准确估计，因而需要在现有的市场中维持一段时间时；主要的市场竞争对手调整了竞争战略或采用了新的营市场销战略目标，本企业一时还不能摸清对手意图时。

（4）选择市场挑战者进攻策略。市场挑战者在食品行业中要寻求进一步的发展，一般要采取进攻战略。因此，进攻战略是市场挑战者主要奉行的市场竞争战略。市场挑战者的进攻战略主要有：

①正面进攻。正面地向对手发起进攻，攻击对手真正实力所在而不是它的弱点，即便不能一役以毙之，也可极大削弱对手实力。进攻的结果，取决于谁的实力更强或更有持久力，正面进攻采取的是实力原则。正面进攻的常用方式有以下几种。

- 产品对比。将自己的产品和市场竞争对手的产品用合法的形式进行特点对比，使竞争者的用户相信应重新考虑是否有必要更换品牌。
- 采用攻击性广告。使用与市场竞争者相同的广告媒介，拟定有对比性的广告文稿，针对市场竞争者的每种广告，或广告中体现的其他的市场营销定位因素进行攻击。
- 价格战。价格战既是传统市场竞争手法，也是今天的市场挑战者在比较极端的情况下仍会考虑采用的市场竞争战略。价格战的后果是难以预料的，尤其可能使参战的每一方都受到损失，甚至损失严重。所以，在现代市场营销活动中，价格战并不是市场挑战者所首选的战略。价格战有两种方法：一是将产品的价格定得比市场竞争者价格更低，或是调整到低于市场竞争者的价格。如果市场竞争者没有采取降价措施，而且消费者相信本企业所提供的产品在价值上和其他市场竞争者尤其和市场领先者的产品相当，则此种方法会奏效。二是采用相对降低价格的做法，即食品企业通过改进产品的质量或提供更多的服务，明显提高产品可觉察价值，但保持原销售价格。这要求企业：必须在提高质量的同时，采取降低成本的方法，以能够保持原盈利水平；必须能使消费者相信或有相应的价值感觉，使消费者认为本企业的产品质量高于竞争者；必须是为反倾销立法所允许的，即在法律许可的范围内。

②侧翼进攻。侧翼进攻采取的是"集中优势兵力攻击对方弱点"的战略原则。当市场挑战者难以采取正面进攻时，或者是使用正面进攻风险太大时，往往会考虑采用侧翼进攻。侧翼进攻包括两个战略方向——地理市场或细分市场。地理市场战略方向，即向同一地理区域市场范围市场竞争对手发起进攻。常用的做法有两种：一是在市场竞争对手所经营的

相同市场范围内，建立比市场竞争对手更强有力的分销网点，以"拦截"市场竞争对手的用户；二是在同一地理区域内，寻找到市场竞争对手产品没有覆盖的市场即"空白区"，占领这些区域并组织市场营销活动。

③包围进攻。包围进攻是在对手市场领域内，同时在两个或两个以上的方面发动进攻的做法。这主要用来对付如果只在单一方面进攻，会迅速反应的市场竞争对手，使被攻击者首尾难顾。

④绕道进攻。绕道进攻如同采用军事上的"迂回进攻"的方法，即尽量避免正面冲突，在对方所没有防备的地方或是不可能防备的地方发动进攻。

⑤游击进攻。游击进攻是采用"骚扰对方""拖垮对方"的策略进攻对手。市场挑战者往往是在准备发动较大的进攻时，先依靠游击进攻作为全面进攻的战略准备，迷惑对手，干扰对手的战略决心。其特点是进攻不是在固定的地点、固定方向上展开，而是"打一枪换一个地儿"。例如，采用短期促销、降价、不停变换广告等进行骚扰，就属于游击进攻。

### 3. 确立市场追随者竞争战略地位

市场追随者是在市场中居于次要地位，参与市场竞争，但不准备向市场领先者或其他市场竞争者发起进攻，而是跟随在领先者之后自觉地维持共处局面的食品企业。市场追随者选择的追随策略有：

（1）紧紧追随。紧紧追随是指在尽可能多的细分市场和市场营销组合中模仿市场领先者的做法。这种情况下，市场追随者很像一个市场挑战者。但是，市场追随者采取避免直接发生冲突的做法，使市场领先者的既有利益不受妨碍或威胁。例如，在产品功能上，市场追随者可以和市场领先者一致；但是，在品牌声望上，却和市场领先者保持一定差距。

（2）距离追随，即市场追随者总是和市场领先者保持一定的距离。例如，在产品的质量水平、功能、定价的性能价格比、促销力度、广告密度及分销网点的密度等方面，都不使市场领先者和挑战者觉得市场追随者有侵入的态势或表示。市场领先者往往很乐意有这种追随者存在，并让它们保持相应的市场份额，以使市场领先者自己更符合《中华人民共和国反垄断法》的规定。采取这种策略的市场追随者一般靠兼并更小的企业来获得增长。

（3）有选择地追随，指采取在某些方面紧跟市场领先者，而在另外一些方面又走自己的路的做法。这类食品企业具有创新能力，但是它在整体实力不如对方的时候，需要采用完全避免直接冲突的做法，以便食品企业有时间悉心培养自己的市场和市场竞争实力，可望在日后成长为市场挑战者。

### 相关链接

　　蒙牛初创期选择跟随策略做行业的"老二"，是为了避开竞争品牌伊利的打压，并在跟随的过程中结合"借势行销"，使自己实现了快速壮大。在强大到与主要竞争对手伊利几乎可以平分天下的时候，蒙牛开始转换角色，同时加大攻势，最终在部分市场领域超越了最初的领先品牌。

**4. 确立市场补缺者竞争战略地位**

市场补缺者是指那些致力于在一个或很少几个细分市场上开展市场营销活动和建立相对的市场竞争优势而避免与大食品企业竞争的那些企业。作为市场补缺者,在市场竞争中重要的是应该寻找到一个或多个安全的和有利可图的补缺基点。补缺策略的关键是专业化,即利用分工原理,专门生产和经营具有特色的或是拾遗补缺的、为市场所需要的产品或服务。由于是在一个较小的领域内追求较大市场份额,补缺也可以使那些最小的企业获得发展或者是取得较高的投资赢利。市场补缺者选择的专业化策略有:

(1)最终用户专业化,即食品企业专门为最终使用用户提供服务或配套产品。

(2)纵向专业化,即食品企业专门在市场营销链的某个环节上提供产品或服务。

(3)消费者类型专业化,即市场补缺者可以集中力量专为某类消费者服务。

(4)地理区域专业化,指食品企业将市场营销范围集中在比较小的地理区域,这些地理区域往往具有交通不便的特点,大企业不愿经营。

(5)产品或产品线专业化,即食品企业专门生产一种产品或是一条产品线。而所涉及的这些产品,是被大食品企业看作市场需求不够、达不到经济生产批量要求而放弃的。这就为市场补缺者留下了很好的发展空缺。

(6)定制专业化。当市场领先者或是市场挑战者比较追求规模经济效益时,市场补缺者往往可以碰到许多希望接受定制业务的用户。专门为这类用户提供服务,可以构成一个很有希望的市场。

(7)服务专业化,即专门为市场提供一项或有限的几项服务。例如,农村中的“农技服务公司”“种子服务公司”等,都为市场提供专业化服务。

## 案例分析

### 农夫山泉的差异化战略

1. 天然水纯净水世纪大战

2000 年 4 月,养生堂公司总裁钟睒睒宣布了一项石破天惊的决策:农夫山泉不再生产纯净水,全部生产天然水。为强势推出“天然水”概念,农夫山泉在中央电视台播出一则“水仙花生长对比实验”广告。两组水仙花分别养在农夫山泉纯净水和农夫山泉天然水里——这两杯水看上去毫无差别。但一个星期后结果大相径庭,养在天然水里的水仙花的根长到了 3 厘米,而养在纯净水里的仅有 1 厘米。“同学们,现在我们知道该喝什么水了吧!”老师说。同时字幕上显示:养生堂宣布停止生产纯净水,全部生产天然水。一个决定、一个广告就这样点燃了中国纯净水行业里的一个烈性炸药包,引发了一场 21 世纪末的激烈“水仗”。直至 2000 年 7 月 9 日,新华社发出的电讯稿报道,专家提醒:“纯净水不宜大量长期饮用。”此举为这场“纯净水之争”作了结论。养生堂农夫山泉挑起的“水仗” 就这样成功地将一个“不再生产纯净水”的企业行为策划成了一个具有全国性轰动效应的新闻事件,被视为"中国新闻策划史上的经典案例"。

**2. 农夫山泉有点甜**

农夫山泉在水业新的格局中处于举足轻重的地位。它似乎从来就是"独行侠", 是个"异类"。当人家还在一窝蜂生产纯净水时,他却依仗得天独厚的千岛湖水源,搞起了仅在世界先进国家普遍流行的、绝大多数国外著名品牌也奉行无阻的天然水。别家的瓶贴都用冷色调,他偏偏选用红色,被台湾广告界惊呼为"红色震撼"。当别家忙于价格大战的搏杀时,他却无动于衷,我行我素。别家的广告争相用歌星,唯独他诉求"有点甜"的口感,又独占中国体育代表队训练比赛和专用水的名义,伴随其进军悉尼,直至打"申奥牌"大获成功。当老大老二先后都拱手走了合资控股的路后,只有他还在那里埋着头,孤军奋战。据说,某些国际大亨也曾想同农夫山泉接触,但都被婉拒了。农夫山泉的想法是"中国水业不能让老外给垄断了"。农夫山泉的广告营销策略及主诉求是什么?一是口感的概念,即"有点甜"。水难道说还有甜味?真是发人之所未发。毕竟,口感是水质最有力、最直接的感官证明。水的广告诉求于口感,农夫山泉是第一家,也是唯一的一家。"农夫山泉有点甜"的广告语取得了一定的成功。"有点甜"为大家所熟知,几乎成了农夫山泉的代名词。二是"天然水"及其水源的概念。水源是水质的根本保障。全国一级水资源保护区千岛湖是农夫山泉得天独厚、独一无二的资源优势。"有点甜"的支撑点是什么?就是水源,是源自"千岛湖的源头活水"。以千岛湖水源为支撑的农夫山泉,符合现代人崇尚的绿色环保理念。比之纯净水,保留了水中人体所需的矿物质和微量元素;比之矿泉水,水中的矿物质、微量元素更均衡。这就使得天然水同其他饮用水的差异性迅速拉开了距离。老百姓终于有些明白:原来水与水是有差别的。同时,也迫使竞争对手不得不调整产品方向,推出"矿物质水"。

**3. 市场切入点的差别化**

第一目标市场——中小学生。广告策略:课堂篇——一名女生上课时因想喝农夫山泉而拉动瓶盖,发出"嘭嘭"声,老师告诉她,上课时不要发出这种声音,这更使得那些上课爱搞恶作剧、调皮的学生心情急切,产生强烈的购买欲。并且传递了产品包装上的与众不同。将无声之水变成有声,揭示了产品包装的吸引力,响声同时起到提醒和强化记忆的作用。养生堂是品牌定位差异化,特别是品牌类别定位中的高手。当年,农夫山泉巧妙地把类别定位为"天然水",硬生生从纯净水和矿泉水市场中划出一块更有前途更符合健康、天然消费心理的市场。如今农夫山泉已经成为瓶装水业的第二品牌。

(来源来源:百度文库. http://wenku.baidu.com/view/ca4a8f1d10a6f520ccbf85a3.html)

**? 辩证性思考:**

1. 农夫山泉在差异化竞争策略的实施方式上有什么可取之处?

2. 鉴于饮用水市场竞争有愈演愈烈之势,你认为农夫山泉是否应加入到降价销售的行列中来?

## 营销知识检测

1. 如何识别市场竞争者？
2. 市场领先者应如何确定自己的市场营销策略？
3. 市场领先者如何防御市场竞争对手的攻击？
4. 食品企业处于挑战者地位时应如何选择市场营销策略？
5. 市场挑战者的攻击策略主要有哪几种形式？
6. 市场追随者的追随策略主要有哪些？
7. 简述市场补缺性企业的市场营销策略选择。

## 营销能力训练

**训练项目：**

对学校所在地的大中型零售食品企业进行市场竞争分析，确立其市场竞争战略地位，选择市场竞争策略，撰写市场竞争分析方案。

**训练目的：**

通过训练，进一步认知、掌握食品市场竞争分析的方法和市场竞争战略与策略，具备食品市场竞争分析和选择食品市场竞争策略的能力。

**训练要求：**

由班级学习委员组织全员对市场竞争分析方案进行讨论、交流。

# 第 5 单元 ●●●

## 运用食品市场细分、目标市场选择与市场定位

### 学习与训练指导

运用食品市场细分、目标市场选择与市场定位解决两个问题：一是找位（找对象），即明确食品企业服务对象是谁，满足谁的需求，满足哪些类型的需求。二是定位，即在目标市场上为食品企业产品和市场营销组合确定一个具有市场竞争优势的地位。

通过学习，掌握食品市场细分、目标市场选择与市场定位的内容、操作程序、方法，以及运用中应注意的问题。

通过训练，具备运用食品市场细分、目标市场选择与市场定位的能力。

### 导入案例

#### 雅客的市场细分

通过对市场上现有的糖果类型及其竞争力的分析，雅客发现市场上的不同品牌的糖果的口味、包装、价格等方面差距很小，传统糖果（奶糖、硬糖）虽然销售量仍然占据主导地位，但是销售额比例却呈下降趋势。相比之下，各类新型糖果和功能型糖果却发展迅速。因此雅客选择进入功能性糖果市场。

选择了功能性市场之后，要对糖果附加哪种功能？人们对糖果的消费越来越注重健康，使得咽喉舒适的薄荷糖、使口气清新的口香糖、富含维生素的果汁糖成为市场趋势。

雅客 V9 在产品的市场定位上，攫取维生素糖果市场的首席，将雅客 V9 定位为：雅客 V9 是一种充满创新精神，饱含运动活力，为身体补充维生素的健康糖果。雅客 V9 的名称、包装、广告表现、广告语等无不将其活力、激情、健康的形象深深留在消费者的脑海里，以具有创意精神的糖果切入，用基本利益点"两粒雅客 V9，补充每日所需 9 种维生素"来支持中心内容，雅客 V9 日后的销量证明其产品定位是很成功的。

（资料来源：豆丁网. http://www.docin.com/p-649823184.html）

（?）**辩证性思考：**

雅客市场细分的依据是什么？

# 5.1　运用食品市场细分

📖【学习与训练思路】

食品市场细分是目标市场选择和市场定位的必要前提。食品市场细分有利于食品企业寻找、发现未被满足（或未被充分满足）的消费需求，从而为食品企业提供新的市场营销机会。

在掌握市场细分的概念、市场细分的依据与市场细分变量的内容的基础上，具备食品消费者市场细分与组织市场细分的能力。

## 5.1.1　认知食品市场细分

### 1. 认知食品市场细分的概念

食品市场细分是指食品企业根据消费者之间需求的差异性，把一个整体市场划分为若干个消费者群体，从而确定目标市场的活动过程。每一个消费者群就是一个细分市场，每一个细分市场都是由需求倾向类似的消费者构成的，所有细分市场之和便是整体市场。不同的细分市场之间，需求差别比较明显，而在每一个细分市场内部，需求差别则比较细微。

食品市场细分不是对自己的产品进行分类，也不是按食品企业的性质进行分类，而是按照食品消费者的需求进行分类。食品市场细分过程，不仅是区分食品消费者需求的过程，同时是辨别市场竞争对手、寻求市场竞争优势的过程。它把一个整体市场划分成若干个子市场，使食品企业可以比较清楚地发现哪个子市场上存在市场竞争者，哪个子市场上的市场竞争不是十分激烈或者没有市场竞争。这样，食品企业就可以根据自身状况与能力，合理地选择自己的目标市场和市场竞争策略，或避实就虚，或针锋相对，总能使食品企业立于不败之地。

### 2. 认知食品市场细分的依据

食品市场细分的依据是整体市场存在消费需求的差异性。食品市场细分不是以物为划分依据的，而是以食品消费者需求差异性作为划分依据的，即根据食品消费者需求的差异性，把整体市场划分为若干不同的细分市场，以便食品企业选择适合自己并能充分发挥自身资源优势的目标消费群，实施相应的营销策略。同时，消费需求客观上存在相对同质性。食品企业应该看到，同一地理条件、社会环境和文化背景下的人们会形成具有相对类似人生观、价值观的亚文化群，他们的需求特点和消费习惯大致相同。正是因为食品消费需求在某些方面的相对同质性，市场上绝对差异的消费者才能按一定标准聚合成不同的群体。每一个群体都是一个有相似欲望和需求的市场部分或子市场。所以，分析食品消费需求的绝对差异性和相对同质性，就是用"求同存异"的思想分析现实食品消费者的需求。食品消费需求的绝对差异造成了市场细分的必要性，食品消费需求的相对同质性则使市场细分有了实现的可能性。

## 5.1.2 运用食品市场细分变量细分市场

### 1. 运用地理变量细分市场

运用地理变量细分市场是指按照食品消费者所处地理位置与自然环境来细分市场。也就是说，根据国家、地区、城市、乡村、城市规模、人口密度、气候、地形地貌等方面的差异，将整体市场分为不同的小市场。

地理变量易于识别，是细分市场应予考虑的重要因素，但是处于同一地理位置的食品消费者需求仍会有很大差异。例如，在北京、上海，流动人口超过百万人，这些流动人口本身就构成了一个很大的市场，这个市场显然有许多不同于常住人口市场的需求特点。所以，简单地以某一地理特征区分市场，不一定能真实地反映食品消费者的需求共性与差异，食品企业在选择目标市场时还需结合其他细分变量予以综合考虑。

### 2. 运用人口变量细分市场

运用人口变量细分市场是指按照人口统计变量细分市场，即根据年龄、性别、职业、收入、教育、家庭人口、家庭生命周期、国籍、民族、宗教、社会阶层等方面的差异，将整体市场分为不同的小市场。这些人口变量与需求差异性之间存在着密切的因果关系，因此，依据人口变量来细分市场，历来为人们所普遍重视。

人口统计变量比较容易衡量，有关数据相对容易获取，这是食品企业经常以它作为市场细分依据的重要原因。

### 3. 运用心理变量细分市场

运用心理变量细分市场是指按照食品消费者的心理特征细分市场，即根据购买者所处的社会阶层、个性、生活方式、购买动机、价值取向、对商品供求趋势和销售方式的感应程度等方面的差异，将整体市场分为不同的小市场。以下就几个重要变量进行阐述。

（1）社会阶层是指在某一社会中具有相对同质性和持久性的群体。处于同一阶层的成员具有类似的价值观、兴趣爱好和行为方式，而不同阶层的成员对所需的产品也各不相同。识别不同社会阶层消费者所具有的不同特点，给很多产品的市场细分提供了重要依据。

（2）个性是指一个人比较稳定的心理倾向与心理特征，它会使一个人对其所处环境作出相对一致和持续不断的反应。一般地，个性会通过自信、自主、支配、顺从、保守、适应等性格特征表现出来。因此，个性可以按这些性格特征进行分类，从而为企业细分市场提供依据。在西方国家，对诸如化妆品、香烟、啤酒、保险之类的产品，一些企业以个性特征为基础进行市场细分并取得了成功。不同性格食品消费者的需求特点如表5-1所示。

表 5-1　不同性格食品消费者的需求特点

| 性　格 | 消费者的需求特点 |
|---|---|
| 习惯型 | 偏爱、信任某些熟悉的品牌，购买时注意力集中，定向性强，反复购买 |
| 理智型 | 不易受广告等外来因素影响，购物时头脑冷静，注重对商品的了解和比较 |
| 冲动型 | 易受商品外形、包装或促销的刺激而购买，对商品评价以直观为主，购买前并没有明确目标 |
| 想象型 | 感情丰富，善于联想，重视商品造型、包装及命名，以自己丰富想象去联想产品的意义 |
| 时髦型 | 易受相关群体、流行时尚的影响，以标新立异、赶时髦为荣，购物注重引人注意或显示身份和个性 |
| 节俭型 | 对商品价格敏感，力求以较少的钱买到较多的商品，购买时精打细算、讨价还价 |

（3）生活方式是人们对消费、工作和娱乐的特定习惯。由于人们生活方式不同，消费倾向及需要的产品也不一样。如有的追求新潮时髦，有的追求恬静、简朴，有的追求刺激、冒险，有的追求稳定、安逸。许多食品企业从生活方式细分中发现了有吸引力的市场机会，但是按心理变量细分市场要比按地理变量细分市场和按人口变量细分市场的难度要大。

### 4．运用行为变量细分市场

运用行为变量细分市场是指按照食品消费者消费行为细分市场，即根据购买时机、追求的利益、使用状况、使用频率、忠诚程度、待购阶段和对产品态度等方面的差异，将整体市场分为不同的小市场。例如，消费者购买某些商品往往有特定的时机，在我国，春节、元宵节、中秋节、端午节等节日形成了某些特定商品购买的高潮，学生在寒暑假时为旅行社提供了特殊的旅游需求，情人节、圣诞节、母亲节等使鲜花、巧克力成为热销商品，这些都为企业提供了不同时机的细分市场。企业可以根据顾客对商品的使用情况将顾客划分为从未使用者、曾经使用者、准备使用者、初次使用者和经常使用者五个细分市场，也可以根据顾客对商品的使用数量或次数，将市场细分为少量使用者、中量使用者和大量使用者等。不同的情况需要区别对待。例如，潜在使用者和经常使用者需要不同的营销方法。一般来说，具有高度市场份额的公司，特别注重将潜在的使用者变为实际使用者，以扩大其市场份额；而较小的公司则设法吸引经常使用者，以维持其市场份额。企业可以根据这些购买行为因素细分市场，推出适合细分市场所需要的产品。企业也可以根据消费者对商品的忠诚度来细分市场。消费者忠诚度细分如表 5-2 所示。

表 5-2　消费者忠诚度细分

| 忠诚度类型 | 购买特征 | 营销对策 |
|---|---|---|
| 专一品牌忠诚者 | 始终购买同一品牌 | 用俱乐部制等办法维护老顾客 |
| 几种品牌忠诚者 | 同时喜欢几种品牌，交替购买 | 分析竞争者的分布及竞争者营销策略 |
| 转移忠诚者 | 不固定忠于某种品牌，一段时间忠于 A，一段时间忠于 B | 了解营销工作的弱点 |
| 犹豫不定者 | 从来不忠于任何品牌 | 使用有力的促销手段吸引他们 |

需要指出的是，以上四种主要的细分标准只是对企业市场细分实践在理论上的总结和概括。在实际操作中，选择细分标准是一项创造性的工作，应根据需要灵活组合。例如，一个消费者在购买商品时，总与他的收入、性别、年龄、职业、个性、购买动机及所处的地理位置等因素有关，但是，其中必有一些最主要的决定性因素。因此，在实际工作中，市场细分不能只考虑某个方面的因素，而要根据产品的特点，将使消费者之间产生明显差别的若干个因素结合起来进行市场细分，才能选择出比较理想的目标市场。

## 相关链接

### 麦当劳瞄准细分市场需求

1. 麦当劳根据地理要素细分市场

麦当劳有美国国内市场和国外市场，而不管是在国内还是国外，都有各自不同的饮食习惯和文化背景。麦当劳进行地理细分时，主要是分析各区域的差异。如美国东西部的人喝的咖啡口味是不一样的。把市场细分为不同的地理单位进行经营活动，从而做到因地制宜。

每年，麦当劳都要花费大量的资金进行认真、严格的市场调研，研究各地的人群组合、文化习俗等，再书写详细的细分报告，以使每个国家甚至每个地区都有一种适合当地生活方式的市场策略。麦当劳刚进入中国市场时大量传播美国文化和生活理念，并以美国式产品牛肉汉堡来征服中国人。但中国人爱吃鸡，与其他洋快餐相比，鸡肉产品也更符合中国人的口味，更加容易为中国人所接受。针对这种情况，麦当劳改变了原来的策略，推出了鸡肉产品。在全世界从来只卖牛肉产品的麦当劳也开始卖鸡了。这一改变正是针对地理要素所作的，也加快了麦当劳在中国市场的发展步伐。

2. 麦当劳根据人口要素细分市场

通常人口细分市场主要根据年龄、性别、家庭人口、生命周期、收入、职业、教育、宗教、种族、国籍等相关要素，把市场分割成若干子市场。而麦当劳主要是从年龄及生命周期对人口市场进行细分，其中，将不到开车年龄的人群市场划定为少年市场，将20～40岁的年轻人划定为青年市场，同时还划定了老年市场。例如，麦当劳以孩子为中心，把孩子作为主要消费者，十分注重培养他们的消费忠诚度。在餐厅用餐的小朋友，经常会意外获得印有麦当劳标志的气球、折纸等小礼物。在中国，还有麦当劳叔叔俱乐部，参加者为3～12岁的小朋友，定期开展活动，让小朋友更加喜爱麦当劳。这便是相当成功的人口细分，抓住了该市场的特征与定位。

3. 麦当劳根据心理要素细分市场

根据人们生活方式划分，快餐业通常可分为两个潜在的细分市场：方便型和休闲型。在这两个市场，麦当劳都做得很好。例如，针对方便型市场，麦当劳提出"59秒快速服务"，即从消费者开始点餐到拿着食品离开柜台标准时间为59秒，不得超过一分钟。针对休闲型市场，麦当劳对餐厅店堂布置非常讲究，尽量做到让消费者觉得舒适自由。麦当劳努力使消费者把麦当劳作为一个具有独特文化的休闲好去处，以吸引休闲型市场的消费者群。

（资料来源：道客巴巴. http://www.doc88.com/p-633428198613.html）

### 5.1.3　运用食品市场细分的方法

#### 1．运用单一因素法细分市场

运用单一因素法细分市场，即按照影响食品消费需求的某一个因素来细分市场。例如，奶粉企业按年龄细分市场，可分为婴儿、儿童、中老年等细分市场。

#### 2．运用综合因素法细分市场

运用综合因素法细分市场，即按影响食品消费需求的两种或两种以上的因素来细分市场。例如，某公司对食品市场的细分采用了三个标准，可分为 36 个细分市场，如表 5-3 所示。

表 5-3　某公司对食品市场的细分

| 户主年龄 | 65 岁以上、50～64 岁、35～49 岁、18～34 岁 |
|---|---|
| 家庭人口 | 1～2 人、3～4 人、5 人以上 |
| 月收入水平 | 1 000 元以下、1 000～3 000 元、3 000 元以上 |

#### 3．运用系列因素法细分市场

这种方法是根据两种或两种以上的因素，且按照一定的顺序，由粗到细依次对市场进行细分。下一阶段的细分是在上一阶段选定的子市场中进行的。细分的过程也就是一个比较、选择分市场的过程。这种方法可使目标市场更加明确具体，有利于食品企业更好地制定相应的市场营销策略。某食品企业的市场细分如表 5-4 所示。

表 5-4　某食品企业的市场细分

| 性　别 | 年　龄 | 文化程度 | 职　业 | 收入（月） | 住　址 | 性　格 |
|---|---|---|---|---|---|---|
| 男 | 婴儿、儿童 | 文盲 | 企业白领 | 2 000 元以下 | 城市 | 内向 |
| 女 | 少年 | 小学 | 企业蓝领 | 2 000～3 000 元 | 郊区 | 外向 |
| | 青年 | 中学 | 农民 | 3 000～4 000 元 | 乡村 | |
| | 中年 | 大学及以上 | 商人 | 5 000～6 000 元 | | |
| | 老年 | | 行政事业单位职员 | 6 000 元以上 | | |
| | | | 学生 | | | |
| | | | 运动员 | | | |

### 5.1.4 运用食品市场细分的操作程序

#### 1．明确食品企业的经营方向和经营目标

明确食品企业的经营方向和经营目标是市场细分的基础和前提。一般而言，食品企业的经营方向和经营目标是由食品企业的高层决定的。

#### 2．根据用户需求状况确定市场细分的细分变量

根据用户需求状况，确定市场细分的细分变量是食品企业进行市场细分的依据，企业一定要按照实际需要加以确定。

#### 3．根据细分变量进行初步细分

一般根据食品消费者需求的具体内容，可初步确定将食品消费者群分为哪几种不同的类型。

#### 4．进行筛选

由于同类的食品消费者群还存在某些差异，因而要抓住重点、求同存异，删除某些次要的因素。

#### 5．对市场细分初步命名

食品企业应采用形象化的方法，使细分市场的名称既简单又富有艺术性。

#### 6．进行检查分析

进一步检查初步确定的细分市场是否科学、合理和恰当，是否需要作一些合并或者进一步拆分。

#### 7．确定目标市场

食品企业需要对各个细分市场进行细致、全面的分析，尤其要对经济效益和发展前景作出评价，这将有利于明确选择目标市场。

### 相关链接

**零食消费，男女儿童有别，细分市场有潜力**

为了了解孩子对零食的消费情况，架起食品生产商与市场沟通的桥梁，北京一家调查公司对儿童零食消费市场进行了一次调研。本次调查涉及北京、上海、广州、成都、西安五大消费主导城市。调查以街头拦截式访问方式进行，调查对象为 0～12 岁儿童的家长和 7～12 岁的儿童。调查结果如下：

①女孩偏爱果冻和水果，男孩偏爱饮料和膨化食品。

②9 岁以下儿童喜爱饼干和饮料，10 岁以上儿童偏爱巧克力和膨化食品。

③零食消费中果冻独占鳌头，城市儿童对果冻有特别的偏好。

　　本次调查显示，60%以上的儿童表示平时爱吃果冻；其次是水果，占 57.2%；表示爱喝饮料的儿童占 51.7%。

　　五个城市中经常购买果冻的家长一年用于果冻的花费大约为 105.9 元。分城市看，广州和成都的家长一年在果冻上的开销较高，分别达到了 174.1 元和 170.7 元，居前两位；北京和上海的家长花费分别大约为 66.3 元和 56 元，分列第三、四位；相比之下，西安的家长一年在果冻上的开销最低，仅为 22.3 元。

（资料来源：新浪财经. http://finance.sina.com.cn/x/20020805/0810240059.html）

# 5.2　运用食品目标市场选择

📖【学习与训练思路】

　　食品企业经过市场细分后，要从众多的细分市场中选择那些具有市场营销价值的、符合企业市场营销目标的子市场作为企业的目标市场。要完成找位，即寻找市场营销对象的任务，食品企业必须认识到市场细分是依据食品费者的特征来进行的，而目标市场的选择是依据食品企业特征来进行的。

　　在掌握目标市场选择的条件、目标市场选择的模式、目标市场营销策略与影响选择目标市场营销策略的因素的基础上，具备运用目标市场选择的模式、选择目标市场营销策略与分析影响选择目标市场营销策略因素的能力。

## 5.2.1　认知食品目标市场

### 1．认知食品目标市场的概念

　　目标市场是食品企业决定要进入的市场，即食品企业在市场细分的基础上，根据自身能力和特长欲为之服务的那部分消费群体。市场细分的目的在于正确地选择目标市场，如果市场细分显示了食品企业所面临的机会，目标市场选择则是食品企业通过评价各个市场机会，决定为多少个细分市场服务的重要市场营销策略。

### 2．认知目标市场选择的条件

　　（1）有足够的市场需求。目标市场一定要有尚未满足的需求，理想的目标市场应该是有利可图的市场，没有需求而不能获利的市场谁也不会去选择。

　　（2）市场上有一定的购买力。市场仅存在未满足的需求，不等于有购买力和销售额。如果没有购买力或购买力很低，就不可能构成现实市场。因此，选择目标市场必须对目标市场的人口、购买力、购买欲望进行分析和评判。

　　（3）食品企业必须有能力满足目标市场的需求。在市场细分的子市场中，可以发现有利可图的市场有许多，但是不一定都能成为企业目标市场，企业必须选择有能力去占领的市场作为自己的目标市场。同时，开发任何市场都必须花费一定的费用，将花费的费用和带来的利润相比较，只有给企业带来的利润大于企业花去的费用的目标市场，才是有效的目标市场。

（4）食品企业在被选择的目标市场上具有市场竞争的优势。市场竞争优势主要表现为该市场上没有或者很少有市场竞争；有市场竞争也不激烈，并有足够的能力击败对手；未来该食品企业可望取得较大的市场竞争优势。

## 5.2.2 运用食品目标市场选择的模式

食品企业在以市场细分为基础选择目标市场时，关键是确定目标市场的范围。根据选择范围的不同，可供食品企业选择的目标市场模式有五种，如图5-1所示。

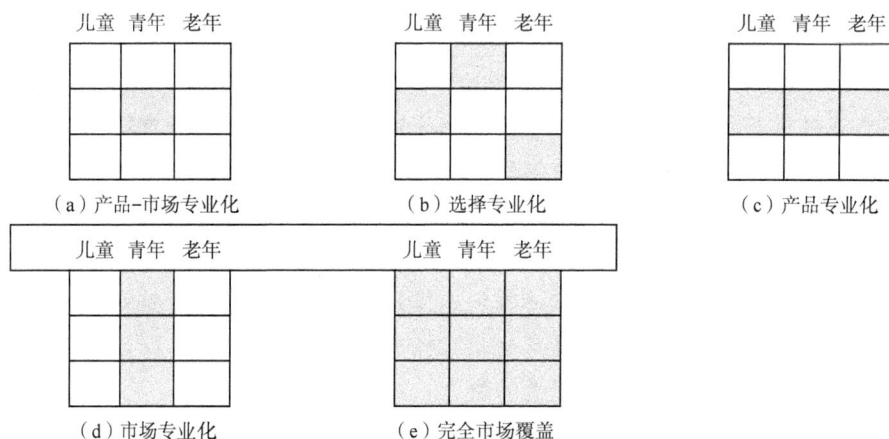

图 5-1 目标市场选择模式

### 1. 运用产品-市场专业化模式

这是一种最简单的模式，即食品企业的目标市场无论是从产品角度还是从市场（消费者）角度看，都集中于一个细分市场。这意味着食品企业只生产一种标准化产品，只供应某个消费群体。这种模式的运用如图5-1（a）所示。

产品—市场专业化模式比较适合于小型食品企业或新建企业，这样企业既能获得较好的效益，又能发挥自己的专长，取得成功后再向更多的细分市场扩展。但是，选择产品—市场专业化模式也存在较大的风险。当细分市场出现一蹶不振的情况或者因强大竞争者决定进入同一个细分市场时，就会对食品企业的生产经营造成威胁。

### 2. 运用选择专业化模式

这种专业化模式是指食品企业选择若干个具有一定潜在规模和结构吸引力，且符合食品企业发展目标和资源优势的细分市场作为目标市场，分别用不同性能、不同规格的产品去满足不同细分市场的不同消费群体的需求，各细分市场之间很少有联系或者根本没有联系。这种模式的运用如图5-1（b）所示。

食品企业采用专业化模式选择若干个细分市场，其中每个细分市场在客观上都有吸引力，并且符合食品企业的目标和资源，每个细分市场都有相应的获利能力。其优点是食品企业可以有效地分散经营风险，即使某一细分市场的赢利不佳，仍可从其他的细分市场获得利润。但选择此模式的企业，一般需要具有雄厚的资源优势和市场营销实力。

### 3．运用产品专业化模式

产品专业化模式是指食品企业集中生产一种产品，并向所有的食品消费者销售这种产品。这种模式的运用如图 5-1（c）所示。

食品企业专注于某种或某类产品的生产，有利于形成生产和技术上的优势，在某个产品方面容易获得好的市场声誉和树立很好的市场形象。其局限性是如果产品被一种全新的产品或技术代替时，企业就会遭受很大的打击，产品的销售额就会发生大幅度滑坡，对企业的生存形成威胁。因此，食品企业要加强新产品的开发，保持某种或某类产品的市场竞争优势。

### 4．运用市场专业化模式

市场专业化模式是指食品企业专门为满足某一类食品消费群体的各种需求服务，对同一食品消费群体提供其所需要的不同产品。这种模式的运用如图 5-1（d）所示。

食品企业专门只为某个食品消费群体服务，从而在这类消费群体中获得良好的声誉，并成为这个消费群体所需的各种新产品的提供者。但是，如果这个消费群体的需求突然减少或其发展受到限制，从这个企业购买产品的数量大幅度下滑，企业就会产生收益滑坡的危险。

### 5．运用完全市场覆盖模式

完全市场覆盖模式是指食品企业把整体市场作为自己的目标市场，全方位进入各个细分市场，用一系列产品满足各类消费群体的各种需求。这种模式的运用如图 5-1（e）所示。

一般只有实力雄厚的大型食品企业选用完全市场覆盖模式，从而垄断这一市场。市场经济条件下，市场竞争十分激烈，企业很少或根本不可能真正垄断某一市场，因此应用这一策略必须十分慎重，应做好周密的调查研究和分析工作。

食品企业在选择应用上述五种模式时，一般总是首先进入最有吸引力、最能发挥自身资源优势的细分市场，待条件和时机成熟时，再逐步扩大目标市场的范围，进入其他细分市场。

## 5.2.3　运用食品目标市场选择的策略

在目标市场选择好之后，企业必须决定如何为已确定的目标市场设计营销组合，即采取怎样的方式，使自己的营销力量到达并影响目标市场。一般来说，可供企业选择的目标市场营销策略主要有三种。

### 1．运用无差异性市场营销策略

（1）无异性市场营销策略的概念。无异性市场营销策略是食品企业把一种产品的整体市场看作一个大的目标市场，市场营销活动只考虑食品消费者在需求方面的共同点，而不管他们之间是否存在差异。因而，食品企业只推出单一的标准化产品，运用单一的市场营销组合，力求满足尽可能多的食品消费者的需求。三种不同的目标市场营销策略如图 5-2 所示。

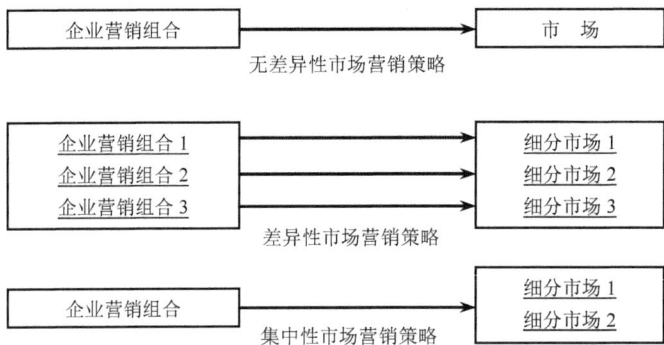

图 5-2　三种不同的目标市场营销策略

（2）无差异性市场营销策略的适用条件。

1）食品企业面对的市场是同质市场。这些市场的需求本身就不存在实质性的差别，即使买方需求是有差别的，他们也有足够的相似之处，可以作为同质市场来对待。

2）食品企业把整个市场看成一个无差异的整体，认定所有消费者的某种需求基本上是一致的。

3）适合需求广泛、市场同质性高且能大量生产、大量销售的产品，以及具有垄断性、不易仿制的产品。

（3）运用无差异性市场营销策略应注意的问题。无差异性营销策略被称为产品导向策略，考虑的主要是食品企业自身的利益，如生产的方便与经济、成本的节约、经营管理的简化等，而忽视了市场实际存在的需求差别。这种策略对多数企业已经不适用了。

1）消费者需求客观上是千差万别的、不断变化的。

2）许多食品企业同时在一个市场上采取这种策略，市场竞争必然激化，获得市场的机会反而减少。

3）以一种产品和一套市场营销组合方案来满足不同层次、不同类型的所有消费者的需求，也是很难做到的，总会有一部分需求尚未满足，这对食品企业和食品消费者来说都是不利的。因此，国际上一些曾长期采用这种策略的大企业也不得不改变策略，转而实行差异性市场营销策略，如可口可乐公司。

**2. 运用差异性市场营销策略**

（1）差异性营销策略的概念。差异性市场营销策略是食品企业在对市场进行细分的基础上，根据自身的资源条件，选择多个细分市场作为目标市场，并为各目标市场制定不同的市场营销组合策略。差异性市场营销策略如图 5-2 所示。采用这种目标市场策略的企业，通常比实行无差异市场营销策略的食品企业能获得更高的销售量。

（2）差异性市场营销策略的适用条件。差异性市场营销策略的适用条件有两个：①食品企业面对的市场是异质市场。②差异性市场营销策略适合大中型食品企业。

（3）运用差异性市场营销策略应注意的问题。由于产品品种、分销渠道、广告宣传的扩大化与多样化，市场营销费用会大幅度增加。同时，运用差异性市场营销策略在推动成本和销售额上升时，市场效益并不具有保障性。因此，食品企业在市场营销中有时需要进行"反细分"或"扩大消费者的基数"，作为对差异性市场营销策略的补充和完善。

**相关链接**

### 七喜的差异化营销

　　七喜初创时，是独立于百事可乐的，而且还与可口可乐、百事可乐等美国饮料巨头展开过一场又一场饮料大战。相对于可口可乐和百事可乐来说，七喜完全是一个后起之秀。七喜公司将其生产的柠檬饮料与莱姆饮料定义为"非可乐"饮料，从而从美国的可乐型饮料主流中撕开了一个突破性的入口。将饮料定义成可乐和非可乐是七喜的首创。它无端创造出一种新的消费观念来为它的汽水打开销路。按照七喜的分法，可口可乐、百事可乐是可乐型饮料的代表，而七喜汽水则是非可乐型饮料的代表。1980 年，七喜公司的负责人魏茨曼在翻阅《消费者导报》时看到一篇文章，其中说道："……美国人日益关心咖啡因的摄取量问题，有 66% 的成人希望能减少或完全消除食品中的咖啡因含量。"看到这，魏茨曼坚信已经找到了反击的武器了。他立即安排公司的研究人员去调查"两乐"中的咖啡因含量。研究人员给他的答复更增加了他的信心：12 盎司的可口可乐含有 34 毫克的咖啡因，而同量的百事可乐则含 37 毫克。而作为非可乐饮料，七喜汽水的咖啡因含量则为零。七喜汽水毫不犹豫地发动了"无咖啡因"战役。他投入 4 500 万美元，掀起了一场声势浩大的广告攻势，向消费者极力推出一种不含咖啡因的饮料——七喜。

　　如今的七喜，用 Fido Dido 作形象代言人。那个无拘无束，充满青春气息，不知忧愁，不知天高地厚的 Fido 仔，与现在流行的"我"，所谓新时代青春一族，在骨子里已没有太大差别。轻松、自我和机智的个性与七喜"一点就透"的品牌主张相吻合。七喜作为一种饮料，不仅仅希望给年轻人带来味觉上的清爽与解渴，更希望年轻人都以一种独特的、智慧的、积极的态度来面对生活。好的品牌不仅是一个标志，更是一种人生哲学和生活态度。自信地去面对世界，是七喜正在做的。

（资料来源：中国食品科技网）

### 3. 运用集中性市场营销策略

（1）集中性市场营销策略的概念。集中性市场营销策略是食品企业在将整体市场分割为若干细分市场后，只选择其中某一细分市场作为目标市场，集中力量，实行专业化生产和经营的有效策略。其指导思想是把食品企业的人财物集中用于某一个细分市场或将几个性质相似的小型市场归并为一个细分市场，不求在一个大的整体市场上占有较小的份额，只求在较小的目标市场上占有较大的市场份额。集中性市场营销策略的实质是，与其四处出击收效甚微，不如突破一点取得成功。在市场细分的基础上，食品企业只对局部市场实行重点服务，专业化经营，实行一种有针对性的市场开发策略。集中性市场营销策略如图5-2所示。

（2）集中性市场营销策略的适用条件。

①集中性市场营销策略主要适合资源有限的中小型食品企业，或是初次进入新市场的大型食品企业。这些中小型食品企业如果与大型食品企业硬性抗衡，弊大于利，因而必须学会寻求对自己有利的微观生存环境。也就是说，如果中小型食品企业能避开大型食品企业竞争激烈的市场，选择一两个能够发挥自己技术、资源优势的小市场，往往容易成功。集中性市场营销策略是中小型食品企业变劣势为优势的最佳选择。

②集中性营销策略适合某些财力较弱的中小型食品企业，或是处于产品生命周期衰退期的企业。这些企业恰当地采用这种策略，既可以在较小的市场上形成经营特色或商品信誉，获得消费者的信任，提高投资收益率，又可以伺机在条件成熟迅速扩大生产、提高市场占有率。

（3）运用集中性营销策略应注意的问题。运用集中性营销策略经营者承担的风险较大，由于目标市场集中，一旦目标市场的需求情况突然发生变化，目标消费者的兴趣突然转移（这种情况多发生于时髦商品）、价格猛跌或是市场上出现了更强有力的竞争对手，食品企业就可能陷入困境。因此，多数食品企业在采取密集性市场营销策略的同时，仍然愿意局部采用差异性市场营销策略，将目标分散于几个细分市场中，以便获得回旋余地。所以，采用集中性市场营销策略的企业，要随时密切关注市场动向，充分考虑食品企业对未来可能发生的意外情况下的各种对策和应急措施。

## 5.3　运用食品市场定位

📖【学习与训练思路】

食品企业选定目标市场之后，就要进行市场定位。这关系到企业及其产品在激烈的市场竞争中，占领食品消费者心理、树立企业及产品形象、实现企业市场营销战略目标等一系列至关重要的问题。

在掌握食品市场定位的实质、市场定位的层次、市场定位的方式、市场定位的操作程序、市场定位的方法、市场定位的策略、制造市场定位差异的方法与市场定位应注意的问题的基础上，具备运用食品市场定位的方法、市场定位的策略、市场定位的操作程序与制造市场定位差异的能力。

## 5.3.1　认知食品市场定位

### 1．认知食品市场定位的概念

食品市场定位就是设计出本企业与众不同的产品、品牌、企业形象与服务，使之具有鲜明的特色或个性，从而使食品企业能在目标消费群心目中占有一个独特的位置。

食品市场定位的实质是根据市场竞争者在细分市场上所处的地位和消费者对本企业产品、品牌、企业形象、服务的某些属性的偏爱程度，塑造出与众不同的鲜明个性或形象，使本企业与其他食品企业严格区分开来，使目标消费群明显感觉和认识到这种差别，从而在目标消费群心目中占有特殊的位置，并在细分市场上占有有利位置，进而获得市场竞争优势。

理解食品市场定位的实质要把握以下三点。

（1）定位的目的。定位的目的在于"攻心"，即在食品消费者心目中确定位置，而不是在某个空间确定位置。

（2）定位的前提。定位的前提是要周密地进行调查研究，了解食品消费者对某类产品各种属性的重视程度及市场竞争对手目前的市场位置。

（3）定位的手段。定位的手段是制造差异，即制造与市场竞争对手的差异。

### 2．认知食品市场定位的层次

食品市场定位包括三个相互关联的层次，如图 5-3 所示。

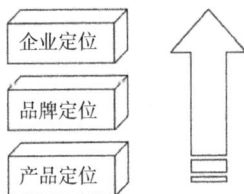

图 5-3　食品市场定位的层次

（1）产品定位。产品定位指将某个具体产品定位于食品消费者心中，让食品消费者产生类似的需求就会联想起这种产品。这一层次的定位是其余所有定位的基础，因为食品企业最终向消费者提供的是产品，没有产品这一载体，品牌及企业在消费者心目中的形象都难以维持。

（2）品牌定位。品牌定位是食品企业在市场定位和产品定位的基础上，对特定的品牌在文化取向及个性差异上的商业性决策，是建立一个与目标市场有关的品牌形象的过程和结果。品牌定位必须以产品定位为基础，通过产品定位来实现。无论什么产品，它们本身的高品质是优质品牌的基础，也是这一印象发挥效用的载体。但品牌定位一旦成功，便成为一项无形资产，且能与产品脱离而独立显示其价值。

（3）企业定位。企业定位指食品企业组织形象的整体或其代表性的局部在公众心目中的形象定位，它的着眼点不是具体的产品或品牌，而是其组织形象整体或局部性的特点与优点。

食品企业定位处于定位阶梯的最高层,这三个层面相互制约、相互影响、互动互进。它们好比是一栋多层建筑,每一层都是上一层的基础。没有好的产品定位和品牌定位,食品企业定位难以树立起来;反过来,较高的企业定位可以维持公司的产品及品牌定位。因此,进行市场定位时,必须将三者有机地结合起来。

### 5.3.2 运用食品市场定位的操作程序

食品市场定位的操作程序如图 5-4 所示。

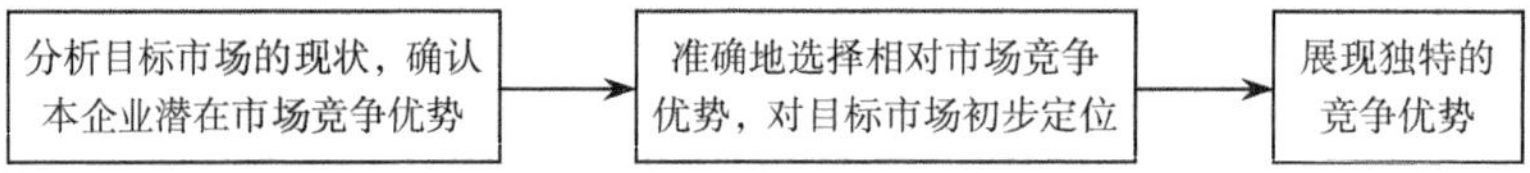

图 5-4 食品市场定位的操作程序

#### 1. 分析目标市场的现状,确认本企业潜在市场竞争优势

在确认本企业潜在市场竞争优势时,要明确以下三个问题。

(1)市场竞争对手的产品定位如何?

(2)目标市场上的消费者欲望得到满足的程度如何?还需要什么?

(3)对市场竞争者的市场定位和潜在消费者真正需要的利益要求,食品企业应该做什么?

明确了上述三个问题,食品企业就可从中把握和确定自己的潜在市场竞争优势。要明确上述问题,食品企业市场营销人员便要对企业搜索到的与上述问题有关的资料,以及上交的调研报告,进行认真、详细的分析与研究。

#### 2. 准确地选择相对市场竞争优势,对目标市场初步定位

准确地选择相对市场竞争优势就是将一个食品企业各方面的实力与市场竞争者的实力相比较的过程。比较的指标应是一个完整的体系,这样才能准确地选择相对市场竞争优势。常用的方法是分析、比较企业与市场竞争者在经营管理、技术开发、采购、生产、市场营销、财务和产品七个方面的强项与弱项,选出最适合本企业的优势项目,以初步确定企业在目标市场上所处的位置。

#### 3. 展现独特的竞争优势

食品企业在这一程序中的主要任务是通过一系列的宣传促销活动,使其独特的市场竞争优势准确地传播给潜在消费者,并在食品消费者心目中留下深刻印象。

### 5.3.3 选择食品市场定位的方式

#### 1. 从定位的时机选择市场定位的方式

(1)初次定位方式。初次定位是指食品企业向市场推出一种新产品时对其进行的第一次定位。食品企业在进入目标市场时,往往是市场竞争者的产品已经上市或已经形成了一定的市场格局。这时,食品企业应认真研究同一产品市场竞争对手在目标市场上的位置,

从而确定本企业产品的有利位置。

初次定位是最重要的，因为它塑造的是"第一印象"；但初次定位又是最难的，难在定位者对环境、对自身的研究还不够，市场对产品的认可和接纳有一个过程，所谓万事开头难。初次定位跟打靶一样，最好是一发击中。如果发现定位错误再重新定位，对企业来说可能已经造成了很大的损失。

（2）重新定位方式。选定了市场定位目标后，针对以下情况可以考虑重新定位：定位不准确或虽然开始定位得当，但市场情况发生变化时；遇到市场竞争者定位与本公司接近，侵占了本公司部分市场；由于某种原因消费者或用户的偏好发生变化，转移到市场竞争者方面时。重新定位是以退为进的策略，目的是实施更有效的定位。

### 2．从定位的依据选择市场定位的方式

（1）属性定位方式。属性定位是指根据特定的产品属性来定位。例如，广东客家酿酒总公司把自己的"客家酿酒"，定位为"女人自己的酒"，突出这种属性对女性消费者来说就很具吸引力。

（2）利益定位方式。利益定位是指根据产品能满足的需求或提供的利益来定位，通常可采用多种利益进行产品定位。

（3）质量和价格定位方式。质量和价格定位是指综合运用质量和价格两种因素来定位。产品的质量和价格通常是消费者在购买决策时最直观和最为关注的因素，并且往往是将两者结合起来综合考虑的，但不同的消费者又会各有侧重。价格和质量两个因素可以形成多种组合，最有市场竞争力的是高质高价和高质低价两种。高价格是一种高质量的象征，只要食品企业或产品属于"高质"的类别，且能让消费者实实在在地感受到高质量、高水平服务、高档次，就可以选择这种定位方式。

### 3．从处理竞争关系的角度选择市场定位的方式

（1）避强定位方式。避强定位是指食品企业力图避免与实力最强的或较强的其他企业直接发生市场竞争，而将自己的产品定位于另一市场区域内，使自己的产品在某些特征或属性方面与最强或较强的对手有比较显著的区别。避强定位策略能使食品企业较快地在市场上站稳脚跟，并能在食品消费者或用户中树立形象，风险小。避强往往意味着企业必须放弃某个最佳的市场位置，很可能使企业处于最差的市场位置。

（2）对抗定位方式。对抗定位是指食品企业根据自身的实力，为占据较佳的市场位置，不惜与市场上占支配地位的、实力最强或较强的市场竞争对手发生正面市场竞争，从而使自己的产品进入与对手相同的市场区域。市场竞争过程往往相当引人注目，甚至产生所谓的轰动效应，食品企业及其产品可以较快地为食品消费者或用户所了解，易于达到树立市场形象的目的，但具有较大的风险性。

实行对抗性定位，必须知己知彼，应清醒估计自己的实力，不一定要压垮对方，只要能够平分秋色就是巨大的成功。

### 5.3.4 运用食品市场定位的方法

（1）运用产品属性（特色）、利益、使用的时间和场合定位的方法。这是指根据食品的某个属性及由此给食品消费者带来的某种特殊利益来定位的。例如，王老吉强调去火。有些产品的定位侧重于使用的时间和场合，如红牛饮料把自己定位于增加体力、消除疲劳的功能性饮料。

（2）运用价格、质量定位的方法。价格和质量的不同组合，构成不同的定位。

（3）运用产品档次定位的方法。这是指依据消费层次的高、中、低档进行产品不同档次定位，以迎合不同的食品消费者。

（4）运用根据市场竞争者定位的方法。根据市场竞争者定位也叫对比定位法，指以某知名度较高的市场竞争品牌为参考点来定位，在消费者心目中确立明确的位置。例如，蒙牛最初相对于伊利的"老二"策略，百事可乐针对可口可乐的"新一代选择"，都属于对比定位。

（5）运用产品种类定位的方法。开发新产品之后，告诉预期食品消费者该产品不是什么，比告诉他们产品是什么更管用。例如，七喜饮料的广告语"七喜，非可乐"。

（6）运用根据使用者定位的方法。根据使用者定位是把产品和特定消费群联系起来的定位策略。它试图让食品消费者对产品产生一种量身定制的感觉。

（7）运用生活方式定位的方法。运用生活方式定位是将产品人格化，赋予其与目标消费群十分相似的个性。例如，百事可乐以"年轻、活泼、刺激"的个性形象在一代又一代年轻人中产生共鸣。

（8）运用多重因素定位的方法。如果一些定位因素是兼容的，定位不一定拘泥于一个因素。

### 相关链接

#### 老干妈的市场定位分析

1. 现行定位

老干妈目前的市场定位是中低端市场，消费者收入的增加以及局部地区的空白市场，是中低端市场需求增加的部分，应该仍然依据此定位扩大这部分市场。同时，老干妈应加大销售力度占领海外空白市场。

2. 扩充定位

高端市场是老干妈市场的一个空白，而高端消费者对其创新性的产品仍然有较大的需求。老干妈应扩充这部分高端市场，满足高端消费者的需求。

3. 差异化定位

老干妈应该根据消费者的需求及竞争情况，确定自己的目标，塑造独特的形象，包括独特的企业品牌文化和差异化的产品或服务，使得消费者能够将老干妈与其他竞争者很好的区别开来。

### 5.3.5　运用制造市场定位差异的方法

食品企业可以从五个方面制造市场定位的差异，如表 5-5 所示。

表 5-5　市场定位差异的变量

| 产　品 | 服　务 | 人　员 | 渠　道 | 形　象 |
|--------|--------|--------|--------|--------|
| 形状 | 订货方便 | 称职 | 多样化 | 标志 |
| 特色 | 交货及时 | 谦恭 | 覆盖面 | 文字、大众媒体和新媒体 |
| 颜色 | 经销商培训 | 诚实 | 专业化 | 气氛 |
| 质量 | 客户咨询 | 可靠 | 便利 | 公共关系 |
| 安全性 | 其他服务 | 反应 | 绩效 | |
| 营养性 | | 沟通 | 模式 | |
| 可维修性 | | | | |
| 风格 | | | | |

#### 1．运用制造产品差异的方法

（1）形状。产品的尺寸、形状和外形。

（2）特色。增补产品基本功能的某些特征。

（3）颜色。产品色调多样化。

（4）质量。产品资料符合国家产品质量标准。

（5）安全性。产品原料、生产过程和生产人员符合国家食品卫生标准。

（6）营养性。产品对消费者的健康有益。

（7）可维修性。一个产品出了故障或用坏后可以修理的容易程度。

（8）风格。产品销售包装视觉和感觉的效果。

#### 2．运用制造服务差异的方法

（1）订货方便。如何使经销商、消费者能方便地向公司订货。

（2）交货及时。产品或服务及时地送达经销商、消费者。

（3）经销商培训。对经销商进行产品、企业形象、产品销售的培训。

（4）客户咨询。卖方向买方无偿或有偿地提供有关资料、信息系统和建议等服务。

（5）其他服务。食品企业还能找到许多其他方法提供各种服务来增加客户价值。

#### 3．运用制造人员差异的方法

（1）称职。营销人员具有所需要的技能和知识。

（2）谦恭。营销人员热情友好，尊重别人，体贴周到。

（3）诚实。营销人员诚实可信。

（4）可靠。营销人员始终如一、正确无误地提供服务。

（5）反应。营销人员能对消费者的请求和问题迅速作出反应。

（6）沟通。营销人员力求理解消费者并清楚地为消费者传达有关信息。

### 4. 运用制造渠道差异的方法

公司可通过它们的分销渠道来取得差异，如渠道多样化、覆盖面、专业化、便利、绩效、模式等。例如，妙士饮料只在宾馆销售而不上超市，卡士活菌奶主要在酒吧展现自己的高档。

### 5. 运用制造形象差异的方法

（1）标志。一个强烈的形象包括一个或几个识别公司或品牌的标志。

（2）文字、大众媒体和新媒体。所选的标志必须通过各种广告来传播公司或品牌的个性。

（3）气氛。一个组织生产或传送其产品或服务的场所是另一个组织产生有力形象的途径。

（4）公共关系。一家食品企业可以通过由其资助的各类活动塑造某个形象。

## 5.3.6 运用食品市场定位策略

### 1. 运用填补市场空位策略

食品企业把产品定位于目标市场上的空白处，这样可以避开激烈的市场竞争，使企业有一个从容发展的机会。但决策前食品企业应明确三个问题：

（1）市场空白处的潜在消费群数量。市场出现空白，也许并非是其他市场竞争者熟视无睹，而是该处缺乏需求，这一点要特别注意。

（2）技术上的可行性。食品企业要有足够的技术能力生产市场空白处的需求产品，否则企业选择了这种策略也只能望洋兴叹。

（3）经济上的合理性。保证食品企业填补市场空位能有利可图。

### 2. 运用与现有竞争者共存策略

运用与现有竞争者共存策略指食品企业把自己的产品定位在某一个市场竞争者的同一位置上，与现有市场竞争者和平共处。对于市场竞争者来说，如果有足够的市场份额，而且其既得利益没有受到多大损害，它们一般是不会在乎身边多出一个市场竞争对手的。因为激烈的对抗常常会两败俱伤，很多实力不太雄厚的食品企业经常采用这种定位策略。

### 3. 运用逐步取代现有市场竞争者策略

如果食品企业实力十分雄厚，有比市场竞争者更多的资源，能生产出比市场竞争者更好的产品，不甘于与市场竞争者共享市场，则可以发动一场攻坚战，把现有市场竞争者赶离原有位置，取而代之。采用这种策略的原因是：①与食品企业条件相符合的市场已被市场竞争者占领，而且这个市场的需求不够大，不足以让两个企业共同分享；②食品企业有足够的实力，想成为行业领先者。当然，采用这种策略的风险是相当大的，成功了，企业可以独占鳌头；一旦失败，企业或许会陷入万劫不复之境或者两败俱伤。因此，采用这种策略的食品企业事前应做好充分的准备。

#### 4．运用重新定位策略

产品在目标市场上的位置确定后，经过一段时间的经营，食品企业可能会发现出现了某些新情况，如有新的市场竞争者进入了企业选定的目标市场，或者企业原来选定的产品定位与消费者心目中的该产品印象（知觉定位）不相符等，这就促使食品企业不得不考虑对产品进行重新定位。

产品重新定位时，食品企业首先应找出导致重新定位的主要原因，然后，利用重新定位来解决出现的问题。如果是因为出现了新的市场竞争者，则企业可以通过增加产品的差异性等措施来与市场竞争者抗衡或与市场竞争者拉开距离；如果是因为企业定位与消费者的知觉定位不符，则企业可以通过广告宣传来改变消费者的知觉定位，或者改变产品来迎合消费者的知觉定位等。总之，食品企业应根据具体情况，找出主因，然后制定补救的措施。

### 5.3.7　运用市场定位应注意的问题

#### 1．注意市场定位过低

市场定位过低也称市场定位不明显，指不能让食品消费者真正感觉到产品的特别之处。

#### 2．注意市场定位混乱

有些品牌的市场定位使食品消费者可能对产品的印象模糊不清，这就是定位混乱造成的。这种混乱是由于主题太多所致。

#### 3．注意市场定位过高

市场定位过高也称定位狭窄，会使食品消费者对该产品的了解十分有限，从而造成市场丢失。

#### 4．注意市场定位有疑问

食品消费者对某些食品企业的市场定位有疑问，很难相信某些企业关于产品特色、价格等方面的宣传。例如，农夫山泉旗下产品农夫 C 打曾打出广告"不含酒精的酒"，结果上市之后并不顺利，因为人们可能认为不含酒精的酒或许是假酒。

## 案例分析

### 红牛校园营销密码

2015 年 8 月，红牛联手全国 10 余所高校举办了"能量校园，手机换红牛"活动；9 月，红牛玩转开学季；10 月 31 日，第三届红牛校园品牌经理新星大赛在佛山拉开帷幕。红牛以事件营销和产品体验营销为载体，开展品牌活动，不断开创品牌校园营销的新方式。对红牛来讲，校园品牌经理新星大赛的基本目标是培育消费者，与消费者沟通，树立和强化红牛品牌形象。

**1. 市场细分：找准分类方法，切入细分市场**

高校市场和大众市场是两个不同的市场，有各自的特点，自然也需要不同的营销策略。高校市场潜力大，大学生一毕业就能够成为红牛的消费者，而大众市场消费者多，消费能力强。两个市场，一个是潜在市场，另一个是主要市场。大学生群体都是年轻人，缺乏收入来源，但是有活力有激情，受教育程度高，这是一个比较明确的市场。大众群体自己掌握经济大权，虽然受教育程度不确定，性格习惯等不确定，但是这些消费者是红牛目前主要的消费群体。

**2. 目标市场：走进校园，理解"90后"，培育市场**

红牛的主要消费者其实并不在校园，作为一款功能饮料，单价一般6元，这样的功能和价格，使其主要消费群体是职场白领和某些特定人群。生活中，你也许见到过这样的场景：深夜，办公室里很多人在加班，旁边备着几罐红牛，困了来一罐红牛继续工作。然而，以后的职场加班群体，当下就在高校。

高校特殊的环境也使高校市场需求不同于大众市场。大一、大二的学生有完成学业、培养兴趣爱好、形成朋友圈的需求，大三、大四的学生则有社会实践、专业考试、就业规划和求职的需求。正是洞察到高校学生市场的特殊需求，红牛设计了校园品牌经理新星大赛。红牛通过尽心尽力为大学生量身打造品牌活动，一方面可以精准培育市场，另一方面可以体现红牛的社会责任感，强化品牌认知，达到传播品牌的目的。

"90后"是时代赋予一个群体的标签，也有着独特的内涵。"90后"是自我意识膨胀，追求个性化成长的一代，他们热衷娱乐，喜欢在网上消磨时光，充满着表达欲望，情感需求很强烈。在消费上，他们喜欢网购，喜欢个性化的品牌，社交对他们的消费能够产生很大影响。

红牛抓住了自身品牌特点和"90后"大学生性格特点的契合之处。"90后"大学生是一个敢于挑战、追求时尚、追求个性自由的群体，这和红牛挑战、活力、能量、时尚、个性的品牌特点深度契合，红牛的一系列比赛项目的设置也体现了这一点，让大学生在活动过程中既能真正学到东西，又觉得有趣，有挑战性。

**3. 活动定位：大学生职业生涯的第一个起点**

红牛以"功能性饮料市场先入者"的地位和优势，填补了国内饮料市场的空白，并迅速使产品遍布全国市场，逐步发展成为中国饮料行业的知名品牌。近年来，红牛不断进行品牌年轻化的尝试，其品牌口号从广为传播的"渴了，喝红牛，困了，累了，更要喝红牛"，历经"有能量，无限量"，再到现在的"你的能量，超乎你想象"，其诉求从最初的功能性转向精神性，从品牌功能转向品牌个性，实现了品牌的初步升级。

（资料来源：学习啦. http://www.xuexila.com/chuangye/shichangyingxiao/1311001.html）

**？ 辩证性思考：**

运用食品市场细分、目标市场选择策略分析红牛的市场细分和目标市场的正确性。

## 营销知识检测

1. 食品消费者市场细分的依据是什么？食品消费者市场细分有哪些变量？
2. 食品消费者市场细分的方法和操作程序有哪些？
3. 食品目标市场选择的条件是什么？如何运用食品目标市场选择模式？
4. 如何运用食品目标市场营销策略？
5. 影响选择食品目标市场营销策略的因素有哪些？
6. 食品市场定位的层次内容是什么？食品市场定位的操作程序是什么？
7. 如何运用食品市场定位的方式、市场定位的方法、市场定位的策略？
8. 如何制造食品市场定位差异化？运用食品市场定位应注意哪些问题？

## 营销能力训练

**训练项目：**

选择一家食品生产企业，对该企业进行市场细分、目标市场选择和市场定位分析，撰写目标市场选择方案。

**训练目的：**

通过训练，进一步认知、掌握食品市场细分、目标市场选择和市场定位的方法，具备食品市场细分、目标市场选择和市场定位的能力。

**训练要求：**

由班级学习委员组织全员对目标市场选择方案进行讨论、交流。

# 第 ② 模块

# 做食品生意（经营食品生意）——
# 满足食品消费需求

食品企业经过找食品生意（寻找食品生意）——发现（创造）食品消费需求，确定了食品企业营销的服务对象，满足了目标消费群的食品消费需求，在目标市场上为产品和营销组合确定了一个富有竞争优势的地位。之后，就进入了食品营销活动的第二个环节，解决如何做食品生意（经营食品生意）——满足食品消费需求的问题。食品企业要运用食品营销组合，把产品策略、价格策略、分销策略和促销策略组合起来综合地发挥作用，才能满足目标市场的食品消费需求，更好地实现食品企业营销目标。

通过学习，掌握运用食品营销组合四个策略之间的内在逻辑关系；掌握运用食品营销组合的约束条件和食品营销组合模式，便于更有效地运用食品营销组合，提高食品营销组合的效益；掌握运用产品策略、定价策略、分销策略与促销策略的内容、方法、运用的适用条件与运用中应注意的问题。

通过训练，具备运用食品营销组合模式的能力，以及综合运用产品策略、定价策略、分销策略、促销策略的能力。

# 第6单元

## 运用食品营销组合

运用食品营销组合首先要掌握食品营销组合策略内在的逻辑关系。食品营销组合的四个可变的策略，在动态的食品营销环境中互相依存，虽然它们单独来看都是重要的，但真正重要的意义在于它们因势而异的配套组合，突出重点，形成以某个食品企业营销策略为主的食品营销组合模式。

通过学习，掌握食品营销组合的概念、特点与食品营销组合策略内在的逻辑关系，掌握食品营销组合运用的约束条件与食品营销组合模式。

通过训练，具备运用食品营销组合决策的能力。

## 导入案例

### 康师傅方便面营销组合策略

顶新集团推出了"康师傅"品牌方便面，其品质精良、汤料香浓，碗装面和袋装面一应俱全。进入大陆市场后，康师傅的广告铺天盖地，其知名度不断上升，矮矮胖胖的烹饪师傅形象深入人心。

1. 产品策略

顶新集团在1991年进入大陆市场时创立了"康师傅"这个新品牌，"康"取用"健康"的"康"字，以塑造"讲究健康美味的健康食品专家"形象；'师傅'在华人中有亲切、责任感、专业成就的印象，这个名字很有亲和力。产品力求以好的原料、好的技术达到物超所值的标准，注重产品的色、香、味。正是凭借着其优良的产品品质使康师傅快速树立了比较稳固的品牌形象。

产品质量：产品质量优，满意度高。产品品种：包罗东方经典美味，大陆红烧牛肉面、日式豚骨拉面、台湾肉燥面、韩式烧烤、港式蟹黄鲍鱼，川味麻辣火锅等。包装：采用杯型容器，更方便消费者冲泡和食用，吃起来既雅观又有时尚感，而且分量与普通碗面相同，不必担心吃不饱。

产品定位：针对的消费群体是中坚、知性、快节奏，接受新事物注重生活品质的白领。

为了获得更大的市场份额，康师傅在发展成熟期，提出了新产品开发策略，针对中国各地消费者饮食习惯不同，深入发掘各地传统饮食文化精髓，将方便面的工艺与中国传统饮食文化中的菜系相结合，做地方化口味，满足各地消费者口味需求。除了红烧牛肉和海鲜烩等全国性口味外，还推出了东北炖、华中蒸行家、西南油辣子传奇、华东江南美食等系列地方口味，并针对其特色，进行了不同的广告设计宣传，充分把握消费者心态与口味，将"方便面"与"消费者的喜好及口感"挂钩，赢得了各地消费者的青睐。在产品组合决策上，康师傅针对不同层次的消费者作了有效的市场细分，针对低端消费者推出"福满多"系列，价格在八角到一元不等，还鼓励消费者大量购买五连包的方便面；中端产品是传统口味的"红烧"系列，"麻辣"系列，"海鲜"系列等；高端产品是"亚洲精选"和"面霸"。通过高、中、低档的产品组合，康师傅有效地迎合了各个层次消费人群的需求，获得了很大的市场。

2．价格策略

康师傅采用差别定价策略，不同地区不同消费人群不同产品价位都不相同。如针对农村消费市场的方便面福满多每包零售价仅为七角、好滋味为八角，超级福满多价格也不过一元。针对小孩子的小虎队干脆面仅售五角钱，而外出旅行的桶装面价位稍高些，并且在不同的地区不同口味的中端价位方便面价位也略有差别。康师傅的制胜武器是低价策略——"通过全面降低成本，成为低价市场的领导者"。

3．分销策略

康师傅于1998年开始实施"通路精耕"策略，在全国45个城市设销售分公司与发货仓库，同时扩建完善了物流系统，以放射性网络有效地连接生产厂、仓库、批发商与零售商，建立起顺畅通达的销售网络。在此之前，康师傅已先后在全国的各个大区相继建立了12个生产基地（公司）和30个营业部，加上遍布全国各地的分销商和零售商（康师傅目前拥有4 583家经销商及33 454家直营零售商）。康师傅渠道建设最成功之处在于其采取了就近设厂，减少配送成本，快速抢占市场的策略。由于我国幅员辽阔，农村市场更是分散，方便面从生产厂家进入农村市场消费者手中需要经过多个环节，不仅增加了成本，还很容易错失市场良机，造成利润的损失。为解决这些问题，康师傅在全国的华东、东北、西南、西北等地广泛设立生产基地，由各基地进行产品的生产、销售、推广，从而大大减少了配送和物流环节，降低了成本，增强了产品竞争能力。

4．促销策略

康师傅为推广针对农村市场而推出的新品牌福满多，采取了别具一格的促销活动：康师傅业务员与经销商合作，广泛开展各种形式的"送福下乡"活动，在各地乡村、集镇开展大规模的新产品试吃、样品免费大放送等活动，并深入到边远农村地区，积极发掘终端客户，最终促销收到良好效果。

（资料来源：www.docin.com/p）

**⑦ 辩证性思考：**

康师傅方便面营销组合策略的特点是什么？

# 6.1　认知食品营销组合

**📖【学习与训练思路】**

通过学习，掌握食品营销组合策略内在的逻辑关系与食品营销组合运用的约束条件。通过训练，处理好食品营销组合策略运用中的相应关系。

## 6.1.1　认知食品营销组合

### 1．认知食品营销组合的概念

食品营销组合是指食品企业针对选定的目标市场，对可以控制的产品策略、定价策略、分销策略、促销策略进行最佳组合，使之综合地发挥作用，以便更好地满足目标市场的需求，实现食品企业营销目标。

### 2．认知食品营销组合的特点

（1）食品营销组合是食品企业可以控制的因素。食品营销组合因素是食品企业可以控制的因素，即食品企业根据目标市场的需要，可以决定自己的产品结构、制定产品价格、选择分销渠道和促销方法等，对这些食品营销手段的运行和搭配，食品企业拥有自主权、决策权。但这种自主权、决策权是相对的，不是随心所欲的，因为食品企业在营销管理过程中不但要受本身资源和目标的制约，还要受各种微观和宏观环境因素的影响和制约，这些是食品企业所不可控制的变数，即"不可控因素"。随着市场竞争、消费者需求特点及外界环境的变化，食品企业必须对营销组合随时纠正、调整，使其保持竞争力。

（2）食品营销组合是一个变量组合。构成食品营销组合的 4Ps 的各个自变量，是最终影响和决定市场营销效益的决定性要素，而食品营销组合的最终结果就是这些变量的函数，即因变量。从这个关系看，食品营销组合是一个动态组合，只要改变其中的一个要素，就会出现一个新的组合，从而产生不同的食品营销效果。

**↻ 相关链接**

一家食品公司营销组合如下：

产品——质量上等的名牌产品，提供良好口感的食品。

价格——基本价格，只是付款时间给予优惠。

分销——直接卖给零售商，由它们出售。

促销——利用广播电视、网络、报刊媒体做广告。

以上是一个完整的组合，如果食品企业要改变其中的某一个因素，如将分销方式由

"直接卖给零售商"改为"由批发商销售产品",就会引起其他因素也发生变化:产品——质量上等的名牌产品,口感不好;价格——实行价格折扣优惠;促销——不必大做广告。这样整个企业的市场营销组合就完全发生了变化。因此,食品企业营销战略的制定者应当懂得这种变化的道理,处处要从"变"字上思考问题,把握这种动态的、变化的形势。

（3）食品营销组合由许多层次组成。就整体而言,4Ps 是一个大组合,其中每一个 P 又包括若干层次的要素。这样,食品企业在确定营销组合时,不仅更为具体和实用,而且相当灵活;不但可以选择四个要素之间的最佳组合,而且可以恰当安排每个要素内部的组合。

（4）食品营销组合具有整体性。食品企业必须在准确地分析、判断特定的食品市场营销环境、食品企业资源及目标市场需求特点的基础上,才能制定出最佳的食品营销组合。所以,最佳的食品营销组合的作用,绝不是产品、价格、渠道、促销四个食品营销组合要素的简单数字相加,而是使它们产生一种整体协同作用。就像中医开出的重要处方,四种草药各有不同的效力,治疗效果不同,所治疗的病症也相异,但这四种中药配合在一起治疗时,其作用大于原来所有药物的作用之和。食品营销组合也是如此,只有它们的最佳组合,才能产生一种整体协同作用。从这个意义上讲,食品营销组合又是一种经营的技巧。

（5）食品营销组合要突出重点。制定食品营销组合策略,强调突出重点,如农产品一般以价格作为竞争的主要手段,食品则主要考虑产品因素。

## 6.1.2 认知食品营销组合内在的逻辑关系

产品策略是食品营销组合的核心,是价格策略、分销策略、促销策略的基础。因为食品企业只有提供满足目标市场需求的产品和服务并使目标消费群满意,才能实现获取利润的目标。食品企业开发出产品以后,要与目标消费群进行交易,就必须运用价格策略为产品制定合理的价格。有了满足目标消费群需求的产品和适当的价格以后,食品企业所面临的具体问题就是如何把产品通过一定的渠道在适当时间、适当地点,按适当数量和价格,从食品生产企业手中转移到消费者手中,实现产品的价值和使用价值。分销渠道是连接生产和消费的"桥梁"和"纽带",解决食品企业产品如何卖的问题。食品企业为其产品选择了分销渠道,接着就要运用促销策略解决如何把产品信息迅速传递给目标消费群,并有效地对目标消费群进行刺激,激发目标消费群的购买欲望,使食品企业的产品卖得快、卖得多、卖得久。

另外,食品企业还要认识到,其需要通过产品、分销、促销在市场中创造价值,再通过定价从创造的价值中获取收益。在食品营销组合中,价格是唯一能产生收益的因素,其他因素都表现为成本。价格是市场营销组合中最灵活的因素,它与产品特征和分销渠道不同,它的变化是异常迅速的。因此,价格策略是食品企业营销组合的重要因素之一,它直接决定着食品企业市场份额的大小和赢利率的高低。

### 6.1.3　认知食品营销组合运用的约束条件

食品营销组合运用的约束条件是指食品营销组合运用中必须处理好的相应关系及运用中应该注意的问题。全面考虑这些问题，才能在食品营销组合设计时避免失误，取得预期的市场营销效果。

#### 1. 考虑目标市场的特点

一个合理的食品营销组合，实质上是由目标市场的需要决定的。因此，食品企业只要精心地分析目标市场各个方面的条件，就能够迅速地规划出合理的食品营销组合。一般来说，可用排除法，即先排除那些显然极不合适的食品营销组合，把问题减少到易于处理的程度，然后依据以下四个方面的条件来识别一个可能的目标市场，分析一下它们对各个基本的食品营销策略的影响，从而判断哪种食品营销组合更切实可行，更具有吸引力和更有利可图。

（1）潜在消费者所在地区和人口特点，如年龄、性别、文化、收入、分布密度等。这一方面的条件，影响目标市场的潜力大小，影响分销策略——产品在什么地方可以买到，影响促销策略——在何地对何人进行宣传推销。

（2）消费模式和消费者行为。这一条件影响产品策略——设计、包装、品种系列等，影响促销策略——适应消费者的物质需要和心理需要，投其所好。

（3）潜在消费者购买的迫切性和选购商品的意愿。这一条件影响分销策略——分配渠道的长度、宽度、销售服务标准，影响定价策略——消费者愿意支付的价格水平。

（4）市场的竞争特点。这一条件影响食品营销组合的各个方面。如果因市场处于垄断状态或是新开发领域，市场竞争并不激烈，那么一种较好的食品营销组合就可以成功，而不必费力追求最优组合。如果市场竞争充分，这就意味着有较多的竞争者的食品营销组合方案可供借鉴，资料比较丰富，可比性强。挑出一些较好的食品营销策略，细致地加以分析，对每一种食品营销组合的效益就能作出更精确的估量。

#### 2. 考虑食品营销战略

食品企业的营销战略不同，食品营销组合就会有区别。例如，在制定食品营销战略的细分市场阶段上，有些企业并不愿意也没有必要把市场分得过于精细，以免使备选的营销组合方案太多。它们往往使用市场结合的方法，即把重点放在不同消费群的相似之处上，努力增大本企业产品的选择余地和适应性，争取一种促销策略就能满足不同消费群的心理特点。例如，在食品市场上，同一种产品对不同消费群可能具有不同的意义，如有人为了温饱，有人为了享受，有人为了治病等，如果一种系列产品附带一份兼顾不同偏好的广告，就无须再去细分市场。从经济学意义上讲，食品企业是把几个目标市场的需求曲线拟合为一条需求曲线，用一种具有普遍号召力的食品营销组合替代几种特异性的食品市场营销组合，从而在这几个目标市场上都能求得发展。

资金紧缺、行业竞争激烈的中小型食品企业则往往采用与上面背道而驰的方法，即放弃经营完整的产品系列，集中精力专注于一个细分市场，力求在一个有限的目标市场上取得最大的市场占有率和技术领先地位。这样，食品企业就应当更加突出本企业营销组合的差别优势。

### 3．考虑食品企业市场营销环境

食品企业市场营销环境对食品企业营销组合的影响已由通过影响目标市场需求进而间接影响食品企业的营销组合发展为直接制约食品企业的营销组合。所以，在选择食品营销组合时，食品企业必须把食品市场营销环境看作一个重要因素。为此，食品企业要进一步明确食品市场营销环境与食品营销组合的关系，才能在二者的动态协调中，把握住食品企业生存和发展的主动权。

（1）同一性。食品企业营销组合与食品企业市场营销环境均为食品企业营销的可变因素，共同对食品企业的营销活动发生作用和影响。

（2）制约性。食品企业作为一个开放的组织系统，与外部市场营销环境发生着各种各样的错综复杂的联系。其食品营销活动必然受到食品市场营销环境的影响和制约，并表现为多种渠道和多种形式，具体表现在对食品企业营销目标、营销战略、营销策略等方面的影响。

（3）适应性。由于食品营销组合的可控性和食品市场营销环境的不可控性，且二者均处在动态变化之中，特别是在变化的速度上，后者大大快于前者，这就决定了食品企业必须随市场营销环境的变化及时调整营销组合，以求得与市场营销环境的适应和协调。值得注意的是，食品企业不能满足于营销组合和市场营销环境在一定时期的相互适应，更须预测未来若干年市场营销环境的变化趋势，并据此制定长期营销战略和营销策略。由此可见，食品企业的市场营销活动过程实质上是食品企业适应市场营销环境变化，并对变化着的市场营销环境不断作出新的反应的动态过程。

（4）主动性。食品营销是一种能动性很强的活动，食品企业运用营销组合并不是消极被动地适应市场营销环境的变化，而是积极主动地影响食品市场营销环境。面对变化莫测的食品市场营销环境，食品企业时时在观察和识别由于食品市场营销环境变化给企业带来的"市场机会"或构成的"环境威胁"，并善于把食品市场营销环境的变化作为难得的良机，灵活地加以运用，即将市场机会变为企业机会。这不但要使食品企业的营销组合适应食品市场营销环境的变化，而且要在一定程度上去选择环境、改造环境，对变化着的食品市场营销环境造成影响，使食品营销组合具有更大的灵活性和主动性。

### 4．考虑企业资源状况

食品企业资源状况决定了选择合适的食品营销组合不是一个漫长的过程。食品企业没有必要，也无能力不断地探索各种可能的途径，以满足所有人的需要。例如，某食品企业要开发满足不同年龄、性别和收入层次消费者口味的糖果，推销到各类地区，愿望固然好，实际效益却不大。

由于种种原因，一个食品企业在资源方面会有与其他企业相区别的优势和劣势。好的市场营销组合应能充分利用食品企业的长处，同时避免与那些具有类似实力的食品企业直接竞争。

从食品企业资源状况出发，运用食品营销组合应注意以下几点：

（1）不与同类食品企业直接竞争。开拓突破性的市场机会，迎合未曾满足的市场需要，食品市场营销组合的选择就会大为简化。

（2）不远离食品企业现有的食品营销组合。"这山望着那山高"会增大因市场机会不确定性而带来的风险。

（3）不实行过度的多角化经营。"什么都想干"不利于充分调配现有资源。不选择那些快速提供收益而容易扼杀食品企业声誉的营销机会。

### 5．考虑市场营销预算

设计食品营销组合与食品营销预算决算相关联。食品营销组合决策要耗费大量的财力，涉及公司稀有资源的使用，并有时间性、周期性的特点，如广告预算要用现金，销售队伍需要人力，产品开发要占用一部分原材料，投资需要一段周期才能收回。在筹措资金、分配经费的时间内，目标市场可能发生变化，竞争者会调整其市场营销组合，新的政策、法律、条例可能颁布，所以食品营销组合要与食品企业的营销预算计划取得动态上的平衡。

# 6.2　运用食品营销组合模式

📖【学习与训练思路】

在掌握运用食品营销组合的原则的基础上，具备运用食品营销组合模式的能力。

## 6.2.1　认知运用食品营销组合的原则

### 1．目标性

目标性是指制定食品营销组合时，要有明确的目标市场，同时要求食品营销组合中的各个因素都围绕着这个目标市场进行最优组合。

### 2．协调性

协调性是指协调食品营销组合中各个因素，使其有机地联系起来，同步配套地组合起来，以最佳的匹配状态，为实现整体营销目标服务。可根据要素的相互关联作用，使营销组合得当、和谐一致。在组合方案中，也可以重点选择几个因素进行组合搭配。

### 3．经济性

经济性原则是指食品营销组合的杠杆作用原则。它主要考虑营销组合的要素对销售的促进作用。例如，促销对销售的作用用销量响应曲线表示，如图6-1所示。

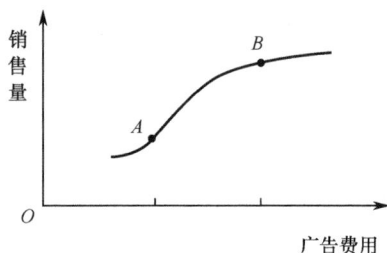

图 6-1　销量响应曲线

广告费用开始增加时,对销售量影响不大;当广告费用增加到 A 点后,销售量增长很快;广告费用继续增加到 B 点后,销售量趋于一个常数。若要发挥广告宣传对销售量的杠杆作用,组合中就应考虑销售量和广告费用的这种关系:在它们处于曲线 AB 段时,采用增加广告费用的组合;若它们的关系处于曲线 AB 段以外,就要考虑其他要素了。其他各要素与销售量的关系曲线都类似于图中的曲线。

#### 4．反馈性

要掌握从食品市场营销环境的变化到食品企业营销组合的变化,就要依靠市场信息的及时反馈。信息反馈及时,反馈效应好,企业就可随食品市场营销环境变化及时重新对原食品营销组合进行反思、调整,进而确定新的适应市场和消费者需求的食品营销组合模式。

### 6.2.2　运用食品营销组合模式

#### 1．运用以产品策略为主的食品营销组合模式

食品企业采用以产品策略为主的食品营销组合模式,主要靠产品去开拓市场。因此,食品企业必须具有不断开发新产品的能力,产品的品种多、规格多,系列化,能够满足多层次的需求。例如,双汇集团就是采用以产品策略为主的食品营销组合模式。

#### 2．运用以价格策略为主的食品营销组合模式

食品企业采用以价格策略为主的食品营销组合模式,主要靠价格策略去开拓市场。这要求企业必须具有一定的实力,能够灵活地制定价格策略。例如,卡夫食品就是采用以价格策略为主的食品营销组合模式。

#### 3．运用以分销策略为主的食品市场营销组合模式

食品企业采用以分销策略为主的食品营销组合模式,主要靠分销去开拓市场。例如,伊利集团就是采用以分销策略为主的食品营销组合模式,与经销商组建销售股份公司,开辟了一种新的分销方式。

#### 4．运用以促销策略为主的食品营销组合模式

食品企业采用以促销策略为主的食品营销组合模式,主要靠促销策略去开拓市场。例如,青岛啤酒就是采用以促销策略为主的食品营销组合模式占领了中国香港市场。

## 案例分析

### 星巴克进入中国市场营销组合策略

星巴克咖啡公司成立于 1971 年，旗下零售产品包括 30 多款全球顶级的咖啡豆、手工制作的浓缩咖啡和多款咖啡冷热饮料、新鲜美味的各式糕点食品以及丰富多样的咖啡机、咖啡杯等商品。此外，公司还与合资伙伴生产和销售瓶装星冰乐咖啡饮料、冰摇双份浓缩咖啡和冰淇淋，通过营销和分销协议在零售店以外的便利场所生产和销售星巴克咖啡和奶油利口酒，并不断拓展泰舒茶、星巴克音乐光盘等新的产品和品牌。

1．星巴克品牌定位

星巴克目标市场的定位不是普通的大众，而是一群注重享受、休闲、崇尚知识、尊重人本位的富有小资情调的城市白领。

星巴克品牌诉求是顾客体验。星巴克把典型美式文化逐步分解成可以体验的元素：视觉的温馨，听觉的随心所欲，嗅觉的咖啡香味等。

2．星巴克进入中国市场的 SWOT 分析

（1）优势。星巴克集团有极强的盈利能力，自从 1994 年挂牌上市后，销售额以每年平均 20% 的速度递增，2001 年达到了 26 亿美元。完善的人才培训体系及现金流，很强的道德价值观念和道德使命，星巴克致力于做行业的佼佼者。品牌形象良好，知名度高。与艺术形式的结合重塑第三空间体验价值，受到目标受众的普遍认可。

（2）劣势。创新有风险。以产品的不断改良与创新而闻名，扩张速度太快带来的体验空间核心价值丧失，逐渐沦落为闹市的低档咖啡。国内店多风险大，需要寻求一个投资组合的国家，来抵御业务的风险。优势产品过于单一。

（3）机会。新产品与服务的推出。中国经济持续高速发展，目标受众比例增加。中国政治格局稳定，政治风险低。中国是人口大国，人口稠密度高，高文化的人数也在增加。国内对外资企业虽有一定的限制，但由于我们处于经济发展前期，为了吸引外资所以对外资企业也有相对的扶持。

（4）威胁。进入市场的许多竞争对手和复制品牌构成潜在威胁。受经济危机影响，目标受众受到损失，销售可能受到影响。咖啡和奶制品成本的上升。中国的贫富差距较大，目标受众中等收入者所占比例较少。大多中等收入者的收入水平不高，与美国的有一定差距。

3．星巴克中国市场营销组合策略

（1）产品。为了不落后于竞争对手以及满足顾客的需求，星巴克从 30 余种咖啡豆扩展到环保卡布奇诺咖啡、咖啡标记和其他星巴克用具；它的产品提供也从甜点和咖啡扩展到燕麦片、冰沙、书刊、无线网络等。

（2）定价。为了迎合在大众眼中星巴克是为高层次消费者服务的形象，星巴克的产品的定价是属于比较高的。公司也开始提供可续杯的一美元的 8 盎司装咖啡，在无限制的续

杯下这个成本大约 50 美分，比任何星巴克的其他产品都要少。公司也实行"价值策略"，这个策略更加强调在便宜的咖啡产品上而不在人们认为的不可支付的产品上。

（3）渠道。对星巴克的选址最好的概括就是第三空间的营造。一般星巴克都开在商业中心、高级写字楼附近。

（4）促销。星巴克在它的目标市场采取了一系列的促销活动。例如，在没有咖啡大小限制下的咖啡外送服务；为了吸引多元化的顾客基础，提供国际化的茶和咖啡去适应那些喜欢本地茶的顾客；利用慈善事业作为一种促销方式——星巴克捐款给一些非营利组织作为一种提高品牌形象及在当地的知名度的方式。

（资料来源：中国市场报告网.www.360Baogao.com）

**? 辩证性思考：**

从星巴克中国市场营销组合中你得到了哪些启示？

## 营销知识检测

1．如何理解食品营销组合的特点？
2．食品营销组合策略内在的逻辑关系是什么？
3．运用食品营销组合的约束条件是什么？
4．运用食品营销组合的原则是什么？

## 营销能力训练

**训练项目：**
选择一家食品生产企业，对该企业进行营销组合决策，撰写市场营销组合决策方案。

**训练目的：**
通过训练，提高对食品营销组合策略内在的逻辑关系、营销组合运用的约束条件和营销组合模式的认知，具备食品营销组合决策的能力。

**训练要求：**
班级学习委员组织全员对食品营销组合决策方案进行讨论、交流。

# 第7单元

# 运用食品营销产品策略

## 学习与训练指导

产品策略是食品营销组合的核心，是价格策略、分销策略、促销策略的基础。在目标市场确定以后，食品企业就要根据目标市场的需求来开发和生产满足目标市场需求的产品，并利用合理的产品组合，根据产品在市场上的生命周期状况，运用各种市场营销策略，使食品企业的产品受到消费者的欢迎，同时不断推出新的产品，使食品企业发展壮大。有了产品，食品企业还要制定相应的品牌策略和包装策略。

通过学习，掌握产品整体概念、产品组合策略、产品生命周期、新产品开发策略、品牌策略与包装策略的内容与方法。

通过训练，具备运用食品营销产品策略的能力。

## 导入案例

### 初创香飘飘

2004 年的一天，蒋建琪在杭州看到一家奶茶店门口许多人在排队，他也买了一杯，感觉味道不错，突然想为什么不可以做成固体饮料的方便包装呢？蒋建琪立刻付诸实施，找到专业的食品研究机构，开发出了最早的杯装奶茶原型产品。第一年，香飘飘并没有大规模生产销售，只选了温州、福州、无锡、苏州四个城市，每个城市只选一所大学、一个中学、一个超市、一个卖场，派人追踪每天的销售情况，每个月绘成图表。半年时间测试下来，销量令人满意。于是，2005 年，蒋建琪决定进军全国市场，花了一两千万元在湖南卫视投放广告，配合全国糖酒会进行招商。

当时，喜之郎的 CC 奶茶规模是香飘飘的十几倍。2007 年下半年，喜之郎重新命名品牌，改名优乐美，并更换包装，并且把市场上数百万箱旧品牌奶茶统统收回，一场真正的竞争开始了。优乐美誓言通过五重封杀两年内拿下香飘飘。一是明星封杀：香飘飘请的代言人是陈好，而优乐美请的则是亚洲超人气天王周杰伦；二是广告封杀：优乐美的广告投放力度是香飘飘的三倍；三是媒体封杀：优乐美的广告投放媒体不得与香飘飘合作，为此浙江卫视将香飘飘踢出门外；四是渠道封杀：优乐美背后喜之郎经营了十几年的强大销售渠道不得与香飘飘合作；五是销售封杀：香飘飘只有一百多个营销人员，优乐美则有一千多个，近十倍于香飘飘。

面对来势汹汹的喜之郎，香飘飘在 2007 年出台了宏大的发展计划：第一，投资 3 000 万元，上一个方便年糕的新项目；第二，开奶茶连锁店，进军餐饮行业；第三，进军房地产市场。然而，香飘飘的分兵作战让公司陷入了危机。到 2008 年下半年，优乐美的销量不断攀升，2009 年上半年甚至逼近了香飘飘，香飘飘的形势岌岌可危。此时，香飘飘作出了两个关键决策：第一，砍掉一切与杯装奶茶不相关的业务，聚焦奶茶。痛下决心关掉了年糕项目，卖掉了设备；两家奶茶店也转手了；房地产项目正常结束后，不再涉足。第二，启动香飘飘定位战略。向消费者传达香飘飘是杯装奶茶的开创者和领导者，是全国销量最大的奶茶品牌这一关键信息。香飘飘设计了新的广告词："香飘飘奶茶，一年卖出 3 亿多杯，杯子连起来可绕地球一圈。"新的广告非常有冲击力，效果奇佳。定位理论在香飘飘展现出了威力。香飘飘奶茶销量从 2008 年的 3 亿多杯一下子跃升到 2009 年的 7 亿多杯， 2010 年又跃升到 10 亿多杯，一直到今天还是遥遥领先。广告词也从"绕地球一圈"，到"绕地球两圈"，再到"绕地球三圈"……而优乐美从此再也没能有所进展，市场份额逐渐萎缩，双方的差距逐步拉大。

（资料来源：blog.21food.cn/gjh/article/29000.htm）

**❓ 辩证性思考：**

1．香飘飘成功之处是什么？
2．香飘飘的产品决策有哪些？

# 7.1 运用食品营销产品组合

📖【学习与训练思路】

在掌握食品企业产品整体概念内涵和产品组合内涵的基础上，具备运用产品整体概念的食品营销策略、产品线分析、产品组合决策策略与产品组合调整策略的能力。

## 7.1.1 认知食品营销的产品整体概念

### 1. 认知食品营销产品整体概念的内涵

现代食品营销中产品的概念具有丰富的内涵和宽广的外延。产品整体概念是指食品企业向市场提供的、能够满足消费者某种需求或欲望的任何有形物品和无形服务，包括核心产品、形式产品、期望产品、附加产品和潜在产品五个层次，如图 7-1 所示。食品企业最应关注的是核心产品、形式产品和附加产品。

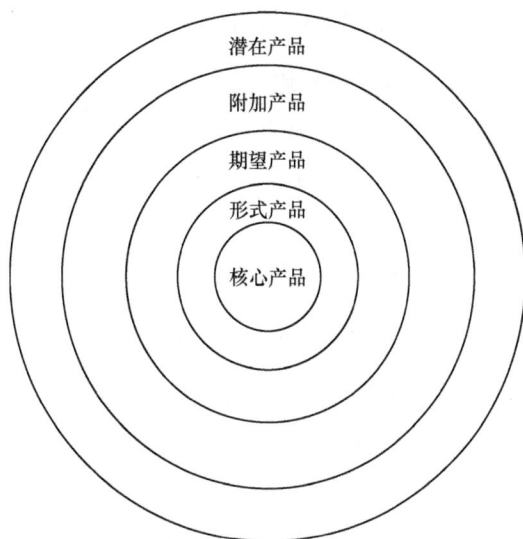

图 7-1　产品整体概念的五个层次

（1）核心产品。产品整体概念中最基础的层次就是核心产品，是指产品向消费者所提供的基本效用和利益。核心产品也是消费者真正要购买的利益和服务。消费者购买某种产品并不是为了获得产品本身，而是需要得到产品带给他的利益或好处。产品的核心利益构成了消费者的买点和企业的卖点。因此，企业的产品应首先考虑能为消费者提供哪些利益。消费者购买某种产品，并不是为了占有或获取产品本身，而是为获得某种效用或利益，但消费者对产品的效用的理解是主观的，不同的消费者对同一产品的效用理解是不同的。如经常饮酒的消费者购买"茅台"酒是为了品尝它的美味和享受一种饮酒安全感，而有的消费者则是为了享受它所带来的一种文化和精神财富。显然二者对产品的利益诉求点是有差异的。食品企业在开发产品、宣传产品时应明确地确定产品能提供的利益，产品才具有吸引力。

（2）形式产品。形式产品是核心利益借以实现的形式，即食品企业向消费者提供的产品实体和服务的外观，一般由特征、形态、质量、商标、包装等要素构成。而作为食品，其质量还应该包括内在的成分、营养、口味和卫生状况等。因此，食品企业在设计产品时，应着眼于消费者所追求的核心利益，同时应考虑如何将这种核心利益以独特的形式呈现给消费者。

（3）期望产品。期望产品是指消费者在购买产品时所期望的一整套属性和条件。例如，对于快餐店的客人来说，期望的是美味、卫生、安全的食品和舒适的就餐环境。

（4）附加产品。附加产品是指消费者购买某种产品时所获得的附加服务和利益，从而把一个食品企业的产品与另一个食品企业的产品区别开来。例如，质量承诺、免费送货、上门服务等都属于附加产品。在现代市场经济中，特别在同类或同质产品中，附加产品有利于引导、启发、刺激消费者购买产品。

（5）潜在产品。潜在产品是指产品最终可能会实现的全部附加部分和将来转换的部分。

附加产品是产品的现在，而潜在产品则表明现有产品可能的演变趋势。

### 2．运用产品整体概念的食品营销策略

食品企业在对产品整体概念充分认识的基础上，应努力在五个层次上展开食品营销活动，尽可能地增加产品的价值，降低消费者购买时付出的成本，只有这样才能抵挡国内外同类产品的竞争。

（1）开发核心产品，满足不同细分市场的利益。对消费者进行市场细分，根据不同细分市场消费者需求存在的差异，开发不同的产品，在成功定位的基础上有效地满足不同消费者对产品需求的利益。

（2）设计形式产品，体现产品核心利益。产品的核心部分需要通过有形部分体现出来，因此产品应在口味、包装、品牌等有形部分体现产品的核心部分，并有效地传递产品的核心利益。

（3）准确把握期望产品，提升消费者满意度。产品的期望部分是消费者对产品的内在判断、要求和期望，是消费者购买时对产品核心利益、有形部分、延伸部分和潜在产品内在的期望。消费者是否满意主要取决于消费者感知价值和消费者期望之间的对比关系，消费者感知价值越接近于甚至超出消费者期望，消费者满意度越高；反之越低。因此，食品企业应在准确把握消费者期望产品的同时，通过有形部分提高消费者的感知价值，从而提高消费者满意度，在此基础上进一步培养消费者的忠诚度。

（4）拓展延伸产品，增加消费者感知价值。食品企业可以通过增加产品的延伸部分，给消费者以惊喜，增加消费者的感知价值，提高消费者的满意度。这样，一方面，消费者会对该食品企业的产品形成依赖，形成消费者忠诚度；另一方面，消费者会对该产品进行口头的免费宣传，从而为食品企业的经营赢得主动权。

（5）把握核心产品，衍生有形产品价值。食品企业可以通过把握产品的核心产品的层次，产品的款式、包装、特色等来突破原来的框架，由此开发出新的产品。

### 相关链接

---

#### 大质量观念

产品整体概念的五个层次中，核心产品、形式产品和附加产品是最基本的层次。大质量观念包含三个层次：第一层次是内在质量，即核心产品质量；第二层次是外在质量，即有形产品质量；第三层次是服务质量，即附加产品质量。大质量观念要求企业及其营销者不仅要着力于提高产品的品质，更要致力于改善产品的设计、款式、包装，以及各种服务、保证等。只有产品的整体质量得到提高，才能真正地满足消费者的需要，企业在市场竞争中才能立于不败之地。

---

## 7.1.2　运用食品营销的产品组合

### 1．认知食品营销产品组合的概念

（1）认知食品营销产品组合。食品营销产品组合是指某一个食品企业所生产或销售的全部产品大类、产品项目的组合。它反映了一个食品企业提供给市场的全部产品线和产品项目的构成，也是食品企业的生产经营范围和产品结构。

（2）认知食品营销产品线。食品营销产品线也称产品大类或产品系列，是指能够满足同类需要，在功能、使用和销售等方面具有相似性的一组产品。生产经营过程中，食品企业可依据多种标准来确定产品线，如功能相似性、用户相似性、生产相似性、销售渠道相似性等。例如，蒙牛有液态奶、奶粉、冰品等多条产品线。

（3）认知食品营销产品项目。食品营销产品项目是指产品大类或产品线中各种不同的品种、规格、花色的特定产品。食品企业产品目录上所列出的每一个产品都是一个产品项目。例如，蒙牛的液态奶产品线中有纯牛奶、调味奶、酸牛奶、调味酸牛奶等不同产品项目。

（4）认知食品产品组合的宽度、长度、深度、关联性。衡量一个企业的产品组合时需考查四个不同的因素，即宽度、长度、深度和关联度。以下结合卡夫食品公司的产品组合来进行具体分析，如表 7-1 所示。

表 7-1　卡夫食品公司的产品组合

| | 产品组合的宽度 | | | |
| --- | --- | --- | --- | --- |
| | 饼　干 | 糖　果 | 咖　啡 | 固体速溶饮料 |
| 产品组合的长度 | 奥利奥<br>王子<br>趣多多<br>太平苏打<br>优冠<br>闲趣<br>乐之<br>佳钙 | 怡口莲<br>荷氏 | 麦斯威尔<br>麦氏典藏 | 果珍 |

①产品组合的宽度。产品组合的宽度是指一个食品企业的产品组合中所拥有的产品线的数目。卡夫食品的产品组合中有饼干、糖果、咖啡、固体速溶饮料四条产品线，则其产品组合的宽度为 4。

②产品组合的长度。产品组合的长度是指一个食品企业的产品组合中产品项目的总数，以产品项目总数除以产品线数即可得到产品线的平均长度。卡夫食品公司产品项目总数是 13，也就是说产品组合的长度是 13。该公司产品组合的平均长度就是总长度（13）除以产品线数（4），结果为 3.25。

一般来说，产品组合的长度太短，即产品的花色、品种、规格太少，就不能满足不同类型消费者对产品的个性化需求；而如果产品组合的长度太长，即产品的品种规格太多，则会增加生产和销售成本，甚至引起消费者的厌烦和营销上的混乱。

③产品组合的深度。产品组合的深度有两层含义：一是产品线的深度，即产品线中所包含的产品项目的数量。例如，卡夫食品的糖果产品线有怡口莲、荷氏两个产品项目，该产品线的深度是 2；二是产品项目的深度，即产品项目中所包含的规格、型号等。例如，卡夫食品的果珍有四种口味（鲜橙味、柠檬味、杧果味和菠萝味）和四种配方，那么它的深度为 16（4×4=16）。

④产品组合关联度。产品组合关联度是指各产品线的产品在最终用途、生产条件、销售渠道或其他方面相互联系的紧密程度。卡夫食品公司的产品最终用途是消费品，又通过同一销售渠道进入市场，其关联度较大。

分析产品组合的宽度、长度、深度和关联度，有助于食品企业更好地制定产品组合策略。一般情况下，拓展产品组合的宽度，有利于扩展食品企业的经营领域，实行多角化经营，可以更好地发挥食品企业潜在的技术、资源优势，提高经济效益，并可以分散食品企业的投资风险；扩大产品组合的长度，可以使产品线丰满充裕，使公司成为有更完全产品线的公司；加强产品组合的深度，可以占领同类产品的更多细分市场，满足更广泛的市场需求；提高产品组合的关联度，则可以使食品企业在某一特定的市场领域内提高竞争力和赢得良好的声誉。

**2．运用食品营销产品组合决策的策略**

食品企业对产品组合深度、广度和关联度的决策，有许多可供选择的方式，每个企业可根据不同的经营环境，结合自身的客观实际来确定产品组合策略。

（1）运用全线全面型策略。全线全面型是指向市场提供其需要的各种产品，即深度、广度和关联度可大可小的组合。采用这种策略的条件就是食品企业有能力顾及整个市场的需要。整个市场的含义可以是广义的（指不同行业的产品市场的总和），也可以是狭义的（指某个行业的各个市场面的总和）。这样，全线全面型就可以分为广义的全线全面型和狭义的全线全面型两种形式。广义的全线全面型就是尽可能增加产品组合的广度和深度，不受关联度的约束，即广度和深度都很大，但关联度小的产品组合。狭义的全线全面型是指提供在一个行业内所必需的全部产品，也就是产品线之间具有密切的关联性，其广度和深度较大、密度亦大的产品组合。

（2）运用市场专业型策略。这是食品企业把自己的营销力量集中于某一特定的市场，并向这一市场的消费者提供尽可能多的产品的策略。例如，以奶业为其产品市场的伊利公司，其产品组合由液态奶、冷饮、奶粉、奶酪等产品线所组成。

（3）运用产品专业型策略。这是指食品企业只从事某一产品线的营销，但尽可能地增加其线内的产品项目，加强其产品组合的深度，面向更多的市场。例如，香飘飘公司只从事奶茶这个产品线。

（4）运用有限的产品专业型策略。这是指食品企业根据自己的专长，集中经营少数的几条甚至一条产品线，即广度和深度较小、关联度大的产品组合。例如，河南淇花食用油公司，其产品都是食用油，但根据不同的市场需要，设立花生油、调和油、葵花籽油、大豆油、香油五条产品线，以满足不同细分市场消费者的需要。

### 3. 运用食品营销产品组合调整的策略

（1）运用拓展产品组合。拓展产品组合可使食品企业充分利用资源优势，分散市场风险，增强竞争力。

①扩大产品组合的宽度，即增加一条和多条产品线，拓宽产品经营领域。若食品企业现有的产品线销售和利润下降时，应及时扩大产品组合宽度，增加产品线。

②加大产品组合的深度，即在原有产品线内增加新的产品项目。若食品企业需要进军更多的细分市场，满足更多有不同需求的消费者，可以选择加深产品组合的深度，增加新的产品项目。

（2）运用缩减产品组合。市场繁荣时期，较长、较宽的产品组合会为食品企业带来更多的赢利机会。但是在市场不景气或原料、能源供应紧张时期，缩减产品线反而能使总利润上升，因为剔除那些获利小甚至亏损的产品线或产品项目，食品企业可集中力量发展获利多的产品线和产品项目。

（3）运用产品线延伸。产品线延伸，即食品企业根据市场的需求，重新对全部或部分产品进行市场定位，对产品线内的产品项目进行延伸。产品线延伸具体有向下延伸、向上延伸和双向延伸三种方式。

①向下延伸。向下延伸指在高档产品线中增加低档产品项目。例如，我国著名白酒品牌五粮液，从 1994 年开始在原有高档产品的基础上向中、低档产品扩展，陆续推出了五粮春、五粮醇、铁哥们、京酒、火爆酒、东方龙等数十个品牌，产品线从单价四五百元的高档产品，覆盖到了一百元左右的中档产品和二三十元的低档产品。

运用向下延伸策略的条件：利用高档名牌产品的声誉，吸引购买力水平较低的顾客慕名购买此产品线中的低档廉价产品；高档产品的销售增长速度下降；企业最初进入高档产品市场的目的是建立品牌信誉，树立高级的企业形象，然后再进入中、低档产品市场，以扩大销售增长率和市场份额；补充企业的产品线空间，防止新的竞争者涉足。

运用向下延伸策略应注意的问题：推出较低档的产品可能会使原有高档产品的市场更加缩小；如果处理不慎，可能影响企业原有产品的市场形象及名牌产品的市场声誉；可能迫使竞争者转向高档产品的开发；经销商可能不愿意经营低档货。采用向下延伸策略必须辅之以一套相应的营销策略，如对销售系统的重新设置等，这将大大增加企业的营销费用开支。

②向上延伸。向上延伸指在原有的产品线内增加高档产品项目。例如，我国方便面行业著名品牌华龙，1994 年创立之初时定位目标消费群为 8 亿名农民和 3 亿名工薪消费者，主推零售价定在一元以下的产品，如 108、甲一麦、小康家庭等。2003 年前后，华龙开始向高端市场进军，推出了价位相对较高的"今麦郎"系列产品。

运用向上延伸策略的条件：高档产品市场具有较高的销售增长率和毛利率；食品企业的技术设备和营销能力已具备进入高档产品市场的条件；为了追求高、中、低档完整的产品线；以较高级的产品项目来提高整条产品线的地位。

运用向上延伸策略应注意的问题：发展高档产品可能促使原来生产经营高档产品的企业采取向下延伸策略，从而增加了竞争压力；消费者可能对该企业生产经营高档产品的能力缺乏信任（要改变产品在顾客心目中的地位是相当困难的）；原有的营销人员和经销商可能没有推销高档产品的经验和技能。

③双向延伸。原定位于中档产品市场的食品企业，掌握了市场优势后，向产品线的上、下两个方向延伸，一方面增加高档产品，另一方面增加低档产品，力争全方位地占领市场。随着产品项目的增加，市场风险会逐渐加大，经营难度增加。因此，采用双向延伸策略的企业应具有较高的经营管理水平，否则可能会导致失败。

（4）运用产品线现代化策略。产品线现代化策略就是强调把科学技术应用到生产过程中去。因为在某种情况下，虽然产品组合的广度、长度都非常适合，但产品线的生产过程、技术及产品形式可能已经过时，这就必须对产品线实施现代化改造。产品线的现代化改造可采取两种方式：一是逐项更新，二是全面更新。逐项更新是在整条产品线全面更新前，测试消费者及中间商的反应，了解市场动向，同时可节省投资，但缺点是使市场竞争者洞悉本企业意图。全面更新则可避免逐项更新的缺点，出奇制胜，但所需投资较大。

（5）运用产品线号召策略。有的食品企业在产品线中选择一个或少数几个产品项目精心加以打造，使之成为颇具特色的号召性产品，以吸引消费者。有时，食品企业会用产品线上低档产品进行特别号召，使之充当开拓销路的廉价品。

**4．运用食品营销产品组合应注意的问题**

食品企业在进行产品组合时，涉及以下三个层次的问题需要作出抉择。

（1）是否增加、修改或剔除产品项目。

（2）是否扩展、填充和删除产品线。

（3）哪些产品线需要增设、加强、简化或淘汰。

三个层次问题的抉择应该遵循既有利于促进销售又有利于增加食品企业总利润的基本原则。产品组合的四个因素和促进销售、增加利润都有密切的关系。一般来说，拓宽、增加产品线有利于发挥食品企业的潜力、开拓新的市场；延长或加深产品线可以适合更多的特殊需求；加强产品线之间的一致性，可以增强食品企业的市场地位，发挥和提高食品企业在有关专业上的能力。

# 7.2　运用食品营销产品生命周期

📖【学习与训练思路】

要想使产品有一个较长的销售周期，以便赚到足够的利润来补偿在推出该产品时所作出的一切努力和经受的一切风险，食品企业就必须认真研究和运用产品的生命周期理论。

此外，产品生命周期也是食品营销人员用来描述产品和市场运作方法的有力工具。

在掌握食品营销的产品生命周期、内涵、产品生命周期各阶段的营销策略、划分产品生命周期各阶段方法的基础上，具备运用食品营销的产品生命周期划分方法、食品营销的产品生命周期各阶段营销策略的能力。

### 7.2.1　认知食品营销的产品生命周期

#### 1. 认知食品营销的产品生命周期的内涵

产品生命周期是指产品从进入市场到被淘汰退出市场的全部运动过程，这也可以理解为市场上的产品产生、发展和衰亡过程的时间表现。典型的产品生命周期包括四个阶段，即导入期、成长期、成熟期和衰退期，如图 7-2 所示。食品企业通过产品生命周期的研究可以掌握自己所生产经营的产品处于生命周期的哪个阶段，以便及时进行产品的更新换代。

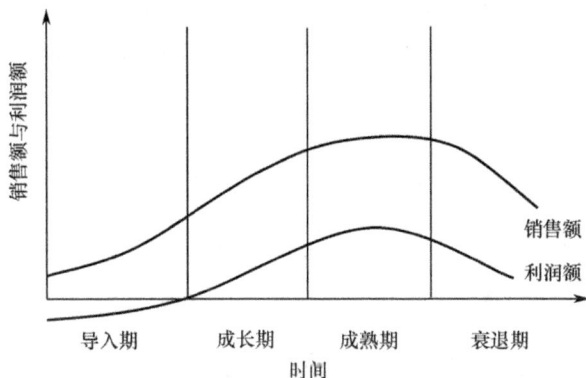

图 7-2　产品市场生命周期曲线

产品生命周期的内涵包括以下内容。

（1）将产品的生命周期与产品的使用寿命的概念加以区别。产品的使用寿命是指产品的耐用程度，是产品从开始使用到这种产品的使用价值完全丧失的时间间隔；而产品的生命周期是交换价值的消失过程，产品生命周期的起始点是产品正式投入市场或上市，终点是这种产品退出市场或被市场淘汰。

（2）应将产品生命周期与行业、种类、品类和具体牌号的产品生命周期的概念加以区别。食品企业产品生命周期是指个别企业某种产品的生命周期。行业产品生命周期是指某产品在某个行业（或整个市场）范围内的生命周期，它反映了同一产品在许多企业进入市场时的综合趋势，而不是指该产品在某一特定企业的发展过程。因此，二者既密切相关，又在许多方面有所不同。产品的经济生命周期泛指"产品"，而实际上在产品的种类、品类和具体牌号方面分析起来是大不相同的。首先是产品种类的生命周期各异，很多产品种类（如食盐、汽车、电冰箱）的产品成熟期可以无限地持续下去，其销售量增加与人口增长成正比关系。其次是产品的品类不同，糖果中的口香糖可称为品类，而"××牌口香糖"则是具体牌号的商品。三者相比较,自然"糖果"的生命周期最长,而"××牌口香糖"的周期最短。实际经营中,应用产品生命周期理论分析产品种类的情况是很少的,而更多的是分析产品品类或具体牌号的产品生命周期。

(3)不同的产品,其生命周期的持续时间也长短不一。产品的生命周期本身就是一个相对的概念,不同的产品,其市场竞争状况、技术进步速度、用户需要与变化、产品制造与费用也都不同,从而也形成其生命周期的千差万别。就生命周期的每一阶段来说,各产品的延续时间也同样存在着很大的差异。以第一阶段为例,有些产品进入市场后历时不久就进入下一阶段,而有些产品却过渡缓慢,经过长期努力才进入下一阶段。

(4)产品的生命周期表明的是一种长期的趋势。有很多影响的因素,如季节变化、严重自然灾害的影响及政府法令的规定(如防止或限定某种产品的生产)等,都未概括在内。

### 2. 认知产品生命周期的其他形态

产品生命周期是一种理论抽象。现实经济生活中,并不是所有产品的生命历程都完全符合这种理论形态。除上述的正态分布曲线外,还有以下几种形态,如图 7-3 和图 7-4 所示。

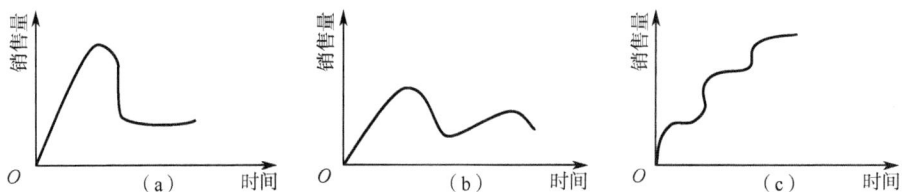

图 7-3　常见产品生命周期形态

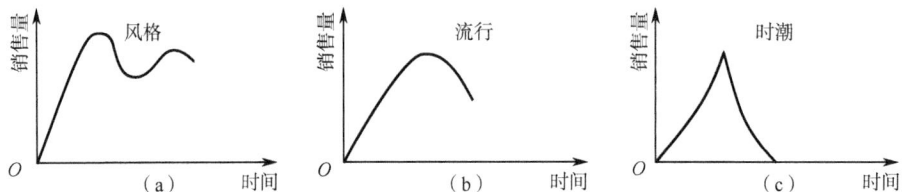

图 7-4　风格、流行和时潮产品生命周期

(1)成长—衰退—成熟型。如图 7-3(a)所示。产品首次引入市场时前景迅速上升,然后就稳定在某一水平线上。这一水平之所以能维持,是因为后期采用者的首次购买和早期使用者的产品更换。

(2)循环—再循环型。产品销售进入衰退期以后,由于市场需求变化或食品企业投入更多的促销费用,使其进入第 2 个周期,但规模和持续期都低于第 1 个周期。一些药品常会呈现这种形态,如图 7-3(b)所示。

(3)扇形。产品销售进入成熟期以后,由于发现新的产品特征、用途,或制定并实施正确的营销策略,使产品销售量不断达到新的高潮。如图 7-3(c)所示。

（4）风格、流行和时潮的生命周期（见图 7-4）。风格是人们努力在一个领域里所创造出一种基本的和独特的方式。风格会持续相当长的时间，时而风行，时而衰落。流行是在既定的领域里当前被接受或流行的一种风格。时潮是一种迅速进入公众眼睛的流行，被狂热地采用，很快达到高峰，然后迅速衰退，如掉渣饼的流行与衰退。

## 7.2.2　认知食品营销的产品生命周期各阶段的市场营销策略

### 1. 运用导入期的食品营销策略

导入期，又称引入期、试销期，指新产品刚刚投入市场的最初销售阶段。

（1）导入期的特点。

①产品设计尚未定型，生产批量小，单位产品生产成本高。

②消费者对产品不熟悉，销售量小，销售增长缓慢。

③销售网络还没有全面有效地建立起来，销售渠道不畅。

④由于销售量小，成本高，企业利润较少，甚至亏损。

⑤市场竞争者比较少。

（2）运用导入期的食品营销策略。在产品的导入期，食品营销策略的指导思想是把销售力量直接投向最有可能的购买者，即新产品的创新者和早期采用者，让这两类具有领袖作用的消费者加快新产品的扩散速度。食品营销的目的是缩短导入期，食品企业应该尽可能快地进入和占领市场，尽可能在短时间内实现由导入期向成长期的转轨。食品营销的目标是建立产品的知名度。食品营销的重点是要突出一个"准"字，即市场定位和食品营销组合应准确无误，符合食品企业和市场的客观实际，重点介绍产品特点，刺激消费需求。

操作方法是：在广告宣传方面，应以产品的性能和特点介绍为主，以激发消费者的购买欲望；在产品销售方面，可选用有较高信誉的中间商代销或者采用试用、上门推销、节日推销等方式，以提高品牌知晓率；在产品定价方面，可采取高价策略先声夺人，或采取低价渗透策略，以提高市场占有率；在产品生产方面，应进一步优化设计，以提高产品质量，改善产品性能和降低生产成本；在目标市场的选择上，可采取无差异性的食品营销策略，以降低市场营销成本和吸引潜在消费者。

将价格的高低与促销费用的高低结合起来考虑，可以采取以下策略。

①运用快速掠取策略，即采用高价和高促销方式推出新产品。实行高价是为了在每个单位产品销售额中获取最大的利润，以快速收回开发投资。实行高促销方式，则是先声夺人地尽快扩大产品影响和产品市场占有率。其操作方法是：制定较高的价格，促销上投入量的资金进行广告的狂轰滥炸；在商场大量作堆头促销，以求消费者尽快了解并接受新产品。

运用快速掠取策略应具备的市场条件：大部分潜在消费者不了解新产品，市场对产品确实有较大的需求潜力，需要开展大规模的广告促销宣传；目标消费群求新心切，急于购买新产品，而该产品的价格需求弹性不大，有制定较高价格的可能；该产品潜在的竞争威胁大，科技含量不高，竞争对手很容易模仿，为了尽早树立品牌，稳定销售，需尽快建立消费者对新产品的偏好，树立名牌。这种策略的适用范围：产品确有特点，有吸引力，但知名度不高；市场潜力很大，并且目标消费群有较高的支付能力；面对潜在竞争者的威胁，急需建立品牌形象。

②运用缓慢掠取策略，即以高价格和低促销方式推出新产品。这样做可以获得更多毛利并降低营销费用，可望从市场上获取最大利润。其操作方法是给产品制定较高的价格，但只花费少量的资金作适当的广告宣传。

运用缓慢掠取策略应具备的市场条件：产品的市场规模较小，大部分潜在的消费者已经通过其他各种信息管道了解到新产品的数据，没必要作大规模的广告宣传；该产品潜在的竞争威胁不大或者竞争并不激烈；大多数的用户已知晓这种产品，对该产品没有过多疑虑，且市场容量相对有限；该产品的需求弹性不大，适当的高价格能为市场所接受。

③运用快速渗透策略，即以低价格和高促销水平的方式推出新产品。这是一种风险很大，但可以迅速占领市场、获得较高市场占有率的策略。这里所说的"渗透"是指利用低价格去渗透购买者的心理。这一策略可以给食品企业带来最快的市场渗透率和最高的市场占有率。采用这一策略产品在投入市场之初，利润很低甚至亏本，当完成市场覆盖、获得较大的市场份额之后，才是收获利润的季节。其操作方法给产品制定较低的价格，但宣传广告照样大笔投入，迅速提高产品知名度，提高销售额，大面积占领市场，着眼于利润的长期获得。

运用快速渗透策略应具备的市场条件：潜在消费者对产品不了解，且对价格十分敏感，但该产品的价格需求弹性较大，因此既要大规模地宣传，又要谨慎地制定价格；市场容量相当大，市场竞争将十分激烈，应当做大规模的推销活动，以便吸引更多潜在的消费者来购买；产品的单位制造成本可随生产规模和销售量的扩大迅速下降，这为制定低价格提供了条件。

④运用缓慢渗透策略，即食品企业以低价格和低促销水平推出新产品。低价格使市场迅速接受产品，同时低促销费用可实现较多的净利润。其操作方法是：采用低价格，只花费少量的资金进行推销活动，着眼于长期的最大限度的市场占有率，从低价中获取最大利润。

运用缓慢渗透策略应具备的市场条件：市场容量很大，在短时间内不易被消费者接受或短期内市场不会饱和，须着眼于长期策略的实施。如果市场容量在短期内饱和，采用缓慢渗透策略便得不到预期的效果。购买者对新产品已基本了解，所促销产品通常只是改进型产品之类，所以不必进行大规模的促销。该产品的价格需求弹性较大，高价格容易引起销售量急剧减少。

### 2. 运用成长期的食品营销策略

成长期是指产品在市场上迅速为消费者所接受、销售量和利润迅速增长的时期。

（1）成长期的特点。

①销售额迅速增长。

②生产成本大幅度下降，产品设计和工艺定型，可以大批量生产。

③利润迅速增长。

④由于同类产品，仿制品和代用品开始出现，使市场竞争日趋激烈。

（2）运用成长期的食品营销策略。在产品的成长期，食品营销的目的是提升成长期；食品营销的目标是提高市场占有率；食品营销的重点是突出一个"好"字，即保持产品质量优良，把使用过该产品的消费者变成回头客，同时让他们成为口碑宣传者，吸引更多的消费者。

企业为维持其市场增长率，延长获取最大利润的时间，可以针对成长期的特点，采取以下操作方法：在产品销售方面，应不断开辟新市场，寻找新用户，以扩大产品市场份额；在广告宣传上，从产品知觉广告转向产品偏好广告，以树立产品的市场形象，强化消费者对品牌的信任程度，使其建立不断购买的信心；在产品定价方面，采取降价策略，以吸引价格敏感的购买者；在产品生产上，努力改进产品质量，增加新的款式和规格，以满足潜在消费者的不同需求；在目标市场的选择上，宜采用差异性和密集型的市场营销策略，以满足不同细分市场的需求，巩固产品的市场地位。

### 3．运用成熟期的食品营销策略

成熟期是指产品在成长期后的一段时间内，市场需求趋向饱和，销售量进入从缓慢增长到缓慢下降的时期。

（1）成熟期的阶段划分和特点。

①成长成熟期。这一阶段的特点是各销售渠道基本呈饱和状态，增长率缓慢上升，还有少数后续的购买者继续进入市场。

②稳定成熟期。这一阶段的特点是产品销售稳定，增长率一般只与购买者人数成比例，如无新购买者则增长率停滞或下降。

③衰退成熟期。这一阶段的特点是销售水平显著下降，全行业产品过剩，竞争加剧，市场份额变动不大，突破比较困难。

（2）运用成熟期的食品营销策略。在产品的成熟期，市场营销的目的是延长成熟期。市场营销的目标是保持市场占有率，争取利润的最大化。市场营销的重点是"争"和"改"："争"是争取稳定的市场份额，延长产品市场寿命；"改"是对原有的产品市场和市场营销组合进行改进，市场营销策略以改良性为特征。产品进入该时期，销售额和利润出现最高点。由于生产能力过剩，市场竞争加剧，销售增长速度缓慢甚至出现下降趋势，食品企业应尽量延长产品生命周期，使已处于停滞状态的销售增长率和利润率重新得以回升。具体可以采用以下策略。

1）运用改进市场策略，即开发新的目标市场，寻求新的消费者。①争取更多消费者使用。转化未使用者，使从未使用过的潜在消费者接受其品牌；进入新的细分市场，说服那些使用该产品但未使用该品牌的潜在消费者；争取竞争对手的消费者，设法吸引他们改换门庭。②增加现有消费者购买或使用。提高使用率，增加每次用量。例如，食品企业在产品包装上印有该食品的多种烹制方法，使消费者了解这种产品的所有用法，增加食用量。

2）运用改进产品策略。①改进质量，即完善产品使用性能，如安全性、可靠性、方便性和口味等。②改进特性，即在产品大小、重量、材料或附加物等方面增加新特性，以扩大产品的适用性。这一策略投资相对要少，但是易被竞争者模仿。③改进款式，即增加美感，提高竞争力，优点是能赋予品牌某种个性，吸引消费者忠诚。④改进服务。实施服务规范化承诺。

3）运用改进食品营销组合策略。改进食品营销组合是提高销售额的重要途径，它是指通过改进一个或几个因素，维持或扩大销量。其主要途径有：在价格上，采用降价或价格优惠策略来吸引新消费者；在分销上，从经销商那里争取更多陈列空间，进入新的渠道，向更多网点渗透等；在广告上，考虑是否增加广告，是否更换广告商，是否改变广告媒体，是否改变广告时间等；在人员促销上，考虑是否增加推销人员或提高其素质、是否调整销售区域或分工、是否修订业绩奖励办法等；在公关促销上，考虑如何给品牌的坚定忠诚者以鼓舞，稳定动摇者，吸引改变品牌偏好的顾客；在营业推广上，考虑用哪些方式抵消竞争者的吸引力。

### 4. 运用衰退期的食品营销策略

衰退期是指产品销量急剧下降，产品开始逐渐被市场淘汰的时期。

（1）衰退期的特点。

①产品销售量迅速下降，消费者的兴趣已转移到新产品上面。

②新产品进入市场，竞争突出表现为价格竞争，且价格已下降到最低水平。

③多数食品企业无利可图，被迫退出市场。

（2）运用衰退期的食品营销策略。在产品衰退期，食品营销的目的是采取各种市场营销手段让衰退期尽可能晚到来或重新走向成长期，榨取衰退期剩余产品的最后一点利润，让它发挥余热；或采取快速撤离市场的模式，转移精力开发新的产品，采用新的模式。市场营销的目标是降价、放弃、更新换代。市场营销的重点是"收"和"转"。"收"是收掉一些已经不赢利的市场，保留部分还可以赢利的市场，取消广告促销费用，榨取产品最后的利润，为停产作准备，并在适当时机停止生产，退出市场。"转"是积极开发新产品，取代老产品，使企业在市场上所占的份额不因为老产品的退出而减少。因为当竞争者纷纷撤离市场时，市场处于一种真空状态，如果企业能够处变不惊，认真开拓市场，发掘新服务，终点又将成为起点。

因此，食品企业应有计划地逐步缩短及撤出生产线，处理存货，考虑设备工具的再利用。可以采用以下策略：

①维持策略，即继续沿用过去的策略，仍按照原来的细分市场，使用相同的分销渠道、定价及促销方式，直到这种产品完全退出市场为止。

②集中策略策略，即把食品企业能力和资源集中在最有利的细分市场和分销渠道上，从中获取利润。这样有利于缩短产品退出市场的时间，同时又能为企业创造更多的利润。

③榨取策略，即大幅度降低销售费用，如将广告费用削减为零、大幅度精简推销人员

等，虽然销售量有可能迅速下降，但是可以增加眼前利润。

④放弃策略，即对于衰退比较迅速的产品，应该当机立断，放弃经营。企业可以采取完全放弃的形式，如把产品完全转移出去或立即停止生产；也可采取逐步放弃的方式，使其所占用的资源逐步转向其他的产品。

运用衰退期食品营销策略时，食品企业应防止两类错误：一是匆促收兵，出现新旧产品脱节现象；二是难于割爱，坐失良机。因此，企业经营者应该有预见地转，有计划地撤，有目的地攻，有选择地降低投资水平，放弃无前景的消费群，改变投资热点，及时榨取品牌价值，从容退出产品市场。值得注意的是，通过"大甩卖"以加速产品退出市场不是唯一的策略。

## 7.2.3　运用划分食品营销产品生命周期各阶段的方法

### 1．分析影响食品营销的产品生命周期的因素

（1）分析科学技术水平对产品生命周期的影响。科学技术进步越快，产品生命周期越短；科学技术进步越慢，产品生命周期越长。随着科学技术的不断发展，产品更新换代的速度越来越快，产品的生命周期将变得越来越短。

（2）分析需求对产品生命周期的影响。食品企业开展市场营销活动的思维视角，不是从产品开始，而是从需求出发。任何产品都只是作为满足特定需求或解决问题的特定方式而存在的。影响产品生命周期的需求因素一般又与产品的性质、用途、价格和质量等有关。从产品的性质来说，基本生活资料产品的生命周期较长，非基本生活资料产品的生命周期较短。从产品的用途来说，实用性大、能够满足人民生活某种长期需求的产品，其生命周期较长；而实用性小，只能满足人们生活一时需求的产品，其生命周期较短。价廉物美的新产品和优质品牌产品的生命周期相对较长；反之，质次价高的产品，其生命周期就相对较短。

（3）分析政府的政策和干预对产品生命周期的影响。为了维护社会公众的利益，政府可能采取行政的和经济的措施，禁止或限制有碍环境卫生、破坏生态环境和影响人们生活产品的生产和消费，从而缩短了这类产品的生命周期；相反，对有些产品，国家从宏观出发，鼓励其生产和消费，从而延长了这类产品的生命周期。

### 2．运用食品营销划分产品生命周期的方法

（1）运用销售增长率判定法划分产品生命周期。这是一种根据销售增长率进行判断的方法，运用中要结合被判定产品的其他特征和因素进行分析。

先计算销售增长率，其计算公式为：

销售增长率=（本年度的销售量−上年度的销售量）/上年度的销售量×100%

然后根据销售增长的大小来判断属于哪个阶段。其标准为：

小于10%且不稳定，为投入期；大于10%，为成长期；小于10%，为成熟期；小于0，为衰退期。

例如，某食品企业某产品 4 年来的销售如下：2008 年 1 000 件；2009 年 1 100 件；2010 年 1 240 件；2011 年 1 400 件。试确定 2008—2011 年该产品处在生命周期的哪个阶段？

解：销售增长率计算如下：2009 年的销售增长率=（1 100-1 000）/1 000×100%=10%；2010 年的销售增长率=（1 240-1 100）/1 100×100%=13%；2011 年的销售增长率=（1 400-1 240）/1 240×100%=13%

由此可以判定，2008—2011 年该产品处在生命周期的成长期。

（2）运用产品普及率判定法划分产品生命周期。这是一种利用产品普及率指标来分析生命周期不同阶段的方法。此方法主要适用于高档耐用消费品。对不同的产品，可分别按下列两个指标来计算普及率：人口平均普及率=某种产品的社会拥有量/人口总数×100%；家庭平均普及率=某种产品的社会拥有量/家庭户数×100%。

一般认为，当普及率为 0~5%时，为投入期；5%~50%时，为成长期前期；50%~80%时，为成长期后期；80%~90%时，为成熟期；大于 90%时，为衰退期。需要注意的是，普及率越高，需求量越低。

（3）运用同类产品类比判定法划分产品生命周期。这是一种用一种产品生命周期的变化规律类比分析另一种同类产品生命周期的方法。食品企业可用相关的产品进行对比，因为这两种产品同属于一类，而且人们对拥有这类产品的消费心理很相似，所以可以进行类比分析。营销判定人员一定要熟悉所涉及的产品，所选择的类比产品要与被判定的产品有相似的背景，以增加两个产品之间的可比性。

（4）运用特征判定法划分产品生命周期。这是根据人们已经掌握的产品上市后，在不同阶段中所表现的一般特征，同食品企业某一产品的当前状况进行对比，并得出结论的一种判定方法。这种方法易于掌握。需要注意的是，此方法对营销判定人员的判断能力与经验有较高的要求。

## 7.2.4　运用食品营销产品生命周期应注意的问题

（1）食品企业通过产品生命周期的分析，运用产品生命周期各阶段划分的方法，确定自己经营的产品处于生命周期的哪一个阶段，便于制定对应的营销策略，以实现产品生命周期不同阶段的营销目的。

（2）产品生命周期理论说明，不会有一种产品经久不衰、永远获利。食品企业必须经常对自己生产、经营的各类产品的市场状况进行分析，淘汰老产品，开发新产品，使产品组合处于最优状态。持续地开发新产品，使食品企业在某些产品面临衰退之前，另一些新产品已进入快速成长期；当某些产品处在成熟期时，一些产品已开始向市场推出，这样就不至于因老产品的淘汰而引起利润下降，就能使食品企业的总利润始终保持上升的势头。所以，食品企业必须要大力开发新产品，使食品企业不同产品分别处于产品生命周期的不同阶段，这样食品企业才能处于良性经营中，才能使食品企业具有生命力，才能延长企业的寿命。

**❓ 辩证性思考：**

选择某食品企业的一种熟悉的食品分析其产品生命周期？

# 7.3　运用食品营销新产品开发策略

📖【学习与训练思路】

随着科学技术和世界经济的快速发展，以及世界经济一体化进程的加快，大多数产品的生命周期有逐渐缩短的趋势。这一形势迫使食品企业必须重视新产品开发，这样才能使食品企业不同产品分别处于产品生命周期的不同阶段，食品企业才能处于良性经营中，食品企业才具有生命力。

在掌握食品营销新产品内涵、新产品开发的策略和开发趋势、新产品开发的操作程序、新产品市场扩散管理的基础上，具备运用新产品开发策略、新产品市场扩散管理的能力。

## 7.3.1　认知食品营销新产品的内涵

对新产品进行定义，可以从企业、市场和技术三个角度入手。对食品企业而言，第一次生产销售的产品都叫新产品；对市场来讲则不然，只有第一次出现的产品才叫新产品；从技术方面看，在产品的原理、结构、功能和形式上发生了改变的产品叫新产品。食品营销的新产品包括了前面三者的成分，但更注重消费者的感受与认同，它是从产品整体性概念的角度来定义的。凡是产品整体性概念中任何一部分的创新、改革和改进，能够给消费者带来某种新的感受、满足和利益的相对新的或绝对新的产品，都叫新产品。新产品可分为以下四类。

### 1. 全新产品

全新产品指应用新原理、新技术、新材料制造出的、前所未有的、能满足消费者某种新需求的产品。这种产品无论对食品企业还是市场来讲都属于新产品，例如，王老吉凉茶第一次出现时属于全新产品。

### 2. 换代产品

换代产品指在原有产品的基础上，采用或部分采用新技术、新材料、新工艺研制出来的新产品。例如，苹果由果酱又制作成苹果醋等。开发换代型新产品的难度要比创造全新产品的难度小很多，食品企业也能较快地获得收益。

### 3. 改进产品

改进产品指在原有产品的基础上进行改进，使产品在结构、品质、功能、款式、花色及包装上具有新的特点和新的突破。改进后的新产品，其结构更加合理，功能更加齐全，品质更加优质，能更多地满足消费者不断变化的需求。食品企业根据市场的变化和产品的不同生命周期阶段不断推出各种不同的改进型新产品，是增强食品企业竞争能力、延长产品生命周期、提高经济效益的好办法。

**4．仿制产品**

仿制产品指食品企业对国内外市场上已有的产品进行模仿生产，形成本企业的新产品。开发这种产品不需要太多的资金和尖端的技术，因此比研制全新产品要容易得多。

除此之外，食品企业将现行产品投向新的市场，对产品进行市场再定位，或通过降低成本，生产出同样性能的产品，则对市场或企业而言，也可以称为新产品。食品企业开发新产品一般是推出上述产品的某种组合，而不是进行单一的产品变型。

## 7.3.2　认知食品营销新产品开发的策略

**1．认知食品营销新产品的开发方式**

（1）获取现成的新产品。食品企业采取获取现成新产品的策略包括科学技术协作开发、联合经营、技术引进、购买专利、经营特许、外包生产等方式。

（2）食品企业自主开发新产品。食品企业自主开发新产品的策略包括独立研制开发、协约开发等方式。

**2．认知食品营销新产品开发的趋势**

据预测，21世纪我国食品消费将趋于方便化、工程化和功能化。因此，方便化、工程化和功能化是食品营销新产品开发的趋势。方便化就是优化食品工业产业结构、产品结构和提高居民食品的消费水平；工程化就是根据营养科学平衡原则，应用现代技术，控制原料和生产，产出低成本优质品；功能化就是根据不同人群，开发不同功能食品。在开发这类食品时，应强调多品种、高质量、高档次，重环保，并与国际高科技技术结合，注重品牌塑造和名牌塑造。

## 7.3.3　运用食品营销新产品开发的操作程序

产品开发是一个从寻求新产品构思开始，一直到把某个构思转变为商业上取得成功的新产品为止的全过程。

**1．寻求创意**

新产品开发过程是从寻求创意开始的。创意就是开发新产品的设想。新产品创意主要来源于消费者、科学家、竞争对手、企业推销人员和经销商、企业高层管理人员、市场研究公司和广告代理商等。此外，企业还可以从大学、咨询公司、行业协会、大众传媒、网络那里寻求有用的新产品创意。寻找和收集新产品创意的主要方法有产品属性排列法、强行关系法、多角分析法、头脑风暴法和征集意见法等。

**2．甄别创意**

甄别创意是指取得足够的创意之后，对这些创意加以评估，研究其可行性，并挑选出可行性较强的创意。甄别创意的目的就是"去粗取精",淘汰那些不可行或可行性较低的创意,使食品企业有限的资源集中于成功机会较大的创意上。甄别创意时,一般要考虑两个因素:一是该创意是否与食品企业的策略目标相适应,表现为利润目标、销售目标、销售增长目标、形象目标等几个方面;二是食品企业有无足够的能力开发这种创意,这些能力表现为资金能力、技术能力、人力资源、销售能力等。

### 3．形成产品概念

经过甄别后保留下来的产品创意还要进一步发展成为产品概念。首先应当明确产品创意和产品概念之间的区别。产品创意是食品企业从自己的角度考虑的能向市场提供的可能产品的构想。产品概念是指食品企业从消费者的角度对这种创意所作的详尽描述。食品企业必须根据消费者的要求把产品创意发展为产品概念。

### 4．初拟营销规划

新产品构思确定之后,需要拟定一个把这种产品引入市场的初步市场营销规划,并在未来的发展过程中不断完善。初拟的营销规划包括三个部分:

（1）描述目标市场的规模、结构、行为;新产品在目标市场上的定位;前几年的销售额、市场占有率、利润目标等。

（2）简述新产品的计划价格、分销策略及第一年的市场营销预算。

（3）阐述计划长期（一般 3～5 年）销售额和目标利润,以及不同时间的营销组合等。

### 5．商业分析

对新产品的构思进行商业分析,其主要目的在于确定所提出的新产品的长期经济效益。商业分析的焦点主要集中在利润上,但其他因素也不能忽视,如对社会、对市场所承担的责任等。这种分析大致分为需求分析、成本分析、赢利分析三个部分,可采用多种具体方法进行分析。其中最常使用的一种方法就是所谓的"产品会审法",即在对新产品构思进行分析时,把本公司的市场销售人员、生产人员、工程技术人员召集到一起,共同对拟将推出的产品提意见。

公司对产品的这种"会审",大致要弄清下列主要问题:新产品有什么特点,是否比市场上现有的同类产品好;新产品的目标市场在哪里,其潜在购买力如何;企业的资金和设备如何,是否适应新产品的发展;新产品发展上市成功的可能性有多大;新产品的竞争能力如何;新产品的预期利润如何;新产品发展及生产上有没有其他问题。

### 6．新产品研制

如果产品概念通过了商业分析,研究与开发部门及工程技术部门就可以把这种产品概念转变成为产品,进入试制阶段。这一阶段,以文字、图表及模型等描述的产品设计才能变为实体产品。这一阶段应当搞清楚的问题是产品概念能否变为在技术上和商业上可行的产品。在研制阶段产生产品原型后,还必须对其进行一系列严格的功能测试和消费者测试。

### 7. 市场试验

如果食品企业的高层管理者对某种新产品开发试验结果感到满意，就着手制定该产品的品牌、包装和市场营销方案，把产品推上真正的消费者舞台进行实验。其目的在于了解消费者和经销商对于经营、使用和再购买这种新产品的实际情况及市场大小，然后再酌情采取适当对策。市场试验的规模取决于两个方面：一是投资费用和风险大小；二是市场试验费用和时间。投资费用和风险越高的新产品，试验的规模应越大一些；反之，投资费用和风险较低的新产品，试验规模就可以小一些。

### 8. 新产品批量上市

这一阶段，食品企业管理者应作以下决策：何时推出新产品，何地推出新产品，向谁推出新产品，如何推出新产品。只有这几方面的问题得到解决，食品企业才能真正实现新产品批量上市的目的。

**相关链接**

#### 双汇新产品的上市

2015 年 2 月 6 日，双汇举行新产品发布会，展示推出"非常系列""海威夷系列""叉烧、狮子头中式系列"三个新品系列，三大系列共 15 个肉制品、10 个生鲜预制产品入市。"非常系列"产品包装绚丽，彰显青春活力。

"非常花生"选用沁香卤汁花生果搭配鲜肉，"非常美梨"结合酥梨与肉粒鲜香，"非尝任杏"选用天然有机杏仁，特殊工艺去除苦味，"甜甜向上"更是让优质鲜肉与上等天然蜂蜜碰撞。"海威夷系列"实现"世界食材，中国吃法"。

"弗吉尼亚风味"香肠，原料 100%来自"世界火腿之都"美国弗吉尼亚，美式工艺制造，"芝士鱼肉肠"采用进口耐高温芝士和进口深海鱼肉，世界食材与中国吃法完美结合。"叉烧、狮子头中式系列"产品践行双汇"进厨房、上餐桌"战略。

"双汇狮子头"将优质五花肉配以精选香辛料，松软可口，肉香清淡；"蜜汁烤香肠"改进原始台湾风味，将新西兰进口蜂蜜与鲜肉巧妙配比，是户外烧烤、休闲的佳品。

（资料来源：www.accen.com）

## 7.3.4 运用食品营销新产品市场扩散管理

### 1. 认知食品营销新产品扩散过程

新产品扩散是指新产品上市后，随着时间的推移，不断地为越来越多的消费者所采用的过程。新产品的市场扩散过程中，由于个人性格、文化背景、受教育程度和社会地位等因素的影响，不同的消费者对新产品接受的快慢程度不同。根据这种差异，可以把创新产品采用者划分为五种类型，即创新采用者、早期采用者、早期大众、晚期大众和落后采用者，如图 7-5 所示。

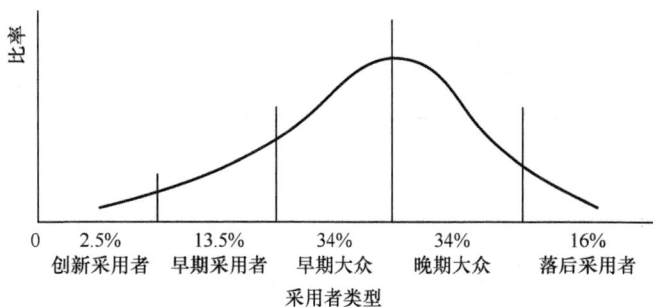

图 7-5　新产品采用者类型分布

（1）创新采用者。创新采用者也称为"消费先驱"。该类采用者约占全部潜在采用者的 2.5%。创新采用者富有个性，受过高等教育，勇于革新冒险，性格非常活跃，如何消费很少听取他人意见，经济宽裕，社会地位较高，广告等促销手段对他们有很大的影响力。这类消费者是食品企业投放新产品时的极好目标。

向市场推出新产品时，食品企业市场营销人员应把促销手段和传播工具集中于创新采用者身上。如果他们的采用效果较好，就会大力宣传，影响到后面的使用者。不过，找出创新采用者并非易事，因为很多创新采用者在某些方面倾向于创新，而在其他方面可能是落后于采用者。

（2）早期采用者。该类采用者占全部潜在采用者的 13.5%。他们大多是社会上的意见领袖，或某个群体中具有很高威信的人，受到周围朋友的拥护和爱戴。因此，他们常常去收集有关新产品的各种信息资料，成为某些领域的舆论领袖。这类消费者对广告及其他渠道传播的新产品信息很少有成见，促销媒体对他们有较大的影响力，但与创新采用者比较，他们一般持较为谨慎的态度。这类消费者是企业推广新产品极好的目标，多在产品的介绍期和成长期采用新产品，并对后面的采用者影响较大。所以，他们对创新扩散有着决定性的影响。

（3）早期大众。这类采用者的采用时间较平均采用时间要早，占全部潜在采用者的 34%。这部分消费者一般保守思想较少，受过一定教育，有较好的工作环境和固定的收入；对社会中有影响力的人物，特别是自己所崇拜的"舆论领袖"的消费行为具有较强的模仿心理；他们不甘落后于潮流，但由于他们特定的经济地位有限，在购买高档产品时，一般持非常谨慎的态度。他们经常是在征询了早期采用者的意见之后才采纳新产品。早期大众和晚期大众构成了产品的大部分市场，因此研究他们的心理状态和消费习惯，对提高产品的市场份额具有很大的意义。

（4）晚期大众。这类采用者的采用时间较平均采用时间稍晚，占全部潜在采用者的 34%。这部分消费者的基本特征是多疑。他们的信息多来自周围的同事或朋友，很少借助宣传媒体收集所需要的信息，受教育程度和收入状况相对较差。所以，他们从不主动采用或接受新产品，直到多数人都采用且反映良好时才行动。显然，对这类采用者进行市场扩散是极为困难的。

（5）落后采用者。这类采用者是采用创新的落伍者，占全部潜在采用者的 16%。这部分消费者思想保守，拘泥于传统的消费行为模式。他们与其他的落后采用者关系密切，极少借助宣传媒体，其社会地位和收入水平最低。因此，他们在产品进入成熟期后乃至进入衰退期时才会采用。

### 2. 运用食品营销新产品扩散过程管理

食品营销新产品扩散过程管理是指食品企业通过采取措施让新产品扩散过程符合既定市场营销目标的一系列活动。食品企业之所以能对扩散过程进行管理，是因为扩散过程除受到外部不可控制因素（竞争者行为、消费者行为、经济形势等）的影响外，还要受食品企业市场营销活动（产品质量、人员推销、广告水平、价格策略等）的制约。

食品营销新产品扩散管理的主要市场营销目标有：导入期，消费者迅速认可；成长期，销售额快速增长；成熟期，维持较长时期的销量和利润最大化。

## 7.4 运用食品营销品牌策略与包装策略

📖【学习与训练思路】

食品企业开发出来新产品以后，就要运用食品营销品牌策略与包装策略对新产品进行命名和包装。品牌代表市场，品牌代表形象，品牌代表一个食品企业的核心市场竞争力。

在掌握食品企业品牌的内涵、品牌资产、包装策略的基础上，具备运用食品营销品牌策略塑造名牌、包装策略塑造产品"外衣形象"的能力。

### 7.4.1 认知食品品牌

#### 1. 认知食品营销品牌的内涵

品牌是一种名称、术语、标记、符号或设计，或者是它们的组合运用，其目的是借以辨认某个销售者或某群销售者的产品和服务，并使之同竞争者的产品和服务区别开来。

食品营销品牌是一个集合概念，它包含食品企业品牌名称、品牌标志、商标等概念。品牌名称是指品牌中可以用语言来称呼和表达的部分，如蒙牛、伊利、双汇、卫龙、加多宝等。品牌标志是指品牌中可被识别而不能用语言表达的特定标志，包括专门设计的符号、图案、色彩、文字等。商标是指经过注册登记，受法律保护的品牌或品牌中的某一部分。经注册登记的商标一般有"R"标记或"注册商标"的字样。商标的实质是品牌，但它是受到法律保护的产权标志，是经商标局核准注册而取得的特殊权利，具有独占性，不容他人或企业侵犯。商标是生产者或经营者的标志，区别于其他商品，是企业声誉和评价的象征。品牌只有根据商标法的规定进行登记注册后，才能成为商标，受到法律的保护。可以这样说，商标都是品牌，但品牌不一定是商标。

商标与品牌的联系与区别如下：

（1）商标与品牌的联系。品牌与商标都是用以识别不同生产经营者的不同种类、不同品质产品的商业名称及其标志的。商标的实质是品牌，两者都是产品的标记。

（2）商标与品牌的区别。品牌是市场概念，实质上是品牌使用者对消费者在产品特征、服务和利益等方面的承诺。并非所有的品牌都是商标，品牌与商标可以相同也可以不同；商标是法律概念，它是已获得专用权并受法律保护的品牌或品牌的一部分。商标必须办理注册登记，品牌则无须办理；商标是受法律保护的品牌，具有专门的使用权。

### 2．认知食品品牌资产

食品品牌资产也称食品品牌权益，是指只有品牌才能产生的市场效益，或者说产品在有品牌时与无品牌时的市场效益之差。品牌是名字与象征相联系的资产（或负债）的集合，它能够使通过产品或服务所提供给顾客（用户）的价值增大（或减少）。品牌资产包括五个方面，即品牌忠诚度、品牌认知度、品牌感知质量、品牌联想、其他专有资产（如商标、专利、渠道关系等），这些资产通过多种方式向消费者和企业提供价值。

## 7.4.2　运用食品营销品牌策略

### 1．运用食品营销品牌定位策略

品牌定位就是勾画食品企业品牌产品在目标消费者心目中的形象，使食品企业所提供的产品具有一定的特色，适应一定消费者的需求，并与竞争者的产品有所区别。食品品牌定位策略包括：

（1）食品特色定位策略。依据品牌形象个性化需求，品牌定位应重点放在食品特殊功能、附加功能上。

（2）质量定位策略。通过广告说明产品的良好质量，塑造品牌优质形象。

（3）序列定位策略。表明品牌在同类商品中的实力，食品企业常用"同行业名列第一""国内首创"等广告宣传语，序列定位一定要实事求是，第一当然好，第二也无妨。

（4）抗衡型定位策略。人脑对产品信息的记忆是有限的，在此情形下，如将自己的产品与名牌产品联系起来，采取抗衡型定位则能讨巧，使本品牌处于创新的领先地位，同时又能借助老产品的声誉扩大影响。

（5）以使用者形象定位策略。消费者按性别、年龄、职业、收入等标准可划分为不同的群体，按消费者个性又可分为坚强与懦弱、外向与内向、独立与依赖、竞争型与非竞争型、显耀型与沉默型等，企业应努力建立品牌个性吸引相应个性的消费者，反之也可以用消费者形象进一步强化品牌个性。

### 2．运用食品营销品牌化策略

食品营销品牌化策略即食品企业是否要给产品建立一个品牌。品牌化策略包括两种：

（1）无品牌化策略。一般认为，不使用品牌的情况包括：大多数未经加工的原料产品，如大豆等；不会因生产商不同而形成不同特色的商品；某些生产比较简单、选择性不大的小商品；消费者习惯上不辨认商标的产品，如白糖等；临时性或一次性生产的商品；作为下游企业的原材料或零配件。

食品企业选择无品牌化策略的目的是节省品牌设计、广告和包装费用，以降低成本和售价，提高竞争力，扩大销售。

（2）使用品牌策略。当今的消费者越来越信任品牌，因为他们坚信品牌蕴含了对于产品一切有利的信息，更赋予了自己独特的品位。品牌已经成为当今社会的关注点和品质的代名词。品牌化的趋势迅猛异常，品牌化几乎统治了所有产品，甚至一些传统上不用品牌的商品也出现了品牌化的倾向，许多生产中间产品的制造商也进入了最终品牌产品行列。

### 3．运用食品营销品牌防御策略

食品营销品牌防御是食品企业为防止他人的侵权行为及避免企业的声誉、利润受损所采取的策略，可采用以下策略：

（1）及时注册商标策略。品牌经注册成功后可得到法律保护，有效地防止竞争者抢注、仿制、使用、销售本企业的商标。出口商品应在目标国家及时注册商标。注册商标在有效期满后应及时申请续展注册。

（2）在非同类商品中注册同一商标。从战略发展角度上看，在非同类商品中注册同一商标，可以为企业将来做大做强奠定基础，避免做大做强后的品牌为他人盗用。例如，娃哈哈集团将娃哈哈品牌一次性注册到服装、鞋帽、玩具、自行车等多个类别。

（3）在同一商品中注册多个商标。例如，"娃哈哈"商标注册时，同时还注册了"娃哈娃""哈娃哈"等多个商标，从而堵住了可能被仿冒的漏洞。

（4）使用防伪标识策略。例如，在日化产品中使用防伪悬浮纸条，或使用防伪标签、防伪油墨、防伪包装、隐形条码等，都可以有效地保护商标的专用权。

（5）品牌并存策略。我国食品企业在与外国企业合资时，可以采用品牌并存的方法来防止自己的品牌被"雪藏"的风险，即在合资企业的不同产品上分别使用我国和外国的品牌，或在同一产品上共同使用本国与外国的品牌。

### 4．运用食品营销品牌归属策略

食品营销品牌化决策之后，还要决定品牌归谁所有，由谁管理和负责。

（1）运用制造商品牌策略。这是制造商使用自己的品牌的策略，也称生产者品牌策略。那些享有盛誉的制造商还可以将其著名品牌租借给别人使用，收取一定比例的特许使用费。

（2）运用中间商品牌策略。这是中间商将产品大量地购买，以自己的品牌再将货物转卖出去的策略。中间商使用自己的品牌可以带来很多好处，可以更好地控制价格，得到较高的利润，并可以在某种程度上控制供应商。越来越多的中间商，特别是大批发商、大零售商都使用自己的品牌。

（3）运用混合品牌策略。混合品牌策略也称双重品牌策略，即部分产品用制造商品牌，部分产品用中间商或其他厂商的品牌的策略。

运用品牌归属策略应注意的问题是，食品企业究竟是使用生产商品牌还是中间商品牌，必须全面地权衡利弊，以作出合理的决策。在制造商具有良好的市场声誉，拥有较大市场份额的条件下，大多使用制造商品牌。相反，在制造商资金实力薄弱，或者在市场上的商誉远远不及中间商的情况下，则适宜采用中间商品牌。尤其是新进入市场的中小型企业，无力用自己的品牌将产品推向市场，而中间商在这一市场领域中却拥有良好的品牌信誉和完善的销售体系，这种情况下利用中间商品牌则往往是有利的。这也是国际贸易中常见的做法。

### 5. 运用食品营销品牌关联策略

这是食品企业内部品牌之间关联程度的决策，包括以下品牌关联策略。

（1）同一品牌策略。同一品牌策略也称统一品牌策略，是指食品企业对所生产的多种产品使用同一品牌，其实质是品牌延伸策略，即企业把自己成功的品牌延伸使用到其他产品上去。例如，康师傅方便面在市场上成功后，厂家把这一商标延伸使用到乌龙茶、八宝粥、饼干、果汁、纯净水、香米饼等产品上。

运用统一商标策略或品牌延伸策略首先应注意的问题是，如果食品企业的某一种产品出了问题（如质量问题），其他产品也会受到牵连，因此必须对所有产品的质量严格控制。其次，多种产品使用同一个商标，容易使消费者在产品的特点、档次、功效等方面发生混淆。生产荣昌肛泰的荣昌公司又推出荣昌甜梦口服液，一个管出口（治痔疮），另一个管进口，就让人受不了。最后，品牌的延伸使用要符合消费者对该品牌形成的既定印象。

（2）个别品牌策略。个别品牌策略是指食品企业对不同产品分别使用不同的品牌名称。这种品牌策略的好处有两个：一是起"隔离"作用，用品牌把不同产品的特性、档次、目标顾客的差异隔离开来，而不必把高档优质产品的品牌引进较低质量的产品线；二是起"保险"作用，没有将食品企业的声誉系在某一产品品牌的成败之上，食品企业不会因某一品牌信誉下降而承担较大的风险，如可口可乐公司生产的饮料产品就采用了"可口可乐""雪碧""芬达""天与地""醒目""酷儿"等品牌，公司在全球近 200 个国家拥有 400 个非酒精饮料的品牌。原因非常简单：不同的人，在不同的时间、地点，因为不同的原因希望饮用不同的饮料。

（3）同一品牌和个别品牌并列策略。一个拥有多条产品线或者具有多种类型产品的食品企业可考虑采用此策略，一般是在每一种个别品牌前冠以公司的商号名称。如可口可乐在漯河建厂生产，取名漯河太古可口可乐，立即被消费者接受。

### 6. 运用食品营销品牌变更策略

许多相关因素的变化要求食品企业作出变更品牌的决策，包括以下策略：

（1）更换品牌策略。更换品牌策略指食品企业完全废弃原有的牌名、商标，更换为新的牌名、商标。当品牌已不能反映企业现有的发展状况，或由于产品出口的需要等，可以进行更新，目的是为了使品牌适应新的观念、新的时代、新的需求和新的环境，同时也可给人以创新的感受。

（2）推展品牌策略。推展品牌策略是指食品企业采用原有的品牌，但逐渐对原有的商标进行革新，使新旧商标之间造型接近、一脉相承、见新知旧。例如，"七喜"公司对"七喜"牌饮料进行重新定位——"七喜"是非可乐饮料，从而一举成名。

### 7.4.3 认知塑造食品品牌策略的标准

食品品牌发展的结果是食品企业形成名牌。名牌也是品牌,但它是著名的品牌,是品牌中的优秀部分、精华部分,是在品牌竞争中取得优胜的佼佼者。名牌的本质属性有两个:一个是它的技术属性,如设计精湛、质量超群、包装考究、功能独到、使用方便等,它能最大限度地满足人们生产生活上的物质需求;另一个是它的社会属性,表明以下五种社会关系:食品企业与消费者之间高度的信任关系;制造商与经销商之间互利互惠的关系;食品企业同对手之间的竞争关系;食品企业扩张过程中与银行之间的信誉关系;生产、市场营销和传播过程中食品企业对社会的奉献关系。

根据《中国名牌产品管理办法》的规定,中国名牌应具备的条件是:

(1)符合国家有关法律法规和产业政策的规定;

(2)实物质量在同类产品中处于国内领先地位,并达到国际先进水平;市场占有率、出口创汇率、品牌知名度居国内同类产品前列;

(3)年销售额、实现利税、工业成本费用利润率、总资产贡献率居本行业前列;

(4)企业具有先进可靠的生产技术条件和技术装备,技术创新、产品开发能力居行业前列;

(5)产品按照采用国际标准或国外先进标准的标准组织生产;

(6)企业具有完善的计量检测体系和计量保证能力;

(7)质量管理体系健全并有效运行,未出现重大质量责任事故;

(8)企业具有完善的售后服务体系,顾客满意程度高。

## ↗↘ 相关链接

### 中国名牌的标志含义

(1)用象征经济发展指标的四个箭头图案,组合成汉字"中国名牌"的"名"字和"品评名牌"的"品"字,简洁、形象、直观地表达了"品评中国名牌"带动企业技术创新,增强企业国际竞争力,推动中国经济发展的评价宗旨。

(2)四个箭头还是四个向上腾飞的阿拉伯数字"1"字,形象、生动、丰富地象征着中国名牌评价的四个第一的品质标准;四大评价指标;四大核心理念和"科学、公平、公开、公正"的四项评价原则。

(3)标志中的一大四小五颗五角星象征着21世纪的"中国名牌"脱颖而出,并带动着中国企业不断创新、争创名牌的含义。五颗五角星正好吻合"五星级"的概念,在表达品质的同时,寓示着通过中国名牌战略的推进必将会带动中国经济的腾飞。

（4）四个箭头还是最好的"Best"和英文商业"Business"缩写字首"B"，直观地寓示着中国名牌的品格属性和商业特质。

（5）整体造型采用具有中国特色的图章样式，形象、直观地表达了中国名牌认证的严肃性和权威性。

（6）色彩上采取红、蓝两色为主色块。代表着社会主义特色的红色，象征着热烈、庄重和辉煌。蓝色，既象征着中国的民族特色，又象征着世界和国际市场一体化的大潮，象征着中国的名牌随着中国经济的腾飞正以稳健的步伐走向世界，走向灿烂辉煌的 21 世纪。

## 7.4.4　运用食品营销包装策略

### 1. 认知食品包装的概念

食品包装是食品企业为了在流通过程中保护产品、方便储运和促进销售，而按照一定的技术方法使用容器、材料以及辅助物等，将物品包封并予以适当的装饰和标志工作的总和。简言之，包装就是包装物和包装操作的总和。包装是商品实体的重要组成部分，如果把商标比作产品的"脸面"，那么包装可谓是产品的"外衣"，它是作为产品的"第一印象"进入消费者眼帘的。

**相关链接**

### 褚橙，本来生活网

从 2012 年开始，生鲜电商逐渐成为电商领域的新热点。2013 年策划"褚橙进京"的生鲜电商本来生活网 2014 年仍然进行了它的褚橙"爆款"营销。本来生活的褚橙营销走了幽默营销路线。在预售期内，本来生活网站上就推出一系列青春版个性化包装，那些上印"母后，记得一颗给阿玛""虽然你很努力，但你的成功，主要靠天赋""谢谢你，让我站着把钱挣了""我很好，你也保重"等幽默温馨话语的包装箱，推出没多久就在本来生活网上显示"售罄"，可见其受欢迎程度非常高。

### 2. 认知食品包装的分类

（1）按食品的物理形态分类，食品包装可分为粉状食品包装、颗粒状食品包装、块状食品包装、流体食品包装等。

（2）按食品的种类分类，食品包装可分为面类焙烤食品包装、糖果食品包装、肉类和水产品包装、乳制品包装、酒类、包装等。

（3）按包装材料的种类分类，食品包装可分为纸包装、塑料包装、金属包装、玻璃包装、陶瓷包装和复合材料包装等。

（4）按包装方法分类，食品包装可分为充填法、裹包法、灌装法，封口法等。

（5）按包装的作用分类，食品包装可分为内包装和外包装两类，也可详细分为个装、内包装、中包装和外包装。

（6）按技法分类，食品包装可分为防潮包装、防水包装、防霉包装、保鲜包装、速冻包装、透气包装、微波杀菌包装、无菌包装、充气包装、真空包装、脱氧包装、泡罩包装、贴体包装、拉伸包装、蒸煮袋包装等。

（7）按包装在流通过程中的作用不同分类，食品包装可分为储运包装和销售包装。

### 3. 运用食品营销包装策略

（1）运用类似包装策略。类似包装，亦称产品线包装，指食品企业所生产的各种不同产品，在包装上采用共同或相似的图案、形状或其他共同的特征，使消费者容易发现是同一家企业的产品。类似包装具有和采用统一品牌策略一样的好处，可以节省包装设计的成本，有利于提高和壮大企业的整体声誉，特别是新产品进入市场时，采用此策略可使新产品容易进入市场。类似包装策略只适用于相同或相近质量水平的不同产品，一旦质量水平相差悬殊，则不仅会提高低档产品的销售成本，而且会对高档产品的形象造成不利影响。

（2）运用等级包装策略。等级包装策略指按照产品的价值、品质分成若干等级，并采用不同的包装，使包装与产品的价值相称。显然，这种策略的实施成本较高。它适用于产品相关性不大，产品档次、品质比较悬殊的食品企业。它可以适应不同的购买力水平或不同消费者的购买心理，从而扩大产品销售，如在茶叶的销售中，一级茶叶用听装，三级茶叶用盒装，五级茶叶用袋装，碎茶散装。

（3）运用组合包装策略。组合包装策略指把使用时相互关联的多种商品纳入一个包装容器中，同时出售。这种策略不仅有利于充分利用包装容器的空间，而且有利于同时满足同一消费者的多种需要，扩大销售。这种包装特别有利于新产品的推销，但实践中须防止不顾市场需求的具体特点、消费者的购买力水平和产品本身关联程度大小任意组合搭配的错误做法，以免消费者产生抵触情绪。

（4）运用复用包装策略。复用包装策略指在原包装的产品使用完后，其包装物还可以作其他用途。例如，果酱、咖啡、酱菜采用的杯形包装瓶，可用来作为茶杯；糖果、饼干的包装盒还可以作为文具盒、针线盒等。这样可以利用消费者一物多用的心理，使他们得到额外的使用价值；同时，包装物在使用过程中也可起到广告宣传的作用，诱发消费者购买或引起重复购买。

（5）运用附赠品包装策略。附赠品包装策略指在商品包装物内附赠给购买者一定的物品或奖券。例如，购买某品牌牛奶附赠一个相同品牌的杯子等。

（6）运用更换包装策略。更换包装策略指对原商品包装进行改进或更换，重新投入市场以吸引消费者，或者原商品声誉不是太好，销售量下降时，通过更换包装，重塑形象，保持市场占有率。采取该策略，可以重塑产品在消费者心中的形象，改变一些不良影响。但名牌产品包装的改进要慎重，以免给消费者造成假冒名牌、质量下降等印象，从而失去品牌忠诚者。

（7）附带标识语包装策略。它是一种宣传策略，标识语有提示语，如写上"新鲜"等字眼，还有解释性的标语，如雪健面粉"无漂白"，金龙鱼"非转基因"，蔬菜、水果、粮食上标明"绿色食品""无化肥、无农药"残留等。

## 案例分析

### 娃哈哈品牌成功的五大支柱

1987 年，娃哈哈由 3 个人、借款 14 万元人民币创办校办经营部起家，发展到今天，已成为拥有 1 万多名职工、42 亿元资产、年销量 62 亿元的大型企业，居中国饮料行业十强之首，获得多项产品全国销量第一、全国消费者心中的理想品牌、中国驰名商标等荣誉。如今，"娃哈哈"已作为知名品牌深入人心。其成功运作主要受益于五个方面的把握和控制。

1．经营理念符合消费者心理是品牌成功的核心

品牌说到底就是消费者内心对产品的认可程度。中国有句老话："得民心者得天下。"娃哈哈把经营理念锁定为："千家万户笑哈哈，幸福快乐你我他！"这一经营理念的本质内涵是：生产真正有使用价值的产品；做大众化品牌；代表健康、快乐的形象。"喝了娃哈哈，吃饭就是香"这句十多年前娃哈哈营养液的广告语，可能不少人至今还会有点儿印象，它曾被人们视为广告的经典。80 年代末，娃哈哈就是凭借这句人人皆知的广告语及其体现出的可感知的价值理念，使娃哈哈儿童营养液获得了举世瞩目的成功。80 世纪末的中国，娃哈哈品牌几乎无人不知无人不晓。应该说，娃哈哈儿童营养液的成功，不仅仅是一句生动的广告词的成功，更为重要的是娃哈哈经营理念上的成功。

2．准确的产品市场定位是建树品牌的根本

只有将产品进行准确的市场定位才能更符合市场需求，产品也才能适销对路；而只有把产品做大、做好了，也才能产生品牌效应。至今为此，娃哈哈的掌门人宗庆后一直坚持花 1/3 以上的时间跑市场一线，用敏锐的市场感觉去把握千变万化的市场动态。1992 年，当娃哈哈的儿童营养液已供不应求、娃哈哈的名字已家喻户晓、娃哈哈品牌已誉满全国的时候，娃哈哈又适时地推出了果奶，并坚持用娃哈哈这个品牌名称。10 年来，娃哈哈从娃哈哈果奶到一代、二代 AD 钙奶、维 E 钙奶、铁锌钙奶、乐酸乳等十几个品种规格的含乳饮料，根据市场的发展和需求在不变中求变化，适时契合市场发展并领先市场，稳健经营。至今娃哈哈含乳饮料占全国乳饮料市场销量的 71.8％，娃哈哈 AD 钙奶几乎成了所有乳饮料的代名词。娃哈哈后来又不失时机地相继推出了娃哈哈纯净水、非常可乐、娃哈哈纯牛奶、娃哈哈茶饮料、娃哈哈果汁六大类三十几个产品品种，以满足各种消费者的不同需求，并陆续获得成功，进一步扩大了娃哈哈的市场份额，稳固了娃哈哈作为中国饮料行业龙头老大的地位。

3．成功的广告宣传是确立品牌的基础

市场营销是品牌建设的基础，广告传播的拉力与渠道通路的推力，并称为市场营销的动力双翼，其作用不言而喻。娃哈哈纯净水是公认的全国第一品牌，之所以能够在短期内独占鳌头，与娃哈哈成功地运用明星歌曲广告策略分不开。在娃哈哈纯净水代言人这一表

象的变化背后有一脉相传的东西，所以六年中在竞争对手不断变换广告策略、也纷纷起用名人的情势下，娃哈哈所一贯坚持的 "健康、青春、活力、纯净" 这一品牌核心内涵却日益凸显出来，这个在消费者心中区别于众多品牌的、鲜明而清晰的品牌概念无疑成了娃哈哈宝贵的品牌财富。娃哈哈一直在努力加强与消费者的情感沟通，不论是"我眼里只有你"的娃哈哈纯净水；还是 "有喜事当然非常可乐"的非常可乐都体现了娃哈哈产品极富亲和力的情感诉求。娃哈哈纯净水广告策略变与不变的典型意义不仅在于它显著的广告效果，更为重要的是体现在娃哈哈广告创意和广告战略上的整合性、流行性、延续性。这是产品生命力不断增强并得以延续的基础。

4．一流的产品质量是维护品牌的保证

品质是品牌的灵魂。娃哈哈能够深得消费者的信赖，成为中国食品饮料中的第一品牌，产销量全国第一，与娃哈哈一直坚持"走质量兴企的道路，打造一流产品质量"的方向分不开。娃哈哈主要从四个方面着手提高产品质量：一是从硬件着手，娃哈哈陆续在生产流水线上的投入已超过了20亿元，仅2000年公司就投资4.2亿元，引进了19条世界最先进的生产线。先进的设备是优质标准化生产的保证。二是强化软件管理，完善质量检验体系，加强在线检测能力，实行全员全过程的质量管理体制。三是原料严格把关，每项产品从原材料到配料严格把关，坚决做到真材实料，绝不掺假少两。四是良好的售后服务体系。2001年7月，娃哈哈作为2000年度全国质量效益型先进企业在京受到表彰，这是公司继1998年、1999年之后第三次获此荣誉。并因此被授予"全国质量效益型先进企业特别奖"，此项奖是中国质量管理协会对连续三年获得质量效益型先进企业称号的8家企业作出的特别表彰。除此之外，娃哈哈还获得了全国消费者心中的理想品牌、中国优质产品、全国用户满意企业等荣誉称号。

5．强势的销售网络是品牌成功的关键

在这个巨大的市场里，如何才能营造全国知名的品牌？怎样能让全中国数以60万个城乡小店的柜台上一周之内都摆上你的产品？ 如果现在，你同时派人去东北的长白山天池，西北的阿尔泰山山麓，东南的海南岛丛林，西南的青藏高原，你随便走进一间鸡毛小杂店，然后把所有的商品目录都抄下来，你会发现，重复出现的品牌不会超过三种，而娃哈哈就可能是其中的一种。娃哈哈产品几乎覆盖了中国的每个乡镇。这是娃哈哈无与伦比的、独有的绝对优势。在激烈的市场竞争中，与娃哈哈交过手的品牌有无数个，其一一溃败的原因并非因为娃哈哈有多强大，而是因为娃哈哈遍布全国城乡、无以匹敌的强势销售网络。可以说为消费者提供便利是娃哈哈品牌竞争制胜的关键所在。

（资料来源：食品商务网. http://blog.21food.cn/sy/article/1885.htm）

**?** 辩证性思考：

1．娃哈哈品牌的成功之处是什么？

2．娃哈哈如何提高产品质量？

## 营销知识检测

1．产品的整体概念是什么？食品企业如何正确处理产品整体概念五个层次之间的关系？

2．食品企业的产品组合策略有哪些？

3．产品在食品营销中生命周期各阶段的特点、食品营销目标、食品营销重点是什么？食品企业如何有针对性地制定营销策略？

4．食品营销的品牌策略有哪些？

5．食品企业如何选择包装策略？

## 营销能力训练

**训练项目：**

选择一家食品生产企业，对该企业产品策略现状进行分析，并运用食品营销产品策略对其进行决策，撰写食品企业产品策略分析方案。

**训练目的：**

通过训练，提高对产品整体概念、产品组合策略、新产品开发、品牌策略和包装策略内容的认知，具备运用食品营销产品策略决策的能力。

**训练要求：**

由班级学习委员组织全员对食品企业产品策略分析方案进行讨论、交流。

# 第 8 单元 ●●●●

# 运用食品营销定价策略

## 学习与训练指导

食品企业开发出产品以后，必须运用定价策略为产品制定合理的价格，才能与目标消费群进行交易，实现企业的赢利目的。在市场营销组合中，价格是唯一能产生收益的因素，其他因素都表现为成本。定价策略是市场营销组合中十分敏感而又最难以有效控制的因素，但却是影响产品销售的关键性因素，它直接关系到食品消费者对产品的接受程度，制约着产品销量和食品企业利润的多少。

通过学习，掌握食品营销定价目标与影响定价的因素，掌握食品营销定价的操作程序与定价的方法，掌握食品营销定价技巧与价格调整的方法。

通过训练，具备运用食品营销价格策略的能力。

## 导入案例

### 食品超市定价策略

**1. 低价渗透策略**

超市无论采取什么样的定价策略，最终目的都是赚钱，这就要求价格的制订必须以成本为基础，不可能低于成本去销售，所以要保持价格竞争的优势，减少中间环节，提高经营效率，千方百计降低成本，实行薄利多销，以低价取胜。

**2. 以盈补缺策略**

以低价吸引消费者大批购买自己的某种产品，同时，以相关系列产品获利。现行许多进口食品专营店都把商品价格定得很优惠，以吸引消费者。

**3. 平头低尾策略**

将价格的"龙尾"微微向下落一落，给人一种降幅很多的感觉。例如，标价 198 元和标价 200 元经常给人两个水平的感觉，其实相差只有 2 元，只占 1%。

4．错觉定价策略

一种食品 500g 装，定价 9.30 元，又推出一种 450g 的包装，定价 8.50 元，一时销路看好。因为消费者有时对重量的敏感远远低于价格。仔细算一下会发现，二者单位定价相差无几，而且后者还略高一些。

5．季节折扣策略

根据产品淡旺季和消费者购买时间、数量，来决定是否给予折扣、折扣多少的定价策略。这种定价策略运用得当不仅可以吸引消费者，还可以有效调节淡季客流过少等情况，使消费者盈门。

6．心理定价策略

针对消费者的消费心理，超市商品价格尾数为整数的商品仅占 15% 左右，85% 左右的商品价格尾数为非整数，而在价格尾数中又以奇数为主。一件商品定价 99 元人们会感觉比一百元便宜，定价 101 元人们则会感觉太贵，较之 99 元价格仿佛又上了一个台阶。利用心理定价策略会给人一种超市价格在整体上的都很低的印象，从而达到吸引并留住消费者的目的。

7．食品调价策略

食品调价时，用红笔把原来的印刷价涂掉，旁边用黄色笔手写上新的价格，这种方法看起来简单，其实它也是利用顾客心理定价的一种策略。首先，原标价是印刷的数字，往往给人一种权威定价的感觉。而手写的新价，会使消费者感到便宜。其次，黄色给人一种特别廉价的感觉，用黄笔标上新价格，让消费者看起来很有诱惑力。

（资料来源：91 创业网）

⊘ 辩证性思考：

食品超市为什么要采用以上这些定价策略？

# 8.1　选择食品营销定价目标与分析影响定价的因素

📖【学习与训练思路】

定价目标与影响定价的因素是食品企业制定价格时首先考虑的因素。定价目标是指食品企业要达到的定价目的。由于食品企业所处的内部、外部环境不同，企业的定价目标也不同。

在掌握食品营销定价目标与影响定价因素的基础上，具备选择食品营销定价目标与分析影响定价因素的能力。

## 8.1.1　选择食品营销定价的目标

### 1．选择利润导向的定价目标

（1）利润最大化目标。以最大利润为定价目标，指的是食品企业期望获取最大限度的销售利润。

（2）预期利润目标。以预期的利润作为定价目标，是食品企业把某项产品或投资的预期利润水平，规定为销售额或投资额的一定百分比，即销售利润率或投资利润率。预期的销售利润率或投资利润率一般要高于银行存贷款利率。以目标利润作为定价目标的食品企业，应具备以下两个条件：第一，该企业具有较强的实力，竞争力比较强，在食品行业中处于领导者地位；第二，采用这种定价目标的多为新产品、独家产品及低价高质量的标准化产品。

（3）适当利润目标。在激烈的市场竞争中，食品企业为了保全自己，减少市场风险，或者限于实力不足，把取得适当利润作为定价目标。适当的利润目标一方面可以使企业避免不必要的竞争；另一方面由于价格适中，顾客愿意接受，可使企业获得长期的利润。

### 2. 选择销量导向的定价目标

增加销售量或扩大市场占有率是食品企业常用的定价目标。

（1）保持或扩大市场占有率目标。作为定价目标，市场占有率与利润有很强的相关性。从长期来看，较高的市场占有率必然带来较高的利润。一个食品企业在一定时期的赢利水平高，可能是由于过去拥有较高的市场占有率的结果，如果市场占有率下降，赢利水平也会随之下降。

（2）增加销售量（销售额）。大量的销售既可形成强大的声势，提高企业在食品市场的知名度，又可有效地降低成本。对于需求价格弹性较大的食品产品，降低价格而导致的损失，可以由销售量的增加而得到补偿。

### 3. 选择产品质量领先的定价目标

为了在市场上树立一个产品质量最优的形象，一些食品企业在生产成本、产品开发研究等方面作了较大的投入。为补偿这些支出，它们往往给自己的产品或服务制定较高的价格，反过来，这种较高的价格又进一步提高了食品产品的优质形象，增加了对高收入消费者的吸引力。

### 4. 选择竞争导向的定价目标

这是竞争性较强的食品企业所采用的定价策略，指为应付竞争，在定价前应注意收集同类食品产品的质量和价格资料，与自己的产品进行比较，然后制定应付竞争的价格。对于力量较弱的食品企业，采用与竞争者价格相同或略低于竞争者的价格；对于力量较强又想扩大市场占有率的食品企业，采用低于竞争者的价格；对于资本雄厚，并拥有特殊技术的食品企业，采用高于竞争者的价格。有时通过采取低价，迫使对手退出食品市场或阻止对手进入食品市场。

### 5. 选择生存导向的定价目标

如果食品企业产品销路不畅，大量积压，甚至濒临倒闭时，则需要把维持生存作为企业的基本定价目标，因为生存比利润更为重要。

### 6．选择维护企业形象的定价目标

企业形象是企业的无形财产，为维持企业形象，定价目标首先要考虑价格水平是否与目标消费群的需求相等，是否有利于企业整体策略的实施。

### 7．选择保持良好的销售渠道的定价目标

为了使营销渠道畅通无阻，食品企业必须研究价格对中间商的影响，充分考虑中间商的利益，促使中间商有较大的积极性去推销产品。

## 8.1.2　分析影响食品定价的因素

在选择定价目标的前提下，食品企业定价还要考虑影响定价的因素。影响定价的因素有很多，有食品企业内部因素，也有外部因素；有主观因素，也有客观因素。所以，食品企业要综合分析影响定价的因素。

### 1．分析产品成本因素对食品定价的影响

产品成本包括生产成本、销售成本和储运成本等，是产品价格的主要组成部分，也是定价的基础。很大程度上，需求为食品企业的定价确定了上限，而食品企业的成本是价格的下限。食品企业总是希望制定的价格能弥补生产、分销和销售该产品的成本，并取得对企业所作的努力和承担风险的合理报酬。因此，成本是影响定价决策的一个主要因素，许多食品企业力图降低成本，以期降低价格，扩大销售和增加利润。如果食品企业某种产品的成本高于竞争者的成本，该产品在市场上就会处于十分不利的竞争地位。

### 2．分析市场供求因素对食品定价的影响

（1）分析供求与价格的双向影响。产品价格是在一定的市场供求状况下形成的。在一定时期内，某种产品的供求状况反映其供给量与需求量之间的关系。这种关系包括供求平衡、供不应求和供过于求三种情况。供求平衡是指某种产品的供给与需求在一定时期内相等，包括总量相等、结构吻合。在供求平衡时，某种产品的市场价格则称为均衡价格。

假定供求和价格以外的其他因素不变，当某种产品的价格高于均衡价格时，该产品的需求量下降，供给量上升，结果形成供过于求。在某种产品供过于求的市场局势下，卖方之间竞争激烈，要价低者产品可以出售，则买方在交易中处于优势地位，掌握了买卖的主动权，即形成了买方市场。所以，当某种产品的需求减少且供给增多时，价格便会落至均衡价格或其以下。

当某种产品供不应求时，买方之间竞争激烈，出价高者可以买到产品，那么卖方在交易中处于优势地位，掌握了买卖的主动权，即形成了卖方市场。随着价格的上涨，食品企业的资金会转向该产品的生产与销售，导致该产品的市场供给量剧增，从卖方市场转化为买方市场，形成供过于求的局面，价格将自动回落。

（2）分析需求价格弹性。通常情况下，某种产品的价格升高，其需求量就会减少，反之则增加。但是，价格升高并不意味着食品企业总收益的提高。因此，制定产品价格时必

须考察产品的需求价格弹性因素。需求价格弹性简称需求弹性，它是指在一定时期内，某种产品的价格变动的百分比与其需求变动的百分比的比值。由于是两个相对数的比值，故它又称为需求价格弹性系数。当价格变动小于需求量变动时，此产品需求富有弹性，即弹性较大，表明产品供求关系对价格的影响较大；当价格变动大于需求量变动时，此产品需求缺乏弹性，即弹性较小，表明产品供求关系对价格的影响较小。需求弹性表达了产品价格变化和需求量变化之间的敏感程度。

### 3．分析市场竞争态势因素对食品定价的影响

食品市场竞争态势不同，也会影响食品企业对产品的定价。按照市场竞争程度，食品市场竞争态势因素对定价的影响可以分为以下三种。

（1）分析完全竞争态势因素对定价的影响。完全竞争市场状况下，市场上的食品企业很多，买卖双方的交易都只占市场份额的一小部分，彼此生产或经营的产品是相同的；食品企业不能用增加或减少产量的方法来影响产品的价格，也没有一个食品企业可以根据自己的愿望和要求来提高价格。这种情况下，食品企业只能接受在市场竞争中现成的价格，买卖双方都只是"价格的接受者"，而不是"价格的决定者"，价格完全由供求关系决定，各自的行为完全受价格因素支配。但应该指出的是，完全竞争市场仅仅存在于理论上，在现实生活中是不存在的。

（2）分析不完全竞争态势因素对定价的影响。不完全竞争是一种介于完全竞争和完全垄断之间的市场态势。在不完全竞争条件下，市场上有许多的买主和卖主，但各个卖主所提供的产品都存在一定的差异，或者是质量、花色、式样和产品服务的差异，或者是不同品牌的产品。虽然本质上没有差异，但购买者因受广告宣传、产品包装的影响，在主观或心理上认为它们有差异，因而有所偏好，愿意花不同数额的钱来购买。

（3）分析完全垄断态势因素对定价的影响。完全垄断是指在一个行业中的某种产品或劳务的生产和销售完全由一个卖主独家经营和控制，没有竞争对手。这种垄断一般有特定条件，如食品垄断企业可能拥有专利权、专营权或特别许可等。由于食品垄断企业控制了进入食品市场的种种要素，所以它能完全控制食品市场价格。从理论上分析，食品垄断企业有完全自由定价的可能，但现实中其价格也受到消费者情绪及政府干预等方面的限制。

### 4．分析企业内部因素对食品定价的影响

价格的制定要受到企业内部因素的影响和制约，食品企业定价时必须考虑这些因素。食品企业内部因素包括企业的实力、市场营销目标、市场营销组合、产品成本、定价组织和产品自身的特性等。

### 5．分析消费者心理预期因素对食品定价的影响

消费者心理预期，尤其是心理行为，是影响食品企业定价的一个重要因素。无论哪一种消费者，消费过程中必然会产生种种复杂的心理活动，并支配消费者的消费过程。通常食品消费者在选购产品时，总是根据某种产品能为自己提供效用的大小来判定该产品的价

格，他们对产品一般都有客观的估价。若食品企业定价高于食品消费者的心理期望值，则很难为消费者所接受。因此，食品企业制定产品价格时，不仅应迎合不同消费者的心理，还应促使或改变消费者行为，使其向有利于自己营销的方向转化。同时，食品企业要主动、积极地考虑食品消费者的长远利益和社会整体利益，提高性价比，为食品消费者创造价值。

### 6. 分析其他因素对食品定价的影响

除以上因素外，在食品市场营销实践中，食品企业或产品的形象因素、通货膨胀、政策、法规等也都对食品企业产品的定价产生不同程度的影响。

## 8.2　运用食品营销定价的方法

📖【学习与训练思路】

定价的方法是食品企业为了实现定价目标，综合考虑影响定价的因素，给产品制定基本价格的具体方法。成本、需求、竞争是影响定价的最基本因素，与之相对应，形成了以成本、需求、竞争为导向的三大类基本的定价方法。

在掌握食品营销定价的操作程序与定价方法的基础上，具备运用食品营销定价的操作程序与定价方法的能力。

### 8.2.1　运用食品营销定价的操作程序

食品企业制定价格一般要经过确定定价目标、确定市场需求、估算成本、分析竞争状态、选择定价方法和策略、确定最终价格六个程序，如图 8-1 所示。

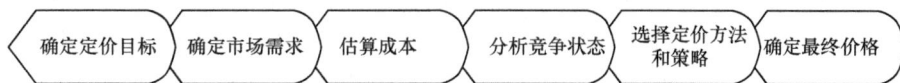

確定定价目标　確定市场需求　估算成本　分析竞争状态　选择定价方法和策略　确定最终价格

图 8-1　食品营销定价的程序

### 8.2.2　运用食品营销定价的方法

#### 1. 运用成本导向定价法制定食品价格

成本导向定价法是一种主要以成本为依据的定价方法，包括成本加成定价法、目标收益定价法、边际贡献定价法。

（1）运用成本加成定价法，成本加成定价是指按照单位成本加上一定百分比的加成来制定产品的销售价格。加成的含义就是一定比率的利润。所以，成本加成定价法的公式为：

$$单位产品售价 = 单位成本 \times (1 + 成本加成率)$$

例如，假设某食品企业产品的销售量为 10 000 件，总成本为 1 000 000 元，预期的成本加成率为 20%，则单位产品售价是多少？

单位产品售价 = 1 000 000/10 000 × （1+20%）= 120（元/件）

（2）运用目标收益定价法。目标收益定价法又称目标利润定价法或投资收益率定价法。它是在成本的基础上，按照目标收益率的高低计算售价的方法。其计算的步骤如下：

①确定目标收益率。目标收益率可表现为投资收益率、成本利润率、销售利润率、资金利润率等多种不同的形式。

②确定目标利润。由于目标收益率的表现形式的多种性，目标利润的计算也有不同的方法。其计算公式有：

$$目标利润=总投资额×目标投资利润率$$

$$目标利润=总成本×目标成本利润率$$

$$目标利润=销售收入×目标销售利润率$$

$$目标利润=资金平均占用额×目标资金利润率$$

③确定价格。价格计算公式如下：

$$价格=（总成本+目标利润）/预计销售量$$

例如，某食品企业生产产品的单位成本为 10 元，总投资成本为 1 200 元，预计在市场上可实现销售量 120 件。如果食品企业要实现的目标成本利润率为 10%，采用目标收益定价法定价，则单位产品的售价是多少？

单位产品售价=（总成本+目标利润）/预计销售量=（1 200+1 200×10%)/120=11 元

（3）运用边际贡献定价法。边际贡献是指产品销售收入与产品变动成本的差额。单位产品边际贡献指产品单价与单位产品变动成本的差额。边际贡献弥补固定成本后如有剩余，就形成食品企业的纯收入；如果边际贡献不足以弥补固定成本，那么食品企业将发生亏损。在食品企业经营不景气、销售困难、生存比获取利润更重要，或食品企业生产能力过剩，只有降低售价才能扩大销售时，可以采用边际贡献定价法。这种方法的基本计算公式如下：

单位产品销售价格=（总的变动成本+边际贡献）/总销量

从本质上讲，成本导向定价法是一种卖方定价的方法，它忽视了市场需求、竞争和价格水平的变化，有些时候与定价目标相脱节。此外，运用这一方法制定的价格都是建立在对销售量主观预测的基础之上的，从而降低了价格制定的科学性。因此，在采用成本导向定价法时，还需要充分考虑需求和竞争状况，以确定最终的市场价格水平。

**2. 运用需求导向定价法制定食品价格**

需求导向定价法是一种以市场需求强度及消费者感受为主要依据的定价方法，包括理解价值定价法、反向定价法和需求差异定价法。

（1）运用理解价值定价法。理解价值定价法是食品企业以消费者对产品价值的感受和理解的程度作为定价依据的一种方法。此种定价方法不是仅考虑产品的成本费用，而是更多地考虑消费者对产品价值的理解及支付货币的能力。理解价值定价与现代市场定位观念相一致。食品企业在为其目标市场开发新产品时，在质量、价格、服务等各方面都需要体现特定的食品市场定位观念。运用这种定价法，产品在各个方面都能较好地满足需求，减少了消费者使用产品过程中的麻烦，因此促进了产品的销售。

（2）运用反向定价法。反向定价法是指食品企业依据消费者能够接受的最终销售价格计算自己从事经营的成本和利润后，逆向推算出产品的批发价和零售价。这种定价方法不以实际成本为主要依据，而是以市场需求为定价的出发点，力求使价格为消费者所接受。分销渠道中的批发商和零售商多采取这种定价方法。反向定价法的运用条件是，为了满足在价格上与现存类似产品竞争的需要，设计出价格方面能够参与竞争的产品。对新产品的定价，食品企业可先通过市场调查或征询分销商的意见，拟定出购买者可以接受的价格，然后再从反向推算出出厂价。

例如，某食品市场零售价为 11 元，推算其出厂价。

其推算步骤如下：

| | |
|---|---|
| 某产品市场零售价 | 11.00 元（卖给消费者的价格） |
| 零售商加成 20% | 11.00×20%=2.20（元） |
| 批发商售价 | 11.00−2.20=8.80（元）（卖给零售商的价格） |
| 批发商加成 15% | 8.80×15%=1.32（元） |
| 出厂价 | 8.80−1.32=7.48（元） |

（3）运用需求差异定价法。需求差异定价法以不同时间、地点、产品及不同消费者的消费需求强度差异为定价的基本依据，针对每种差异决定在基础价格上是加价还是减价。

实行需求差异定价法的条件：食品市场能够根据需求强度的不同进行细分；细分后的市场在一定时期内相对独立，互不干扰；高价市场中不能有低价竞争者；价格差异适度，不会引起消费者的反感。

### 3. 运用竞争导向定价法制定食品价格

运用竞争导向定价法是指食品企业以竞争者的同类产品的价格为主要依据，充分考虑本企业产品的竞争能力，选择有利于在市场中获胜的定价方法。

（1）运用随行就市定价法。随行就市定价法是指食品企业按照行业的平均现行价格水平来定价。这种方法用于食品企业难以对顾客和竞争者的反映作出准确的估计，自己又难以另行定价的情况。随行就市是依照现有食品行业的平均定价水平定价，这样就容易与同行业和平共处，并且易于集中本行业的智慧，获得合理的收益，少担风险。在竞争十分激烈的同一产品市场上，消费者对行情很清楚，食品企业之间也十分了解，价格稍有出入，消费者就会拥向价廉的企业。

（2）运用低于竞争者产品价格定价法。低于竞争者产品价格定价法是指实力雄厚的大食品企业为了在短期内渗入乃至夺取其他食品企业的市场，扩大自己的市场占有率，常常以低于市场价格的价格（甚至低于成本的价格）进行倾销，以此战胜竞争对手后，再提高价格来弥补倾销时蒙受的损失。

（3）运用高于竞争者产品价格定价法。高于竞争者产品价格定价法是指能制造特种产品和高质量产品的食品企业，凭借其产品本身独具的特点和很高的声誉，以及能为消费者提供较其他食品企业更高水平的质量和服务，来与同行竞争的一种方法。这些按较高价格出售的产品，一般是受专利保护的产品或有良好企业形象的产品。

（4）运用投标定价法。投标定价法即采购机构发布采购公告，说明拟采购产品的品种、规格、数量等具体要求，邀请供应商在规定的期限内投标的方法。采购机构在规定的日期内开标，选择报价最低的、最有利的供应商成交，签订采购合同。这种价格是供货企业根据对竞争者的报价的估计制定的，而不是按照供货企业自己的成本费用或市场需求来制定的，一般应低于竞争对手的报价。

# 8.3　运用食品营销定价的技巧

📖【学习与训练思路】

食品企业运用定价方法确定了产品的基本价格后，还要根据产品特点、消费心理、销售条件等，运用灵活的定价策略，对产品的基本价格进行修正，以促进销售，增加利润。定价策略是食品企业制定价格和调整价格的技巧，是在具体场合将定价的科学性与艺术性相结合的体现。

在掌握制定价格的技巧的内容、适用条件与应注意的问题的基础上，具备运用制定价格技巧的能力。

## 8.3.1　运用食品营销新产品定价技巧

定价技巧一般要随着食品产品生命周期的变化而相应改变。由于事关新产品的市场前景，处于介绍期的新产品的定价自然是一个十分重要的问题。新产品可分为有专利保护的新产品和仿制的新产品两类，它们的定价技巧各有不同。

### 1．运用撇脂定价技巧

撇脂定价技巧又称高额定价技巧，意为提取精华，快速取得利润，即在新产品投放市场的初期，利用消费者求新、求奇的心理动机和竞争对手较少的有利条件，以高价销售，在短期内获得尽可能多的利润，以后随着产量的扩大、成本的下降、竞争对手的增多，再逐步降低价格。

撇脂定价技巧的适用条件：产品的质量与高价格要相符一致；要有足够的消费者能够接受这种高价并愿意购买；竞争者在短期内不易打入该产品市场。

### 2．运用渗透定价技巧

渗透定价技巧又称低额定价技巧，与撇脂定价技巧相反，它是在新产品介绍期定较低的价格，以吸引大量消费者，提高市场占有率，实现赢利目标。在食品市场竞争激烈的环境中，采用此技巧有积极的作用，因为定价低，在市场潜力大、竞争者容易渗透的情况下，给予竞争者一个价低利少、无利可图的印象和感觉，从而抑制了竞争者的渗透。

渗透定价技巧的适用条件：目标市场必须对价格敏感，即低价可扩大食品市场，促进销售；生产和分销成本必须能随销售量的扩大而降低。

### 3．运用满意定价技巧

满意定价技巧又称中间定价技巧，是介于撇脂定价技巧和渗透定价技巧之间的一种中间定价技巧，因价格水平适中，生产者、中间商及消费者各方面都能顺利接受。作为一种中间定价技巧，在新产品刚进入市场的阶段，将价格定在介于高价和低价之间，力求使买卖双方均感满意。一般产品都适宜采取这种定价技巧。

## 8.3.2　运用食品营销心理定价技巧

心理定价技巧是指充分了解、分析和利用消费者不同的消费心理，在采用科学方法定价的基础上，对价格进行一些灵活的甚至是艺术的调整。

### 1．运用尾数定价技巧

尾数定价技巧是食品企业或者零售商为产品制定一个与整数有一定差额的价格，使消费者产生心理错觉，从而促使购买的一种价格技巧。例如，本应定价一百元的商品，定价99.99 元，虽然只低 0.01 元，却可给买者价廉的感觉。

### 2．运用整数定价技巧

整数定价技巧与尾数定价技巧正相反，有的产品不定价为 9.8 元，而定为十元，同样使消费者产生一种错觉，迎合消费者"便宜无好货，好货不便宜"的心理，以显示产品的高档。

这是针对求名或自尊心理较强的消费者所采用的定价策略。整数定价对低价产品来说有主观之嫌，但对高价产品却是适宜的。

### 3．运用声望定价技巧

一些购买者通过联想与想象，把产品价格与个人的愿望、情感、个性心理结合起来，通过这种比拟来满足购买者心理上的需要或欲望。例如，有的消费者热衷于追求时尚、高档、名牌的产品，以价格的高昂来炫耀自己的富有、能力和社会地位，他们以拥有这类产品而获得心理上的满足。定价时利用这种比拟心理，将有声望的产品制定比市场同类产品高的价格，即为声望定价技巧。

### 4．运用促销定价技巧

有些食品企业利用消费者有贪便宜的心理，将某几种产品定低价（低于正常价格甚至低于成本），或利用节庆日和换季时机举行"特价""酬宾大减价"等活动，把部分产品按原价打折出售，以吸引消费者，促进全部产品的销售，如"原价 359 元的食品，现价 299

元"。但如果将原价虚增后再打折扣欺骗消费者，应受到法律制裁。

### 相关链接

王品台塑牛排是昔日的台湾首富、台湾知名企业台塑集团董事长王永庆先生招待贵宾的知名私房料理。它是以"一头牛仅供 6 客"（严选一头牛的第六至八对肋骨共六块牛排）的台塑牛排为招牌菜的中高价位直营连锁西餐厅，独具中国口味，全熟牛排，鲜嫩多汁，适合中国人口味，以菜色精致、好吃、服务好、风格高雅、管理专业著称。其以高标准打造的精致菜品和金牌会员式尊贵服务，让消费者倍感受尊重，使王品台塑牛排大受欢迎。

#### 5. 运用习惯定价技巧

消费者在长期、大量的购买活动中，对某种产品需要支付多少金额会产生牢固的印象，渐渐在购买时形成了一种价格定式。这种价格定式心理对消费者的购买行为有着重要的影响，他们往往从习惯价格中去联想和对比价格的高低涨落，以及产品质量的优劣差异。食品企业对这类产品定价时，要充分考虑消费者的这种心理定式，不可随意变动价格，应比照市场同类产品的价格定价。否则，一旦破坏消费者长期形成的消费习惯，就会使之产生不满情绪，导致购买的转移。

#### 6. 运用招徕定价技巧

招徕定价技巧包括低价招徕定价和高价招徕定价两种基本形式。一些超市和百货商场利用消费者的求廉或好奇心理，有意将某种或某些产品的价格定低或按变动成本定价，甚至将某些产品的价格定高，高得令人吃惊，以吸引消费者进店。在购买了这些低价或高价产品之后，再购买其他正常价格的产品，消费者会改变以往的消费习惯而提高购物欲望。这是超市扩大销售、增加利润的心理定价技巧。

运用招徕定价技巧应注意如下问题：①合理确定特价的产品。这种食品既要对消费者有一定的吸引力，又不能价值过高，否则大量低价销售会给企业造成较大的损失。②数量要充足，保证供应，否则没有购买到特价产品的消费者会有一种被愚弄的感觉，会严重损害企业形象。

### 8.3.3 运用食品营销折扣定价技巧

折扣定价技巧是利用各种折扣和让价吸引经销商和消费者，促使他们积极推销或购买本企业产品，从而达到扩大销售、提高市场占有率的目的。这一技巧能增加销售上的灵活性，给经销商和消费者带来利益和好处，因而在现实中经常为食品企业所采用。

#### 1. 运用现金折扣技巧

现金折扣技巧是指食品企业为了鼓励购买者尽早付清货款，加速资金周转，规定凡提前付款或在约定时间付款的买主可享受一定的价格折扣。运用现金折扣技巧，可以有效地促使消费者提前付款，从而有助于盘活资金，减少食品企业的利率和风险。折扣大小一般根据付款期间的利率和风险成本等因素确定。

### 2．运用数量折扣技巧

数量折扣技巧是指按消费者购买数量的多少给予不同的价格折扣，也是食品企业运用最多的一种价格折扣技巧。数量折扣分为一次折扣和累计折扣两种形式。一次折扣是指按照单项产品一次成交数量或金额的多少，规定不同的价格折扣率，一般适用于能够大量交易的单项产品，用于鼓励买方大批量购买。累计折扣是指在一定时期内购买产品的数量达到一定数量级，或消费金额达到一定数额时给予折扣，折扣的大小与成交数量或金额的多少成正比。

数量折扣技巧一般适用于单位价值较小、品牌复杂、不宜一次大量进货的产品，也适用于大型机器设备和耐用消费品。

### 3．运用功能折扣技巧

功能折扣技巧也称业务折扣，是食品生产厂家给予批发企业和零售企业的折扣，折扣的大小因商业企业在产品流通中的不同功能而异。对批发商来厂进货给予的折扣一般要大些，零售商从厂方进货的折扣低于批发企业。

### 4．运用季节折扣技巧

季节折扣技巧是指食品企业对生产经营的季节性食品，为鼓励买主提早采购，或在淡季采购而给予的一种价格折让。卖方以价格折扣来鼓励买方在淡季购买产品，并向其转让一部分因节约流通费用而带来的利润。

## 8.3.4　运用食品营销地区定价技巧

地区定价技巧指与地理位置有关的修订价格的技巧。食品企业对于销售给不同地区（包括当地和外地）消费者的某种产品，决定是分别制定不同的价格，还是制定相同的价格。也就是说，食品企业要决定是否制定地区差价。

（1）运用产地交货价格。产地交货价格，是指卖方按照厂价交货或按产地某种运输工具交货的价格。

（2）运用买主所在地价格。买主所在地价格是指食品企业负责将产品运到买主所在地，并承担运输费和保险费等费用。

（3）运用统一交货价格。统一交货价格是指食品企业对于卖给不同地区的顾客的某种产品都按照相同厂价（产地价格）中相同的运费（按平均运费）定价。

（4）运用区域定价。区域定价是指把产品的销售市场分成几个价格区域，对于不同价格区域的顾客制定不同的价格，实行地区价格。

（5）运用基点定价。基点定价是指食品企业选定某些城市作为基点，然后按一定的厂价加基点（最靠近顾客所在地的基点）至顾客所在地的运费来定价，而不管货物是从哪个城市起运的。

（6）运用运费免收定价。运费免收定价是指食品企业替买主负责全部或部分运费。企业采用运费免收定价，一般是为了与购买者加强联系或开拓市场，通过扩大销量来抵补运费开支。

### 8.3.5　运用食品营销产品组合定价技巧

#### 1．运用产品线定价技巧

产品线定价是指对产品线内的不同产品，要根据不同的质量和档次、消费者的不同需求及竞争者产品的情况，确定不同的价格。例如，中秋月饼分别定价300元、200元、100元，消费者自然会把这三种价格的月饼分为高、中、低三个档次进行选购。

运用产品线定价技巧时应注意产品线中不同产品的价差要适应消费者的心理要求，因为价差过大会诱导消费者趋向于某一种低价产品上，价差过小会使消费者无法确定选购目标。

#### 2．运用相关产品定价技巧

相关产品，在此处特指互补产品，是指有连带互补关系、必须配套使用才能满足消费者的某种欲望的产品。相关产品定价技巧是食品企业利用价格对消费互补品需求进行调节，全面扩展销售量所采取的定价方式和技巧，操作方法是把价值高而购买频率低的主体产品价格定得低些，再通过提高附带产品的价格来弥补主体产品低价所造成的损失，并获取长期的利益。

#### 3．运用捆绑定价技巧

捆绑定价在超级市场上很常见，如几听饮料捆绑在一起销售的价格低于单独购买的价格之和。捆绑定价也可以是不同食品捆绑在一起的定价，如牛奶和面包捆绑在一起销售，价格均低于单独购买的价格之和。捆绑销售给消费者一种优惠的感觉，刺激了消费者的大量购买。

#### 4．运用替代产品定价技巧

替代产品是指功能和用途基本相同，消费过程中可以互相替代的产品。替代产品定价技巧是食品企业为达到既定的市场营销目标，有意识地安排企业替代产品之间的关系而采取的定价措施。企业若生产或经营着两种以上有替代关系的产品，这两种产品的市场销量常常表现为此消彼长，而这种增加或减少与商品价格的高低有着十分密切的关系。企业应主动地运用这一规律来实行组合定价技巧。

## 8.4　运用食品营销价格调整的策略

📖【学习与训练思路】

食品企业产品定价之后，由于宏观环境变化和市场供求发生变动，有时必须主动采取价格调整手段以提高食品企业市场竞争力，对市场竞争者的价格变动作出正确的反应。所以，价格调整是食品企业一项经常性的工作。

在掌握消费者对食品企业调价的反应、竞争者对食品企业调价的反应与食品企业对竞争者调价的反应，以及降价策略、提价策略的内容的基础上，具备降价与提价的能力。

## 8.4.1　运用食品营销降价策略

降价是指食品企业为了适应市场环境和内部条件的变化，把原有产品的价格调低。

### 1．认知降价的时机

食品企业降低价格的时机与原因比较复杂，既有市场方面的因素，又有企业内部的因素，还有社会其他方面的因素，归纳起来大概如下。

（1）生产能力过剩。食品企业迫切需要扩大销售，但是又不能通过产品的改进和加强等工作来扩大销售，此时企业就必须考虑降低价格，特别是针对季节性产品。

（2）食品企业面临激烈的价格竞争并且市场占有率正在下降。在强大的生存竞争压力下，企业为了增强竞争能力，维持和扩大市场占有率，必须被动降价。例如，彩电市场的价格调整，很多都是出于这种原因。

（3）食品企业的成本比竞争者低，但在市场上并未处于支配地位，企图通过降价来提高企业的市场占有率、控制市场，或者希望通过降价来提高市场占有率，从而扩大生产和销售规模，达到进一步降低成本、形成良性循环的目的。

（4）考虑竞争对手的价格策略。如果其他竞争企业降低价格，食品企业毫无选择地也要相应降低价格，特别是与竞争者区别不大的产品。

（5）需求富有弹性。需求价格弹性大于 1，说明价格下降可以引起需求量的较大幅度增加。在这种情况下，降价可以扩大销售量，增加收益。

（6）产品生命周期即将进入衰退期。由于消费者购买减少，企业需要采用降价方式，力求短期内出清库存，回收资金，而后淡出市场。

（7）经济形势。在通货紧缩的经济形势下，由于货币购买力上升，价格总水平下降，食品企业的产品价格也应降低，与之竞争的替代品价格同时也在降低。

### 2．运用降价的方式

即使食品企业产品具备了必须降价的条件，但因不同产品所处的地位、环境及引起降价的原因不同，食品企业选择的降价方式也各不相同。

（1）运用增大各种折扣的比例和种类的降价方式。食品企业价格策略中往往采用各种折扣或回扣策略，如现金折扣、业务折扣、数量折扣。

（2）运用随产品赠送礼品的降价方式。这种方式是指某种产品价格不变，但购买此产品时，免费赠送其他物品，如玩具、器皿、工艺品等礼品。赠送物品的支出也应从产品价格中补偿，食品企业实际上达到暗中降价的效果。

（3）运用改进产品的性能和提高产品的质量的降价方式。在价格不变的情况下，企业产品质量提高、性能改进、功能增加，实际上也就降低了产品本身的价格。例如，保健品等产品的销售就源于这种方式。

（4）运用增加免费服务项目的降价方式。这种方式是指在价格不变的情况下，厂商增加运输费用支出，实行送货上门，或者免费安装、调试、维修等。这些费用本应该从价格中扣除，实际上也降低了产品的价格。

### 相关链接

2015年5月，国家质量监督检验检疫总局与中国国家标准化管理委员会发布了新版GB/T 19855—2015《月饼》新标准，自2015年12月1日开始实施。2016年中秋节，是新标下发后的首个中秋节，不少月饼包装印有新标准号GB/T 19855。上一个月饼标准是2005年制定的，执行了10年。对比发现，2015年版月饼标准中，对月饼的类别作出了更详细的划分。加工工艺分类由"烘烤类月饼、熟粉成型类月饼和其他类月饼"修改为"热加工类和冷加工分类"。派式特色分类则新增了潮式月饼、滇式月饼、晋式月饼、琼式月饼、台式月饼和哈式月饼六种。

### 3. 运用降价策略应注意的问题

降价看上去很简单，但有的食品企业运用起来可以从中获益，有的却受到损害，正如乔治·斯蒂格勒所说："降价已成为营销战中的一把利剑，它可以克敌，也可能伤己。"

（1）降价要"师出有名"，有一个恰当的理由，即取一个响亮的口号。这样听起来合情合理，叫起来响亮、上口，还与产品的卖点与消费者的买点挂钩，这样才能对消费者具有吸引力。

### 相关链接

#### 自动降价，顾客盈门

在美国波士顿城市的中心区，有一家法林自动降价商店，它以独特的定价方法和经营方式而闻名遐迩。这个自动降价商店里的商品摆设与其他商店并无区别。架子上挂着一排排各种花色、式样的时装，货柜上分门别类地摆放着各类商品，五花八门，应有尽有。商店的商品并非低劣货、处理品，但也没有什么非常高档的商品。这家商店的商品不仅全都标有价格，而且标着首次陈列的日期，价格随着陈列日期的延续而自动降价。在商品开始陈列的头12天，按标价出售，若这种商品未能卖出，则从第13天起自动降价25%；再过6天仍未卖出，即从第19天开始自动降价50%；若又过6天还未卖出，即从第25天开始自动降价75%，价格100元的商品，只花25元就可以买走；再经过6天，如果仍无人问津，这种商品就送到慈善机构处理。该店利用这种方法取得了极大的成功，受到美国人及外国旅游者的欢迎。从各地到波士顿的人，都慕名而来，演员、运动员，特别是妇女，格外喜欢这家商店，波士顿的市民更是这家商店的常客。商店每天接待的顾客比波士顿其他任何商店都多，熙熙攘攘，门庭若市。现在，自动降价商店在美国已有20多家分店。

（2）防止渠道中间商挤榨利润。食品企业之所以降价促销，是要把利润直接让给最终的消费者，由他们来获取这部分利润，这样才能起到吸引他们前来购买产品，达到快速聚集消费者、提高销量的目的。但是，实际的操作中经常会发生渠道中间商侵吞吸收食品企业的原本是让给消费者的利润，造成食品企业利益受损而没有达到预想的促销效果。

（3）避免降价损害产品形象。当产品的生命周期正处在导入期时，不要随意降价过多，否则会给来年的销售造成巨大的隐患。产品上市前期就忙着降价，势必给消费者形成产品低价形象，等到以后再恢复原价时就会让消费者无法接受。

（4）提防竞争对手反击。由于竞争对手在终端市场竞争非常激烈，此时厂商进行降价促销，极易造成竞争对手反击，所以企业在策划降价时应该考虑如何提防竞争对手反击，预留应对的策略。

## 8.4.2　运用食品营销提价策略

提价是指在市场营销活动中，食品企业为了适应市场环境和自身内部条件的变化而把原有价格调高。

### 1．认知提价的时机

提价一般会引起消费者和中间商的不满，但在有些情况下，食品企业不得不考虑提高价格。

（1）为了应付成本上涨。这是产品涨价的主要原因之一，如果食品企业的原材料、工资等费用上升，成本增大，企业无法在内部自我消化，产品继续维持原价，势必妨碍取得合理的收益，甚至影响到再生产的进行。这时企业只有通过提价来转嫁部分负担，减轻成本上涨的压力。

（2）企业产品供不应求。食品企业产品供不应求，顾客会因为该产品短缺而抱怨，甚至哄抬市场价格。这时，可以用提价的方式抑制超前需求，缓解市场压力。

（3）出现通货膨胀。由于通货膨胀，货币贬值，使食品企业产品的市场价格低于产品价值，迫使企业不得不通过上涨价格的方式来减少因货币贬值而造成的损失。

（4）为补偿产品改进费用。由于食品企业通过技术革新提高了产品质量，改进了产品口味，增加了产品的种类，因而使产品在食品市场上的竞争能力大大增强，这时企业提价既可以增加收入，又不会失去顾客。

（5）出于竞争需要。虽然同行业的竞争经常发展成为削价求售的"价格战"，但也有以提价来维持竞争能力的。消费者在专业知识不足的情况下，通常以价格作为衡量产品质量的依据。也就是说，人们习惯于认为产品质量水平与价格成正比，这也说明了提高价格可以提高竞争能力的道理。

（6）出于策略的需要。有的食品企业产品涨价，并非因为前面几个原因，而是由于策略的需要。企业将产品价格提高到同类产品价格之上，使消费者感到该产品是以质取胜的，使产品在市场上显示为"高档产品"的形象。这种提价在财力雄厚的大企业经常见到，如格力空调等。

（7）应对消费者的反应。消费者对于价值高低不同的产品的反应有所不同。他们对于那些价值高、经常购买的产品的价格变动比较敏感，而对于那些价值低、不经常购买的小商品，即使单位价格较高，消费者也不大注意。此外，消费者虽然关心产品价格的变动，但是更关心取得、使用和维修产品的总费用。因此，如果企业能使消费者相信某种产品取得、使用和维修的总费用较低，那么它就可以把这种产品的价格定得比竞争者高，以取得较多的利润。

### 2. 运用提价的方式

（1）运用公开真实成本直接提高产品价格的提价方式。这是指食品企业通过公共关系、广告宣传等方式，在消费者认识的范围内，把产品的各项成本上涨情况真实地告诉消费者，以获得消费者的理解，使涨价在没有或较少有抵触的情况下进行。但是，有的食品企业趁成本上涨之机，过分夸大成本上涨的幅度，从而过高地提高产品价格，这种做法容易引起消费者的反感。

（2）运用提高产品质量提价的方式。为了减少消费者因涨价感受到的压力，食品企业在产品质量上应多下功夫，如改进原产品，新设计同类产品，在产品口味、规格、包装等方面给消费者更多的选择机会，使消费者认识到，企业在提供更好的产品，索取高价是应该的。

（3）运用增加产品含量提价的方式。这是指涨价的同时，增加产品供应分量，使消费者感到：产品分量增多了，价格自然要上涨。

（4）运用附送赠品或优待提价的方式。涨价时，以不影响企业正常的收益为前提，随产品赠送一点小礼物，提供某些特殊优待，如买一赠一、有奖销售等。这种方式在零售商店最常见。

（5）运用采用延缓报价提价的方式。这是指食品企业决定到产品制成或者到交货时才制定最终价格。

（6）运用使用价格自动调整条款提价的方式。这是指企业要求消费者按当时的价格付款，并且支付交货前由于通货膨胀引起增长的全部或部分费用。

（7）运用分项定价提价的方式。这是指企业为了保持产品的价格，把产品进行分解，按每个零部件或构件定价分别出售。

（8）运用减少折扣提价的方式。这是指企业减少常用的现金折扣和数量折扣以达到提价的目的。

### 3. 运用提价策略应注意的问题

（1）事前给提价一个合理的解释。

（2）学会使用不引人注目的提价策略。如取消现金折扣、销售折扣、限量供应、削减产量，并搭配销售一些低利润的产品，对以前的免费服务进行收费。

（3）采用合同或投标条款调整价格。这种方法能够使食品企业按以前的规定主动涨价。

### 8.4.3　分析消费者对食品企业调价的反应

毫无疑问，消费者对食品企业调价的反应将直接影响产品的销售状况。也就是说，消费者对价格调整的反应是检验调价是否成功的主要标准。分析消费者对调价的反应主要从两个方面入手。

（1）分析消费者的购买量是否增加。

（2）了解和研究消费者的心理变化，了解消费者如何理解这次调价，以便采取有效措施。当食品企业降价时，消费者作出的有利的反应是认为企业让利于消费者；不利反应则是产品可能要为新产品所替代；该产品存在缺陷，销售不畅；企业财务困难，难以在行业中继续经营下去；预期价格还会进一步下降，持币待购，等等再买；产品的质量有所下降等。

当企业提价时，消费者作出的有利反应是认为企业产品质量好，代表不同寻常的高价值；价格自然高或认为这种产品很畅销，供不应求，以后价格可能还要涨，应及早购买，甚至举债消费。他们作出的不利反应是：企业很贪心，要从消费者身上获取更多的利润，乱涨价等。

### 8.4.4　分析市场竞争者对食品企业调价的反应

市场竞争者对食品企业的产品价格的反应是食品企业调整价格时要考虑的重要因素。特别是当某一行业的企业较少，又提供同质可替代产品，而购买者又有相当辨别能力且了解市场情况时，分析市场竞争者的反应就特别重要。

（1）分析相向式反应。你提价，他涨价；你降价他也降价。这样一致的行为，对食品企业影响不太大，不会导致严重后果。食品企业坚持合理营销策略，不会失掉市场和减少市场份额。

（2）分析逆向式反应。你提价，他降价或维持原价不变；你降价，他提价或维持原价不变。这种相互冲突的行为，影响很严重，竞争者的目的也十分清楚，就是乘机争夺市场。对此，食品企业要进行调查分析，首先要摸清竞争者的具体目的，其次要估计竞争者的实力，最后要了解市场的竞争格局。

（3）分析交叉式反应。众多竞争者对企业调价反应不一，有相向的，有逆向的，有不变的，情况错综复杂。食品企业在不得不进行价格调整时应注意提高产品质量、加强广告宣传、保持分销渠道畅通等。

### 8.4.5　分析食品企业对竞争者调价的反应

在市场竞争中，如果竞争对手率先调整了价格，那么食品企业也要采取相应的对策。

**1. 食品企业在作出反应之前，首先要考虑的问题**

（1）竞争对手为什么要变动价格。它是为了抢占市场，还是生产能力过剩；是因为成本发生变动，还是欲领导全行业价格变动？

（2）竞争对手意欲暂时变价还是永久变价，能否持久。

（3）如果企业对竞争对手变价视而不见，将会对企业的市场占有率和利润有何影响，其他同类企业是否会作出反应。

（4）竞争对手和其他同类企业对于本公司的每一种可能的反应会有什么举措。

### 2．应付竞争者调价的对策

（1）维持原价。如果竞争者降价的幅度较小，本企业的市场份额不会失去太多，则保持原有的价格不变。

（2）维持原价，并采取非价格手段进行反击。食品企业可改进产品质量、增加服务项目、加强沟通等，这比单纯降价更有竞争力。

（3）跟随降价，保障原有的竞争格局。如果不降价会导致市场份额的大幅下降，而要恢复原有的市场份额将付出更大的代价时，企业应考虑采取这一对策，跟随降价。

（4）提价并推出新品牌来围攻竞争对手的降价品牌。这将贬低竞争对手降价的产品，同时提升企业产品的形象，不失为一种有效的价格竞争手段。

（5）推出更廉价的产品进行反击。企业可以在市场占有率正在下降、对价格很敏感的细分市场上采用这种策略进行反击，但应避免出现恶性价格竞争，导致两败俱伤。

## 案例分析

### 康师傅方便面的渠道价格策略

康师傅采用渠道价格管理，渠道价格管理就是指渠道定价。渠道定价是影响生产商、经销商、消费者和产品市场前途的重要因素，制定正确的价格政策是维护生产商利益，调动经销商的积极性，吸引消费者购买、战胜竞争对手、开发和巩固市场的关键。

1．康师傅的渠道价格结构体系设计

（1）建立分销网络结构。康师傅采取了通路精耕的分销网络结构，针对其建立了相应的价格体系。

（2）设计销售价格结构。康师傅的价格结构详细规定出厂价、一批价、二批价、零售价并建立有效的奖罚制度。

（3）制定经销商、二批商、零售商的激励体系。康师傅按照现有客户实绩或潜在实力而将客户分为 A、B、C 三个等级，分别确定不同的价格折扣率。如 A 级大客户价格折扣率是 X%，B 级客户价格折扣率是 Y%，C 级客户（小量进货者）依定价出货。

（4）维护稳定的销售价格。康师傅通过应用目标管理、奖罚制度，提高销售一线人员、销售分支机构、公司市场管理部门对市场的管理。打通公司信息流通渠道，及时对市场变化作出反应。

（5）建立市场监督管理体系。康师傅建立了有效的市场管理、监督机制，保证市场稳定。

2．康师傅稳定价格的措施

（1）康师傅实行全国统一报价制，距离远的由公司补贴运费，防止产品在区域间窜货。

（2）康师傅设置合理的返利，避免返利过高，引起价格混乱。

（3）康师傅在和经销商签订合同时就明确规定稳定价格的条款。对不履行价格义务的，要取消经销资格。

（4）监督。及时掌握价格状况，发现经销商违犯价格行为就立即处理。

3．康师傅的定价策略

康师傅的定价策略主要是以差别化定价为主，针对不同消费者采用不同的定价方法。

（1）根据不同地区的口味细分定价。不同地区的消费者喜欢不同的口味，例如，南方地区的人们喜欢辣的味道，北方人比较喜换味道重的方便面，针对不同口味的产品，康师傅的定价也各不相同。例如，同样是 5 袋包装的方便面酸菜牛肉面的价格是 10.00 元，而酱香猪骨炸酱面的定价为 8.89 元，低端的福满多的葱香排骨面定价为 5.00 元，红烧牛肉面为 6.00 元。桶装的方便面也是这样，红烧牛肉面的价格为 3.50 元，而酱香牛骨的价格为 2.99 元。

（2）根据消费者的消费水平细分定价。由于消费者的阶层不同，经济水平有差异，消费者对方便面的购买行为也不一样。例如，在超市周围的消费者主要是大学生和附近居民，在购买方便面时，主要购买康师傅的中低端产品，也就是福满多系列，或者是红烧牛肉这类产品，这类产品的定价一般较低，福满多的产品大概要 1.00 元，红烧牛肉面的定价大概在 2.00 元；对于那些高端品牌的方便面的定价大概在 3.50 元。

（3）根据产品的特征进行细分定价。康师傅的产品既有桶装、碗装、袋装、盒装以及五袋一起的捆绑包装，不同包装的产品不仅重量上不同，口味上也有一些差异，价格也各不相同。例如，康师傅新推出的干拌面系列，这类产品与其他产品的使用方法不同，它的售价是 3.50 元，一般桶装的方便面定价要高一些，在 3.00 元到 4.00 元不等。

（4）根据购买数量进行细分定价。对于消费者的购买数量，产品的定价也并不相同，同样的方便面，买一包的价格可能会贵一些，买五包捆绑在一起的价格就会低一些，买一箱价格会更低一些。

（5）价值定价。康师傅的一些产品的价格要比同类的竞争产品价格稍高一些。因为康师傅在消费者的心中的认知价值会比其他的产品稍高一些，即使他的定价稍高一点，消费者也会接受。还有一些消费者认为，一分钱一分货，认为价格高的其产品质量一定很好。

（6）目标客户定价。针对康师傅的目标准客户，根据他们需求特征及偏好来进行差别化的定价方法。

（7）尾数定价。一些产品的定价不是整数，而是小数点后面也有两位数字，如酱香猪骨炸酱面的定价为 2.99 元，五袋包装的翡翠鲜虾的定价是 8.89 元。这样定价会给人一种"精算"的错觉，另外也给人造成可方便打折的印象，从而增加产品的销量。

（8）折扣定价。折扣定价主要是根据消费者的购买情况给予一定的优惠的定价。包括数量折扣定价，发放购买优惠券，进行积分优惠折扣，或者实施会员制优惠定价等。其中，数量折扣定价的具体实施方式有五小包一袋装比单纯一次性购买五小包要便宜 1.00 元到 2.00 元；30 包纸箱装的每小包零售 2.00 元的方便面售价是 45.00 元左右；50 包纸箱装的售价大约在 65.00 元。

（资料来源：豆丁网. www.docin.com）

## ❓ 辩证性思考：

1. 康师傅方便面价格管理的特点是什么？
2. 康师傅方便面的价格策略的特点是什么？

## 营销知识检测

1. 食品企业有哪些定价目标？
2. 食品企业定价方法有哪些？
3. 如何运用定价技巧？
4. 食品企业如何运用降价策略？运用降价策略应注意哪些问题？
5. 食品企业如何应对竞争者的调价？

## 营销能力训练

**训练项目：**

选择一家食品企业，对其进行定价策略分析，选择定价策略，撰写食品企业定价策略分析方案。

**训练目的：**

通过训练，进一步认知、掌握食品营销定价策略分析的方法与策略，具备运用食品营销定价策略的能力。

**训练要求：**

由班级学习委员组织全员对食品企业定价策略分析方案进行讨论、交流。

# 第9单元

## 运用食品营销分销策略

### 学习与训练指导

食品企业在营销活动中，有了符合食品消费者需求的产品和适当的价格以后，食品企业所面临的问题就是如何把产品通过一定的渠道在适当时间、适当地点，按适当数量和价格，从生产者转移到消费者手中，实现产品的价值和使用价值。这就是食品营销组合中分销策略要解决的问题，即产品如何卖的问题。分销渠道不仅关系到食品企业营销策略的实施，分销渠道与食品企业的匹配性也直接关系到食品企业的经营效率。

通过学习，掌握食品营销分销策略的概念、职能与类型，掌握食品营销分销渠道决策与管理的内容，掌握直销、特许经营分销、网络营销分销方式的内容。

通过训练，具备运用食品营销分销策略的能力。

### 导入案例

#### 百世中粮"联姻"，全面开启线上线下融合时代

2017年1月20日，百世集团旗下百世供应链与中粮"福临门"在北京签订了战略合作协议，双方共同致力于把快消行业与互联网从"物理联结"升级为"化学融合"，全面开启线上线下融合时代，这为行业的未来发展注入新活力。如何让消费者有更好的体验，让企业减少供应和销售链条中无效和低效的环节，真正实现全渠道、新零售，是双方一直在探索和实践的问题。现代物流对传统模式最大的改变在于，打通了传统线下渠道中，从品牌商到消费者的信息链条，让消费者与上游信息链条更加接近。要实现现代物流，除了通过互联技术深耕"云动力"，搭建配送网络和服务能力也是必要环节。百世将不断利用"天网+地网"的资源，与中粮共同打通线上线下渠道，实现全渠道销售。

（资料来源：浙江在线—浙商网）

#### ❓ 辩证性思考：

你认为"天网+地网"的融合对食品营销分销有什么影响？

# 9.1 认知食品营销分销渠道

📖【学习与训练思路】

认知食品营销分销渠道，重点掌握食品营销分销渠道的类型、中间商的类型，具备运用食品营销分销策略的能力。

## 9.1.1 认知食品营销分销渠道

### 1．认知食品营销分销渠道的概念

食品营销分销渠道是指食品企业的产品（或劳务）从生产者向最终食品消费者或者工业用户直接转移所有权时所经过的路线、途径或流转通道，是联结食品生产和食品消费之间的桥梁和纽带。它包含两个方面的内容：一方面是把产品从食品生产者转售给食品消费者的中间经营环节或经营机构，如食品批发商、食品代理商、食品零售商、食品经纪人等食品分销机构和食品企业自己的销售机构等，即食品分销；另一方面是产品实体从食品生产者手中运送到食品消费者手中的运输和存储过程，即物流。分销和物流相结合便完成了食品企业产品的所有权和实体的转移，共同完成了食品营销分销渠道的任务。

### 2．认知食品营销分销渠道的职能

食品营销渠道成员的主要职能包括食品市场调研、促进销售、开拓食品市场、编配分装、销售洽谈、实体储运、资金融通、风险承担八项。前五项主要是促成交易，后三项主要是辅助交易的完成。这些任务交给产品流通的中间环节来执行，比食品生产者自己承担能够节省费用、降低成本和降低销售价格，提高食品营销管理效率和经济效益，更好地满足目标市场的需要。但食品生产者同时也要有一部分产品自销，以便直接掌握市场动态。

## 9.1.2 认知食品营销分销渠道的类型

### 1．直接渠道和间接渠道

按是否使用中间商，可将食品分销渠道分为直接渠道和间接渠道。如图 9-1 所示。

直接渠道是指食品生产企业不通过中间商环节，直接将产品销售给食品消费者的渠道类型。直接渠道主要用于大型食品工业的分销。

间接渠道是指食品生产企业通过中间商环节把产品传送到食品消费者手中的渠道。间接渠道是食品分销的主要类型。

### 2．长渠道和短渠道

按分销过程中经历中间环节的多少，可将分销渠道分为长渠道和短渠道。

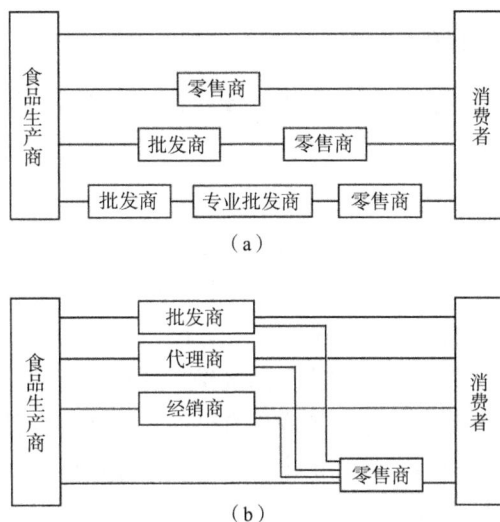

图 9-1　分销渠道的基本类型

分销渠道可以根据中间层次的数目来分类，如图 9-1（b）所示。不考虑处于渠道起点的食品生产企业和处于渠道终点的食品消费者，产品每经过一个直接或间接转移商品所有权的食品中介机构，就成为一个流通环节或中间层次（如食品经销商、食品代理商、食品零售商等）。在商品分销过程中，经过的环节或层次越多，渠道越长；反之，则渠道越短。

根据中间层次的多少可将渠道分为以下类型：零层渠道，即直接渠道；一层渠道，只包含一层中间销售机构，如食品零售商；二层渠道，包含两层中间环节，如包含一个食品批发商和食品零售商；三层渠道，包含三个中间层次，以此类推。如图 9-1（a）所示。

一般来说，并不以渠道的长短评价其优劣：渠道层次的增加，会导致对渠道控制度的降低，降低对市场信息的灵敏反应程度；而渠道层次的减少，却会增加层次中间商的销售职能，降低市场营销效率。所以，食品企业应选择适合自身特点的渠道类型，根据市场需求，尽可能提高效率和效益。总体来说，生产者市场一般用直接渠道，食品企业直接把设备和原料直接销售给用户；而食品消费者市场上一般采用间接渠道，由中间商把产品卖给分散的、小批量购买的食品消费者。

### 3. 宽渠道和窄渠道

按食品企业在销售中使用中间商的多少，可将分销渠道分为宽渠道和窄渠道。

渠道宽窄取决于渠道的每个环节中使用的同类型中间商数目的多少。食品企业使用的同类中间商数目多，产品在市场上的分销面广，称为宽渠道。例如，大多数日用消费品（如方便食品、饮料）在销售其细化用品时，中间由多家食品批发商批发并转卖给更多的食品零售商，以覆盖更广的地域范围及网点，大批量地销售产品。企业使用的同类中间商少，分销渠道窄，称为窄渠道。它一般适用于专业性强的产品，如耐用消费品。窄渠道在某一地区甚至只设一家中间商总经销，几家分销，特点是容易控制，但市场销售面受到限制。

### 9.1.3 认知食品中间商的类型

食品中间商可以从不同的角度进行分类：按是否拥有产品所有权可以分为食品经销商和食品代理商；按其在流通过程中的不同作用可以分为食品批发商和食品零售商。

**1. 认知食品经销商和食品代理商**

食品经销商是从事食品交易业务，在食品买卖过程中拥有产品所有权的中间商。食品代理商是从事食品交易业务，接受生产者委托，但不拥有产品所有权的中间商。

食品经销商和食品代理商的区别体现在以下方面。

（1）食品代理商与食品经销商在理论上的区别。食品经销的双方是一种买卖关系，食品代理的双方是一种代理关系。食品经销商以自己的名义从事食品产品销售；食品代理商以厂家的名义从事食品产品销售，签订销售合同。食品经销商的收入是买卖差价的收入，而食品代理商的收入是佣金收入。

（2）食品代理商与食品经销商实务上的区别。在存货或交货方面，食品经销商以买卖商品为专业，为应付消费者需要，需配备适当的库存，自己多半拥有销售组织；食品代理商则多半只有样品而无存货，依订单进货；在售后服务方面，食品经销商一般是自己承担，食品代理商则一般在合同中定明不负此责任；发生索赔事件时，食品经销商一般是自己承担，食品代理商则一般在合同中定明不负责任。

**2. 认知食品批发商、食品零售商**

（1）食品批发商。食品批发是为转售或加工服务的大宗食品产品的交易行为。食品批发商是介于食品生产企业与食品零售商之间的中间商。通过食品批发商的购买，食品生产者可以迅速、大量地售出产品，减少库存，加速周转；食品批发商可以凭借自己的实力帮助生产者促销产品，提供市场信息。对食品零售商来说，食品批发商可按零售的要求，组合产品的花色、规格，便于其配齐品种；可对厂家购进的产品进行加工、整理、分类和包装，方便食品零售商进货、勤进快销；利用仓储设施储存产品，保证食品零售商的货源，减轻其存货负担；还可为食品零售商提供各种支持，帮助其开展业务。

食品批发商的类型很多，按其分销的地域，可划分为地方食品批发商、区域食品批发商和全国食品批发商；按其在流通领域的位置，可划分为产地食品批发商、中转地食品批发商和销地食品批发商；按其业务范围，可划分为专业食品批发商、综合食品批发商。

（2）食品零售商。食品零售商是指以直接面向最终食品消费者销售产品为主，并提供相关服务的企业或个人，是分销渠道的最终环节和出口。食品零售商一般按照业态进行分类。

### 9.1.4 认知食品零售业

**1. 零售业态**

零售业态是指零售企业为满足不同消费者需求而形成的不同经营形式。根据国家标准《零售业态分类》（GB/T18106—2004），零售业态总体上分为有店铺零售和无店铺零售。有店铺零售是有固定进行商品陈列和销售所需要的场所和空间，并且消费者的购买行为主要

在这一场所内完成的零售业态。有店铺零售业态的分类如表 9-1 所示。无店铺零售是不通过店铺销售，由厂家或商家直接将商品递送给消费者的零售业态。无店铺零售业态的分类和基本特点如表 9-2 所示。

表 9-1　有店铺零售业态的分类

| 业　态 | 定　义 |
| --- | --- |
| 百货店 | 在一个大建筑内，根据不同商品部门设销售区，开展各自的进货、管理、运营的零售业态 |
| 超市 | 采取自选销售方式，以销售生鲜商品、食品和向消费者提供日常必需品为主要目的的零售业态 |
| 大型超市 | 采取自选销售方式，以销售大众化实用品为主，并将超市和折扣商店的经营优势合为一体的、满足消费者一次性购全、注重自有品牌开发的零售业态 |
| 便利店 | 以满足消费者便利性需求为主要目的的零售业态 |
| 专业店 | 经营某一大类商品为主，并且具备丰富专业知识的销售人员和提供适当售后服务的零售业态 |
| 专卖店 | 专门经营或授权经营制造商品牌和中间商品牌的零售业态 |
| 购物中心 | 企业有计划地开发、拥有、管理运营的各类零售业态，是服务设施的集合体 |
| 仓储商店 | 在大型综合超市经营的商品基础上，筛选大众化实用品销售，并实行储销一体，以提供有限服务和低价格商品为主要特征，采取自选方式销售的零售业态 |
| 家居中心 | 以销售与改善、建设家庭居住环境有关的装饰、装修等用品，以及日用杂品、技术及服务为主的，采取自选方式销售的零售业态 |
| 工厂直销中心 | 品牌商、生产商直接设立，商品均为本企业的品牌，采用自选方式售货的零售业态 |

表 9-2　无店铺零售业态的分类和基本特点

| 业　态 | 基本特点 | | | |
| --- | --- | --- | --- | --- |
| | 目标消费群 | 商品（经营）机构 | 商品售卖方式 | 服务功能 |
| 电视购物 | 以电视观众为主 | 商品具有某些特点，与市场上同类商品相比，同质性不强 | 以电视作为向消费者进行商品宣传展示的渠道 | 送货到指定地点或自提 |
| 邮购 | 以地理上相隔较远的消费者为主 | 商品包装具有规则性，适宜储存和运输 | 以邮寄商品目录作为向消费者进行商品宣传展示的渠道，并取得订单 | 送货到指定地点 |
| 网上商店 | 有上网能力，追求快捷性的消费者 | 与市场上同类商品相比，同质性强 | 通过互联网进行买卖活动 | 送货到指定地点 |
| 自动售货亭 | 以流动消费者为主 | 以香烟和碳酸饮料为主，商品品种在 30 种以内 | 由自动售货机器完成售卖活动 | 没有服务 |

| 业　态 | 基本特点 | | | |
| --- | --- | --- | --- | --- |
| | 目标消费群 | 商品（经营）机构 | 商品售卖方式 | 服务功能 |
| 电话购物 | 根据不同的产品特点，目标消费群不同 | 商品单一，以某类品种为主 | 主要通过电话完成销售或购买活动 | 送货到指定地点 |

### 2. 食品零售业制

食品零售业制也称零售组织方式，是指由零售业产权关系所安排的经营制度，如连锁制、食品零售商合作制、消费者合作制、特许经营等。零售业制类型如表 9-3 所示。

表 9-3　零售业制类型

| 类　型 | 描　述 |
| --- | --- |
| 公司连锁 | 两个或两个以上的商店同属一个所有者所有和管理，经销同样的商品，有中心采购部和商品部，甚至连商店建筑也可以采用统一的基调 |
| 自愿连锁商店 | 由某个食品批发商发起，若干个食品零售商参加的组织，从事大规模购买和统一买卖 |
| 食品零售商合作组织 | 由若干个食品零售商组成，它们成立一个中心采购组织，并且联合进行促销活动 |
| 消费者合作社 | 消费者自己筹款、自己所有、自己投票决定办店方针和选举管理小组的零售公司；合作社成员可按其个人购买量的多少分到相应的红利 |
| 特许经营 | 特许人（一家制造商、食品批发商或服务组织）和特许经营人（在特许经营系统中，购买拥有或者经营其中一个或几个单元的独立的生意人）之间的一种契约性联合。特许经营组织通常以某种独一无二的产品、服务，或某种经营方式，或一个商标，或一项专利，或特许人的声誉为基础 |

### 3. 零售业的发展趋势

随着信息技术的迅速发展，互联网逐渐延伸到了生产生活的各个领域，互联网的发展冲击了传统零售业，传统零售业的实体店销售不佳，业绩下滑。互联网作为新的销售方式，已经成为经济增长的新动力。

零售业生命周期短，新的零售形式不断涌现，威胁着现有的零售形式；非商店零售发展迅速，网络电商极大地增加了非商店零售的机会；各类商店的竞争加剧，当前在不同类型商店之间的竞争愈演愈烈；巨型食品零售商兴起，它们通过高级信息系统和购买力使顾客得到强有力的价格优惠；垂直营销系统发展很快，营销渠道的管理与计划的专业化程度越来越高。大食品零售商不断进行全球扩张，食品零售商正以其独特的形式和强大的品牌促销日益快速地走向其他国家。

相关链接

**传统商业应主动求变，逆势而上**

2009 年，电商将"双 11"变为一个促销节日，创造了一个"消费时点"，它的影响力迅速上升，如今的"双 11"已经变成了一场盛大的购物狂欢。这场网购狂欢的背后是普通人消费网络化的大趋势，但也提出了一个很现实的问题，就是传统商业如何顺应网络大潮。

其实，对消费者而言，他们在意的并不是购买食品的渠道，而是谁能提供更低的价格、更便捷的购物方式和更贴心的服务。对于食品商家来说，不应去纠结是实体还是线上的销售渠道，应更多地思考目标消费群有何需求，商家该以何种方式为消费者提供利益最大化的服务。

从目前情况看，虽然已有购物中心、百货店直接作电商，有的还与电商平台合作，但这种合作仍不够广泛和深入，更大意义上是销售渠道的补充，难以帮助传统商业走出目前的困境。要摆脱这一窘境，传统商业应该主动求变，一方面积极拥抱电商潮流，与电商深度融合，另一方面发挥实体商店的体验优势和品牌信任优势，积极创新，逆势而上，迎来自己新的春天。

# 9.2　运用食品营销分销渠道决策与管理

📖**【学习与训练思路】**

食品企业在作分销渠道的决策时，必须在理想的渠道和可能得到的渠道之间作出抉择，最后确定达到目标市场的最佳渠道。因此，食品营销分销渠道的决策，对食品企业来说是最具策略性的问题。食品企业可以针对市场营销目标和现有条件，采用正确的分销策略，选择适当的分销渠道，对分销渠道实施有效管理，以实现食品企业的市场营销目标。

通过学习，掌握影响食品营销分销渠道设计因素、分销渠道决策与管理的内容。通过训练，具备运用食品营销分销渠道设计、决策、管理的能力。

## 9.2.1　分析影响食品营销分销渠道设计的因素

### 1. 分析产品因素对食品营销分销渠道设计的影响

（1）产品的技术特性。食品工艺、服务要求高的产品，宜采用短渠道，由食品企业自销或由专业食品代理商销售，以便提供周到服务。相反，技术服务要求低的产品，则可选择长渠道。

（2）产品的价值和重量。价值高的、笨重的食品产品往往有高价格和高的运输成本，一般来说用较短的渠道比较合适。

（3）产品本身的物理化学性质。凡是易腐、易毁产品，如冷鲜品、奶制品以及有效期短的食品，应尽可能选择短而宽的渠道，以保持产品新鲜，减少腐坏损失。反之，则选择长而窄的渠道。

（4）产品的标准化程度。标准化意味着通用，不需要更多的特别指导，为了增加覆盖面往往采用长渠道。产品标准化越高，渠道便也越长、越宽。

（5）产品的通用性。通用产品由于产量大、使用面广，分销渠道一般较长较宽；定制产品由于具有特殊要求，最好由食品企业直接销售。产品的标准化程度高、通用性强，可选择较长、较宽的销售渠道；非标准化的专用性产品，则应选择较短的销售渠道。

（6）产品所处的生命周期阶段。产品处于生命周期的不同阶段，对分销渠道的要求也不同。处于投入期的产品，其分销渠道是短而窄的，因为新产品初入市场，许多中间商往往不愿经销，食品生产企业不得不直接销售；处于成长期和成熟期的产品，消费需求迅速扩大，生产者要提高市场占有率，就要选择长而宽的渠道，以扩大产品覆盖面。

**2．分析市场因素对食品营销分销渠道设计的影响**

（1）潜在消费者数量。潜在消费者客的多少，决定市场的大小。潜在消费者数量越多，市场范围越大，越需要较多的中间商转售，食品生产企业应采用长渠道策略；反之，可以采用短渠道或直接销售策略。

（2）市场的集中程度。市场比较集中的产品，可采用短渠道；若消费者比较分散，则需要更多地发挥中间商的分销功能，采用长而宽的渠道。

（3）市场需求性质。食品消费者市场与食品生产者市场是两类不同需求性质的市场，其分销渠道模式有着明显的差异。一般来说，食品消费者市场人数众多，分布广泛，购买食品次数多、批量少，宜选择长渠道策略方能满足其需求。而食品生产者市场的产业用户相对较少，分布集中，且购买生产资料次数少、批量较大，产品销售可采用直接销售渠道。

（4）消费者购买习惯。对于不同的产品，消费者的购买习惯和购买量是存在差异的。对于购买量较少、购买频率较高的产品，应选择较长、较宽的销售渠道；而对购买量较多、购买频率较低的产品，应选择较短、较窄的销售渠道。

（5）需求的季节性。季节性商品由于时间性强，要求供货快，销售也快，因此应充分利用中间商进行销售，渠道相应就长而宽一些。

（6）市场竞争状况。一般情况下，应尽量避免与竞争者采取相同或相近的分销渠道。但如果自己的产品有独到之处，食品生产企业可将自己的产品与竞争对手的产品摆在一起出售，以供消费者选择，争取更多的消费者。

（7）市场形势的变化。市场繁荣、需求上升时，食品生产企业应考虑扩大其分销渠道；而在经济萧条、需求下降时，则需减少流通环节。

**3．分析食品企业因素对食品营销分销渠道设计的影响**

（1）食品企业的规模和声誉。规模大、声誉好的食品企业在选择中间商时往往拥有更大的主动权，甚至可以建立自己的销售公司；而情况相反的公司找到好的中间商并非易事。

（2）食品企业的管理水平。长渠道需要有较高的管理水平，否则难以控制；管理水平较低的公司也可寻找管理和服务水平比较高的中间商进行合作，弥补公司的不足。

（3）食品企业的服务能力。如果食品生产企业有能力为最终消费者提供各项服务，如配送、培训加工等，则可取消一些中用环节，采用短渠道；如果服务能力有限，则应充分发挥中间商的作用。

（4）食品企业控制渠道的愿望。食品企业控制分销渠道的愿望各不相同，有的食品企业希望控制分销渠道，以便有效控制产品价格和进行宣传促销，因而倾向于选择短渠道；有些食品企业则无意控制分销渠道，因此采用宽而长的渠道。

### 4．分析食品分销商因素对食品营销分销渠道设计的影响

食品分销商的分销能力是最先考虑的因素，因为它关系到产品的推广能力和扩散速度；分销商的意愿是另一个要考虑的因素，如果分销商在公司产品身上花费的精力不够，即使分销商能力很强，也不能达到好的效果。

### 5．分析环境因素对食品营销分销渠道设计的影响

渠道的活动属于组织的运作，不可避免地要受到经济、社会文化、法律、竞争和技术因素的影响。例如，网络电商的发展使得食品企业可以通过网络直接与异地食品消费者进行交易，从而减少了食品企业在各个地区设立零售网点的成本。

## 9.2.2　运用食品分销渠道设计

渠道设计是整个渠道决策的核心，而且渠道一旦建立就难以改变，所以渠道设计宜谨慎进行。

### 1．确定渠道的模式

确定渠道的模式即确定渠道的长度。食品企业首先分析市场营销分销渠道的因素，找出食品企业用何种类型的分销渠道比较合适。例如，直接销售还是间接销售；用一层渠道还是二层渠道；利用中间商销售还是委托食品代理商销售；利用传统的渠道模式还是开拓新的渠道模式；或同时采用多种渠道模式。

### 2．确定中间商的数目

确定中间商的数目即确定渠道的宽度。食品企业在确定每一层所需中间商数目时，可用以下方式。

（1）密集分销。密集分销即食品生产企业尽可能通过更多的食品批发商、食品零售商为其推销产品。这种策略的重心在于扩大市场覆盖率或加快进入一个新市场的速度，使众多的消费者和用户能随时随地地买到这些产品。食品企业通常用宽渠道密集分销。

（2）选择分销。选择分销即食品生产企业在某一地区仅通过几个精心挑选的、合适的中间商推销产品。其目标是着眼于竞争地位的稳固，维护本食品企业在该地区的良好信誉。消费品中的选购品就适用于此策略，如某品牌的高端食品，在一个地区只选择几个食品经销商销售产品。

（3）独家分销。独家分销即食品生产企业在某一地区仅通过一家中间商推销其产品。通常情况下，双方签订独家经销合同，规定不得经营第三方特别是竞争对手的产品。其重心是控制市场、控制中间商，或彼此充分利用对方的商誉和经营能力。中间商比较喜欢这种方式，因其排除了竞争，利润较高；但对食品企业来说，中间商运用不当，则存在较大的风险。

### 3．规定渠道成员的权利和责任

渠道间的成员因是不同食品企业、不同利益的结合体，必然存在着利益的平衡问题，处理不当则会损伤渠道成员的合作关系，所以规定成员的权利和责任成了保证多方长期合作的基础。权利和责任包括：①食品生产企业给中间商供货保证、质量保证、退换货保证、价格折扣、广告促销协助等；②食品经销商向食品生产企业提供市场信息、实行食品企业统一价格政策、提供售后服务等。

## 9.2.3　运用食品营销分销渠道决策

食品营销分销渠道的方案确定后，食品企业就要对各种备选方案进行评价，找出最优的渠道方案。对渠道方案进行评估选择的标准如下。

（1）运用经济性标准评估。经济性标准评估主要是比较不同方案可能达到的销售额及费用水平，它是食品企业经济效益的要求。通过把用某种渠道所能引起的销售收入的增长同可能产生的费用成本进行比较，来选择最经济的渠道方案。当然也得和直接渠道相比较，若直接渠道更经济，就用直接渠道。

（2）运用控制性标准评估。一般来说，直接渠道可控性最好，间接渠道可控性差些；长渠道可控性难度大些，而短渠道可控性较为容易。食品企业必须权衡利弊，选择适合自己的方案。

（3）运用适应性标准评估。因渠道的建立和更改都比较困难，食品企业在建立渠道时就应考虑当环境条件发生变化时如何去应对的问题，即考虑适应性、灵活性的问题。例如，食品生产企业和中间商签订的合约时间较长，而在此期间网络的发展使公司直接销售更能节省成本，但食品生产企业又不能随便解除合同，这就造成了原有渠道的僵化，缺乏灵活性。

## 9.2.4　运用食品营销分销渠道管理

### 1．选择渠道成员

选择渠道成员一般要考虑以下条件。

（1）市场覆盖范围。市场是选择中间商最关键的因素。首先，考虑中间商的经营范围所包括的地区是否和食品企业产品预期销售地区一致；其次，考虑中间商的销售对象是否是食品企业所希望的潜在顾客。这是最基本的条件，因为食品生产企业希望所选的中间商能打入自己选定的目标市场。

（2）声誉。在目前市场游戏规则不健全的情况下，中间商的声誉显得尤为重要。它不仅直接影响货款回收，还直接关系到市场的网络支持。一旦中间商中途有变，食品企业往往欲进无力，欲退不能，重新开发市场往往需要付出更大的成本。

（3）历史经验。许多食品企业在选择中间商时很看重历史经验，往往会认真考察其一贯的表现和赢利记录。若中间商以往经营状况不佳，则将其纳入营销渠道风险就大。而且，经营某种商品的历史和成功经验是中间商自身优势的另一个来源。

（4）合作意愿。中间商与食品企业合作得好，会积极、主动地推销产品，这对双方都有利。态度决定销售的业绩，因此食品企业应该根据销售产品的需要，考察中间商对食品企业产品销售的重视程度和合作态度，然后再考虑合作的具体方式。

（5）产品组合情况。在经销产品的组合关系中，一般认为，如果中间商经销的产品与自己的产品是竞争产品，应避免选用；而实际情况是，如果产品组合有空当，或自己产品的竞争优势非常明显，也可选用。

（6）财务状况。食品生产企业倾向于选择资金雄厚、财务状况良好的中间商，这样可以有还款保证，还可能在财务上给食品生产企业一些帮助，从而有助于扩大产品的生产和销路。

（7）区位优势。中间商理想的位置应该是顾客流量大的地点。食品批发商的选择则要考虑它所处的位置是否有利于产品的储运，通常以交通枢纽为宜。

（8）促销能力。中间商推销产品的方式及促销手段的运用，直接影响其销售规模。食品企业要考虑中间商是否具有促销经验和愿意承担一定的促销费用，以及有没有必要的物质、技术和人才优势。

### 2．对渠道成员的激励和监督

中间商选定以后，还需要对其进行激励和监督，以促使其出色地完成任务。因为中间商和生产商是相对独立的食品企业，双方所处的位置不同，考虑问题的角度也不同，所以利益有时会发生冲突。食品企业要想得到中间商的合作，必须了解中间商的需要和愿望，了解其利益所在，然后提出切实可行的减少矛盾、加强合作的方案，通过物质和精神的激励，或者促销及服务上的支持，并经常进行相应的市场监督，以达到食品企业的目标。

### 3．对食品渠道成员的评估和调整

（1）纵向比较法，即将每一个中间商的销售额与上期的绩效进行比较，并以整个群体在某一地区市场的升降百分比作为评价标准。对于低于该群体的平均水平以下的中间商，应找出其主要原因，帮助改进。

（2）横向比较法，即将各个中间商的销售绩效与某一地区市场销售潜量分析所设立的配额相比较。也就是说，一年的销售期过后，根据中间商实际销售额与其潜在销售额的比率进行对比分析，将各中间商按名次进行先后排列，对于那些比率极低的中间商，分析其绩效不佳的原因，必要时予以取消。

（3）ABCDE 分类管理。按销售额的高低和货款回笼的快慢，可将中间商分为 A、B、C、D、E 五类，如表 9-4 所示。食品企业可对它们实施不同的经销政策和管理策略，培植食品企业分销网络的竞争力。

表9-4　ABCDE 分类表

| 分　　类 | 销 售 额 | 货款回笼 | 管理策略 |
|---|---|---|---|
| A | 高 | 快 | 给予奖励，扩大授权 |
| B | 中等以上 | 快 | 支持促销，向 A 转化 |
| C | 中等 | 慢 | 防范风险，向 A 转化 |
| D | 中等以下 | 快 | 支持促销，向 B 转化 |
| E | 中等以下 | 慢 | 逐步减少，最终放弃 |

按照一定的标准衡量分销商的表现是食品生产企业对分销商激励的依据，这些标准包括销售额的完成情况、平均库存、售后服务、与本公司合作情况等。另外，根据分销商的表现和销售完成情况可对渠道成员进行适当的调整，特别是当市场环境发生变化或公司的分销策略发生变化时，就更需要对渠道进行调整。

对分销渠道的调整方式包括增减分销渠道中的个别中间商、增减某一个分销渠道和调整整个分销渠道。销售渠道是否需要调整，调整到什么程度，应视具体情况而定。

### 9.2.5　食品渠道窜货管理

窜货又称倒货、冲货，即产品跨区销售，是渠道冲突的典型表现形式。

#### 1．认知窜货的种类

根据窜货的表现形式及其影响的危害程度，可以把窜货分为以下几类。

（1）自然性窜货，指中间商在获取正常利润的同时，无意识地向自己辖区以外的市场倾销产品的行为。这种窜货在市场上是不可避免的，同种食品商品只要存在市场分割从而导致价格存在地区差异，或者只要在不同市场的畅销程度不同，就必然产生地区间的流动。这主要表现为在相邻辖区的边界附近互相窜货，或是在流通型市场上，产品随物流走向而倾销到其他地区。

（2）良性窜货，指食品企业在市场开发初期，有意或无意地选择了流通性较强的市场中的中间商，使其产品流向非重要经营区域或空白市场的行为。在市场开发初期，良性窜货对食品企业是有好处的。一方面，食品企业在空白市场上无须投入就提高了知名度；另一方面，食品企业不但可以增加销售量，还可以节省运输成本。

（3）恶性窜货，指为获取非正常利润，中间商蓄意向自己辖区以外的市场倾销产品的行为。中间商向辖区以外倾销产品通常以价格为手段，主要以低于厂家规定的价格向非辖区销售，以加大自己的出货量，拿到厂家所规定的销售奖励或达到其他目的。恶性窜货给食品企业造成的危害是沉重的，它扰乱了食品企业整个营销网络的价格体系，引发中间商之间的价格战，降低了产品的通路利润，使得中间商对产品失去信心，丧失经营产品的积极性而最终放弃经销此种产品。混乱的价格将导致食品企业品牌、信誉受损，失去消费者的信任和支持，从而导致食品企业的衰败和破产。

（4）假冒伪劣产品窜货。食品企业还必须警惕另一种更为恶劣的窜货行为：中间商销售假冒伪劣产品。假冒伪劣产品以其超低的价格、巨大的利润空间诱导着中间商铤而走险。中间商往往将假冒伪劣产品与正规渠道的产品混合在一起销售，挤占正规产品的市场份额，或者直接以低于市场的价格进行低价倾销，打击了其他食品经销商对此种产品的信心。

综上所述，可以看到不是所有的窜货行为都具有危害性，也不是所有的窜货行为都应该加以制止。以往的销售经验表明，没有窜货的销售是不红火的销售，而大量窜货的销售又是很危险的。适量的窜货会形成一种红红火火的热烈销售的局面，这样有利于提高产品的市场占有率和品牌知名度，所以需要严加防范、制止、打击恶性窜货和假冒伪劣产品窜货。

### 2．认知窜货的原因

在市场经济中，窜货具有一定的必然性。因为商品流通的本性是从低价区向高价区流动，从滞销区向畅销区流动。出现窜货有以下原因。

（1）中间商选择不当。窜货往往离不开中间商的参与，因此在选择中间商时必须慎重考虑。中间商选择不当有两种情况：一是独家与多家选择不当；二是中间商资格审查不严。

（2）销量任务设计不妥。如果销售任务指标太高，目标奖励又十分诱人，往往导致中间商为了完成年度销量任务而窜货。例如，在冷冻食品行业，不少经销商目前都面临着零利润甚至负利润经营的情况，原因就是窜货。某些企业制定销售任务，都是从老板到销售总监，再到省区经理，再到区域经理，一层一层往下摊派。到了经销商这里，只在前一年的基础上规定一个增长幅度，而不考虑当地的实际情况。如果是一个新开发的市场，每年翻番增长可能也没有问题，但如果是已经趋于饱和的市场，怎么可能保持那样的增幅，但是很多食品企业不考虑这些。也正是这个因素，使很多经销商为了完成任务开始向外倒货。如果一年 300 万元的销售任务，完成了有 15 万元的返点，但销售员拼了九牛二虎之力只完成了 260 万元，剩下 40 万元如果完不成，可能 15 万元的返点就没了，经销商只能把这 40 万元的产品"倒"出去了。有些企业业务人员为了完成任务，最便捷的方式就是多找几家经销商。这样企业回款快，业务员的任务也完成了。但是市场消费能力有限，经销商的货压在手里卖不出去，只剩下窜货一条路可走。

（3）管理制度有漏洞。管理制度的漏洞包括激励制度的漏洞和约束制度的漏洞。例如，返利、经理制度偏颇，区域价格设计不合理，没有窜货方面的惩罚制度，出了问题无法可依等，都属于管理制度的漏洞。

（4）管理监控不力。有些食品企业虽然制度健全，但执行不力，有法不依，或者片面追求销量，采取短期行为，对窜货重视不够，这都属于管理监控不力。另外，营销员大都战斗在销售第一线，天高皇帝远，如果食品企业营销管理不到位，就会有一些营销员利用营销管理方面的漏洞，自己单独操作或与食品经销商勾结，大肆窜货，降价倾销，谋求私利。

（5）抛售滞销品和处理品。一些食品企业为了蝇头小利，对积压货物不予退货，让中间商自行处理。中间商不顾食品企业信誉和消费者利益，将积压过期的甚至变质的产品在市场出售，严重扰乱了市场，甚至毁了食品企业的牌子。

（6）竞争对手恶意造成的窜货。窜货是市场超级杀手，会危及一个食品企业的营销网络的安全。正因为如此，有时竞争对手就用窜货作为工具来破坏食品企业的市场。它们会通过某种途径获取食品企业的产品，然后再低价抛向市场。2002年8月，正是啤酒的销售旺季，四川工商部门的执法人员在华润蓝剑锦阳啤酒有限公司的包装厂和糖化车间里发现了1334件金重庆、金山城等牌子的啤酒，这些都是华润蓝剑最大的竞争对手重庆啤酒集团的产品，这很可能就是竞争对手恶意造成的窜货。

### 3．治理窜货的对策

（1）加强自身销售队伍和外部中间商队伍的建设与管理。食品企业自身销售队伍建设一方面要严格制定招聘、培训制度，另一方面还要设计合理的考核、激励制度。中间商队伍的建设也要在选择上下大功夫，绝不能让不合适的食品经销商滥竽充数。

（2）堵住制度上的漏洞。这一方面的措施既要防止制度缺失，又要防止制度不合理。例如，要严格执行窜货的处罚规定，销售目标要在调查的基础上做到切实可行，建立合理的差价体系等。

（3）签订不窜货不乱定价协议。协议中要规定中间商缴纳风险抵押金，运用风险抵押金对中间商进行窜货前的控制。

（4）归口管理，权责分明。食品企业分销渠道管理应该由一个部门负责，多部门负责、令出多部门容易导致市场的混乱。

（5）加强销售通路监控与管理。要时刻观察销售终端，及时发现问题；信息渠道要畅通，充分利用受窜货危害的中间商的反馈信息；出了问题，要及时处理。

（6）包装区域差异化。食品生产企业对销往不同地区的相同产品采取不同包装的方式，可以在一定程度上控制窜货。其主要措施有给予不同的编码、外包装印刷条形码、文字识别、采用不同颜色的商标或不同颜色的外包装等。

### 相关链接

#### 娃哈哈是怎样防止窜货的

娃哈哈2008年实现销售额328亿元、利税68亿元，连续10年领跑全国饮料行业。娃哈哈的快速成长与其高效的渠道管理是密不可分的，特别是娃哈哈对窜货现象的整治卓有成效。

1．实行双赢的联销体制度

娃哈哈在全国31个省市选择了1000多家食品经销商，组成了几乎覆盖中国每一个乡镇的联合销售体系，形成了强大的销售网络。娃哈哈采用保证金的方式，要求食品经销商先打预付款。对于按时结清货款的食品经销商，公司返还保证金并支付高于银行同期存款利率的利息。娃哈哈董事长兼总经理宗庆后称这种组织形式为"联销体"。娃哈哈的"联销体"一方面尊重了食品经销商的利益，激发了食品经销商的利益和责任感，另一方面保证了厂商有充裕的流动资金，没有坏账，实现了厂商和食品经销商之间的互信、互助和互利双赢。

2. 实行级差价格体系

娃哈哈现在的销售网络构成是：公司—特约一级食品经销商—特约二级食品经销商—二级食品经销商—三级食品经销商—零售终端。如果娃哈哈不实行严格的价格管理体系，由于每个梯度都存在价格空间，这就为重利不重义的食品经销商窜货提供了条件。特别是如果特约食品经销商自己作终端，就可获得丰厚的利润。为了从价格体系上控制窜货，保护食品经销商的利益，娃哈哈实行级差价格体系管理制度。娃哈哈为每一级食品经销商制定了灵活而又严明的价格，根据区域的不同情况，分别制定了总经销价、一批价、二批价、三批价和零售价，在销售的各个环节上形成严格合理的价差梯度，使每一层次、每一环节的食品经销商都能通过销售产品取得相应的利润，保证各个环节有序的利益分配，从而在价格上堵住了窜货的源头。

3. 建立科学稳固的食品经销商制度

选取合适的食品经销商，规范食品经销商的市场行为，为食品经销商营造一个平等、公正的经营环境，对于防止窜货是十分重要的。娃哈哈对食品经销商的选取和管理十分严格。精选合作对象，筛出那些缺乏诚意、职业操守差、经营能力弱的食品经销商，为防止窜货上了第一道保险。娃哈哈和联销体的其他成员签订了严明的合同，在合同中明确加入了"禁止跨区销售"的条款，将食品经销商的销售活动严格限定在自己的市场区域范围之内，并将年终给各地食品经销商的返利与是否发生窜货结合起来，使食品经销商变被动为主动，积极配合食品企业的营销政策，不敢贸然窜货。

4. 全面的激励措施

很多厂家将销量作为返利的唯一标准，销量越多，返利就越高，导致那些以做量为根本、只赚取年终返利就够的食品经销商，不择手段地向外"侵略"。娃哈哈也有返利激励，但并不是单一的销量返利这样的直接激励，而是采取包括间接激励在内的全面激励措施。间接激励，就是通过帮助食品经销商进行销售管理，以提高销售的效率和效果来激发食品经销商的积极性。例如，娃哈哈各区域分公司都有专业人员指导食品经销商，参与具体销售工作；各分公司派人帮助食品经销商管理铺货、理货及广告促销等业务。与其他食品企业往往把促销措施直接针对终端消费者不同，娃哈哈的促销重点是食品经销商，公司会根据一定阶段内的市场变动和自身产品的配备，经常推出各种各样针对食品经销商的促销政策，以激发其积极性。

5. 产品包装区域差别化

在不同的区域市场上，相同的产品包装采取不同标志是常用的防窜货措施。娃哈哈和食品经销商签订的合同中给特约食品经销商限定了严格的销售区域，实行区域责任制。娃哈哈发往每一个区域的产品都在包装上打上了一个编号，编号和出厂日期印在一起，根本不能被撕掉或更改，除非更换包装。食品企业营销人员一旦发现了窜货，可以迅速追踪产品的来源，为食品企业处理窜货事件提供真凭实据。

6. 食品企业控制促销费用

有的食品企业按销量的百分比给食品经销商提取促销费用，销量越大，可供食品经销商支配的促销费用也就越多；有的食品企业让营销人员控制促销费用。食品经销商和营销人员将厂家拨给的促销费用是否全部用以推广，其实厂家难以掌控，因而一些食品经销商和食品企业的营销人员往往从促销费用中拿出一部分钱用于低价窜货，把销量做上去。因此，促销费用由食品经销商和营销人员掌握，促销变相为低价位，造成新的价格空间，给食品经销商和营销人员窜货创造了机会。娃哈哈经常开展促销活动，但促销费用完全由娃哈哈自己掌控，从不让食品经销商和公司营销人员经手操作。这样，在促销费用管理上，娃哈哈杜绝了窜货。

7. 与食品经销商建立深厚的感情

厂商之间的感情对防止食品经销商窜货也非常重要。食品经销商为了自身的利益，会维系这种已建立好的关系，不会轻易窜货来破坏这份感情。娃哈哈非常重视维持和加深与食品经销商的感情。

8. 注重营销队伍的培养

食品企业内部的销售人员参与窜货的现象也屡见不鲜。娃哈哈注重营销队伍的建设和培养，主要表现为：严格人员招聘、选拔和培训制度，挑选真正符合要求的最佳人选；在食品企业中营造一种有利于人才发挥所长的文化氛围；制定合理的绩效评估和奖罚制度；实施关心人、理解人、体贴人的情感管理。

9. 制定严明的奖罚制度

面对窜货行为，娃哈哈有严明的奖罚制度，并将相关条款写入合同内容，一旦发现越区销售行为，严惩不贷，绝不讲任何情面。年底时，对于没有遵守协议的销售商，公司将扣除食品经销商的保证金用以支付违约损失，情节严重的甚至取消经销资格。在保证金的约束和公司严厉的处罚下，食品经销商绝不敢轻举妄动。

10. 成立反窜货机构

娃哈哈专门成立了一个反窜货机构，巡回全国，严厉稽查食品经销商的窜货和市场价格，严格保护各地食品经销商的利益。

**（?）辩证性分析：**

1. 发生窜货现象的原因主要有哪些？
2. 娃哈哈有哪些经验值得其他食品企业借鉴？

# 9.3　运用直销方式分销与特许经营方式分销

## 📖【学习与训练思路】

直销方式分销与特许经营方式分销发展的速度很快，直销方式分销以《直销管理条例》和《禁止传销条例》为依据，特许经营方式分销以《商业特许经营管理条例》为依据，正确掌握直销分销与特许经营分销，有利于促进直销分销与特许经营分销的发展。

在掌握直销的概念、直销与传销的区别、申请直销食品企业的条件、设立直销食品企业的操作程序、直销员的资格、直销管理的内容，以及特许经营的概念、特许经营与连锁经营的区别、特许经营的操作程序、加盟商选择特许经营应注意的问题的基础上，具备运用直销方式分销、区别直销与传销、运用特许经营方式分销的能力。

## 9.3.1　运用直销分销

### 1. 认知直销

（1）认知直销的概念。我国《直销管理条例》关于直销的概念是：直销是指直销食品企业招募直销员，由直销员在固定营业场所之外直接向最终消费者推销产品的经销方式。直销只是对店铺销售的一种补充。

直销员又称直销人员，不同食品企业对直销人员的称谓有所不同，如直销商、销售代表、营业代表、销售顾问、业务员或推销员等。

（2）认知直销方式的主要形式。直销的主要形式有电话直销、邮购直销、电视直销、印刷媒介直销、广播直销、网络直销和人员直销。

### 2. 认知直销与传销的区别

传销就是"金字塔式销售"，俗称"老鼠会""拉人头""滚雪球"等。金字塔式销售与正规的直销之间有着本质的区别。

（1）是否以销售产品为食品企业销售的基础。直销以销售产品作为公司收益的来源；传销则以拉人头牟利或借销售伪劣或质次价高的产品变相拉人牟利，甚至根本无产品。

（2）有没有高额入门费。直销食品企业的推销员无须缴纳任何高额入门费，也不会被强制认购货品；而在传销中，参加者通过缴纳高额入门费或被要求先认购一定数量的产品以变相缴纳高额入门费作为参与的条件，鼓励不择手段地拉人加入以赚取利润，其公司的利润也是以入门费为主，实际上是一种变相的融资行为。

（3）是否设立店铺经营。直销食品企业设立开架式或柜台式店铺，推销人员直接与公司签订合同，其从业行为直接接受公司的管理；而传销的经营者通过发展人员、组织网络从事无店铺或"地下"经营活动。

（4）报酬是否按劳分配。直销食品企业为愿意勤奋工作的人提供务实创收的机会，而非一夜暴富，每位推销人员只能按其个人销售额计算报酬，报酬由公司从营运经费中拨出，在公司统一扣税后直接发放至其指定账户，不存在上下线关系；而传销通过以高额回报为诱饵招揽人员从事变相传销活动，参加者的上线从下线的入会费或所谓业绩中提取报酬。

（5）是否有退出、退货保障。直销食品企业的推销人员可根据个人意愿自由选择继续经营或退出，食品企业为顾客提供完善的退货保障；而传销通常强制约定不可退货或退货条件非常苛刻，消费者已购的产品难以退货。

### ⑦ 辩证性思考：

你认为直销与传销的区别是什么？

### 3. 认知申请直销企业的条件

申请成为直销企业，应当具备下列条件。

（1）投资者具有良好的商业信誉，在提出申请前连续五年没有重大违法经营记录；外国投资者还应当有三年以上在中国境外从事直销活动的经验。

（2）实缴注册资本不低于人民币 8 000 万元。

（3）缴纳足额的保证金。保证金数额在直销食品企业设立时为人民币 2 000 万元。

（4）建立了信息报备和披露制度。

可以看出，我国政府是通过设置高门槛来控制企业的数量和资质水平的，使直销企业违规风险成本提高，一旦违规，巨额投资和保证金将受到很大的影响。所以，准入食品企业一般会规范经营，以保护企业利益，广大消费者、经营者的利益也能得到保证。

### 4. 运用设立直销企业的操作程序

申请人应当通过所在地省、自治区、直辖市商务主管部门向国务院商务主管部门提出申请。申请成为直销食品企业，应当填写申请表，并提交下列申请文件、资料。

（1）符合规定条件的证明材料。

（2）食品企业章程，属于中外合资食品企业、合作食品企业的，还应当提供合资或者合作食品企业合同。

（3）市场计划报告书，包括当地县级以上人民政府认可的从事直销活动地区的服务网点方案。

（4）符合国家标准的产品说明。

（5）拟与直销员签订的推销合同样本。

（6）会计师事务所出具的验资报告。

（7）食品企业与指定银行达成的同意依照《直销管理系列》规定使用保证金的协议。

省、自治区、直辖市商务主管部门应当在接到申请文件、资料之日起七日内，将申请文件、资料报送国务院商务主管部门；国务院商务主管部门应当自收到全部申请文件、资料之日起九十日内，经征求国务院工商行政管理部门的意见，作出批准或者不予批准的决定；予以批准的，国务院主管部门颁发直销经营许可证。国务院商务主管部门颁发直销经营许可证，应当考虑国家安全、社会公共利益和直销业发展状况等因素。

### 5. 认知直销员的资格

《直销管理条例》第十五条规定，直销食品企业及其分支机构不得招募下列人员为直销员。

（1）未满 18 周岁的人员。

（2）无民事行为能力或者限制民事行为能力的人员。

（3）全日制在校学生。

（4）教师、医务人员、公务员和现役军人。

（5）直销食品企业的正式员工。

（6）境外人员。

（7）法律、行政法规规定不得从事兼职的人员。

直销食品企业支付给直销员的报酬只能按照直销员本人直接向消费者销售产品的收入计算，而且不得超过直销员本人直接向消费者销售产品收入的 30%。

### 6．认知直销管理的内容

（1）退货制度。一般来讲，从直销员的手中购买产品，到消费者得到允许退货，这段时间称为冷静期。直销中的冷静期制度，主要针对消费者在购买产品的过程中，由于信息不对称，消费者与直销员进行面对面的交流时，有时候会出现消费者被对方诱导或情绪感染，最终引发不理智的冲动性购买。为了保护消费者利益，制定了消费者有权向生产企业退货的制度安排。

（2）信息披露制度。直销企业信息披露是指直销食品企业向政府部门、广大消费者、社会公众以及与本食品企业生产经营相关的单位，依法发布和公开与直销产品、直销服务、直销政策执行活动相关的信息的过程。应当说，有效的直销信息披露从理论上讲是一个信息沟通的过程，是中国特色直销管理模式的重要内容。

直销企业信息披露的内容包括：店铺名称、数量、地址电话、店铺所属直销员人数、名单及其获得薪酬情况；直销员的个人资历；计酬制度、退货制度、保证金制度、招募直销员制度、售后服务制度、直销员培训制度；消费者退货情况；食品企业重大诉讼事项和被主管部门处理情况，这些情况必须在网站上公布。

## 9.3.2　运用特许经营方式分销

### 1．认知特许经营

（1）认知特许经营的概念。我国《商业特许经营管理条例》规定，商业特许经营是指拥有注册商标、企业标志、专利、专有技术等经营资源的食品企业（特许人），以合同形式将其拥有的经营资源许可其他经营者（被特许人，也称受许人）使用，被特许人按照合同约定在统一的经营模式下开展经营，并向特许人支付特许经营费用的经营活动。

为了规范商业特许经营活动，促进商业特许经营健康、有序发展，维护市场秩序，2007年 1 月 31 日国务院第 167 次常务会议通过了《商业特许经营管理条例》，自 2007 年 5 月 1日起施行。《商业特许经营管理条例》的实施，意味着中国特许经营领域已进入了一个有法可依的新阶段，在一定程度上将改变之前国内特许经营市场鱼龙混杂、投资人和潜在加盟商的权益无法得到有力保障的局面。规范的市场环境和明确的政策导向将为更多食品企业创造出更加和谐的发展空间。

（2）认知食品特许经营的优点与缺点。

①优点。对受许人来说，选择一个业绩和实力比较好的特许经营食品企业，可以得到特许经营食品企业的品牌形象支持。加入特许经营食品企业的联购分销体系，可以享受低成本、便捷的采购货源待遇；可以分享特许经营食品企业的广告宣传的规模效应；可以得到其他方面的支持和服务，从而将经营失败的危险降至最低，保护自身的投资。也就是说，

受许人既可以在特许的范围内独立经营，赚取投资价值，又可以从特许经营食品企业获取不断的帮助，可谓一举两得。这对于一个缺乏经营经验的投资者来说是非常有帮助的。对特许人来说，特许经营有助于食品企业迅速扩大规模，实现快速扩张的目的。

②缺点。为保证特许经营食品企业提供的产品和服务的质量，受许人必须按照特许人的要求去经营，把自己的投资和整个特许系统连在一起，受特许人控制，很少有创新的余地。在此情况下，如果特许经营总部不擅长业务管理，会使加盟店受到牵连，使那些满怀希望、准备大干一场的经营者陷入风险。如果受许人思想发生动摇，因受总部合同期限的限制，加盟店的转让和转移也非常困难，而且即便加盟合同到期，加盟者也要面临重新选择的问题，经营稳定性缺乏保障。

（3）认知食品特许经营与食品连锁经营的区别。

①食品特许经营和食品连锁经营的定义不同。连锁经营的核心是同一资本所有，经营同类商品和服务，由同一个总部集中管理领导，共同进行经营活动。连锁经营企业是组织化的零售食品企业集团。

②食品特许经营和食品连锁经营的特点不同。特许经营的核心是特许权的转让，特许人（总部）是转让方，受许人（分支店）是接受方。特许体系是通过特许人与受许人一对一签订特许合同而形成的，各个分支店之间没有关系。而在连锁经营中，总部对各分店拥有所有权，对分店经营中的各项具体事务均有决定权，分店需将营业利润按总部要求上缴，分店经理是总部的一名雇员，完全按总部意志行事。

③食品特许经营和食品连锁经营的范围不同。连锁经营的范围仅限于流通业和服务业，不涉及制造业；特许经营的范围则宽广得多，在制造业中也有大量实例。

④食品特许经营和食品连锁经营所包含的法律关系不同。在特许经营中，特许人和受许人之间的关系是合同双方当事人的关系，双方的权利和义务在合同条款中有明确的规定。而连锁经营中不涉及这种合同（分店经理与总部的雇佣合同则另当别论），总部和分店之间的关系由公司内部的管理规则调整。

⑤食品特许经营和食品连锁经营的运作方式不同。特许经营业务开展的基础是一整套经营模式或某项独特的商品、商标，特许人把这些内容以特许权组合的形式转让给受许人，有了它，受许人就可以独立开展业务。特许组织的建立也是以此为基础的。连锁经营则不需要这些内容。连锁经营实际上只需足够的资金和合适的业务类型就可以进行。当然，对于连锁经营来说，充足的经营管理经验和方法对于其获得成功至关重要的。

⑥食品特许经营和食品连锁经营的发展方式不同。特许经营通过吸收独立的商人加入扩大体系。这个过程中，特许人需作大量的营销工作以吸引潜在的受许人，还需作选择受许人的工作，并为受许人提供培训等各种服务。而连锁经营欲扩大其体系，则只需进行市场调查，选择合适的地点，并筹集到足够的资金就可以了。

（4）认知食品特许经营的类型。

①按特许经营权的内容划分，食品特许经营可以分为商品商标型特许经营和经营模式型特许经营。

②按特许双方的构成划分，食品特许经营可以分为制造商和食品批发商、制造商和食品零售商、食品批发商和食品零售商、食品零售商和食品零售商。食品零售商和食品零售商是典型的经营模式特许，其代表是快餐店。

③按授予特许权的方式划分，食品特许经营可以分直接特许经营和区域开发特许经营。

### 2. 运用食品特许经营方式分销

（1）认知特许人从事特许经营的条件。

①特许人从事特许经营活动应当拥有成熟的经营模式，并具备为受许人持续提供经营指导、技术支持和业务培训等服务的能力。

②特许人从事特许经营活动应当拥有至少两个直营店，并且经营时间超过一年。

③食品企业以外的其他单位和个人不得作为特许人从事特许经营活动。

（2）认知备案制度。由于从事特许经营活动是当事人的民事权利，政府不宜对其实行行政许可，但又需要对其经营活动进行监督管理，为此，《商业特许经营管理条例》确立了特许人备案制度。

特许人应当自首次订立特许经营合同之日起十五日内，依照《商业特许经营管理条例》的规定向商务主管部门备案。在省、自治区、直辖市范围内从事特许经营活动的，应当向所在地省、自治区、直辖市人民政府商务主管部门备案；跨省、自治区、直辖市范围从事特许经营活动的，应当向国务院商务主管部门备案。

特许人向商务主管部门备案，应当提交下列文件、资料：营业执照复印件或者食品企业登记（注册）证书复印件；特许经营合同样本；特许经营操作手册；市场计划书；表明其符合《商业特许经营管理条例》第七条规定的书面承诺及相关证明材料；国务院商务主管部门规定的其他文件和资料。

### 3. 运用食品特许经营的操作程序

特许经营从特许人招商加盟开始到加盟店开业后，特许人对其进行服务与管理需要经过以下七个程序：特许人宣传招商→潜在受许人向特许人表明加盟意向→特许人对潜在受许人进行评估→加盟双方签订合同，受许人缴纳费用→受许人接受培训→加盟店开始营业→特许人对加盟店进行监督与控制。

招商是特许经营的第一步，特许人通过媒体广告、招商会等形式，吸引大量自愿加盟的投资者，进而选择合适的受许人，同时也为投资者提供了一个商业发展的机会。投资者不仅要根据自己的商业常识、经营经验，还要通过特许人所披露的信息来选择特许人。投资者经过洽谈、鉴别、比较分析，最后确定特许人。然后，特许人要对投资者财务状况及其他业务情况进行了解。双方合意后，签订加盟合同。

### 4. 加盟商选择特许经营应注意的问题

（1）要看特许经营食品企业成立的年限，如果是刚成立的特许经营企业，要谨慎加盟。

（2）要看特许经营食品企业有无一定规模的直营店，直营店往往是特许经营实施营销策略的试验田。

（3）要看特许经营食品企业信息系统的发达程度。

（4）要看特许经营食品企业物流派送系统是否先进。

（5）要看特许经营食品企业的价值观是否正确。

# 9.4　运用食品营销互联网分销策略

📖【学习与训练思路】

互联网营销是互联网经济时代的一种崭新的营销理念和营销模式，是指借助于互联网、通信技术和数字交互式媒体来实现营销目标的一种营销方式。中国市场作为仅次于美国的第二大互联网市场，庞大的网民群体，形成了巨大的互联网消费群体和互联网营销空间。相对于传统的分销方式，互联网营销在许多方面存在着明显的优势。

在掌握搜索引擎优化、网络社区营销、视频植入营销、微博营销、微信营销等互联网分销方式的基础上，具备运用互联网分销策略的能力。

## 9.4.1　认知食品营销互联网分销渠道

### 1．认知食品营销互联网分销的概念

互联网营销是以现代营销理论为基础，借助互联网、通信技术和数字媒体技术实现食品企业营销目标的电子商务活动，依靠消费者高频次和重复的使用与消耗，通过一定规模的市场销量来获得利润和价值。

互联网分销渠道就是食品企业的产品和服务从生产者向消费者转移的具体通道或路径，它涉及信息沟通、资金转移和实物转移等。一个完善的互联网销售渠道具有三大功能：订货功能、结算功能和配送功能。合理的分销渠道，一方面可以最有效地把食品及时提供给食品消费者，满足用户的需要；另一方面也有利于扩大销售，加速物资和资金的流转速度，降低营销费用。网络虚拟市场作为一种新型的市场形式，同样存在一个分销渠道的选择问题。与传统营销渠道一样，以互联网作为支撑的网络营销渠道也应具备传统营销渠道的功能，因此，对于从事网络营销的食品企业来说，熟悉网络分销渠道的结果，分析、研究不同网络分销渠道的特点，合理地选择网络分销渠道，不仅有利于食品企业的产品顺利完成从生产领域到消费领域的转移，促进产品销售，而且有利于食品企业获得整体网络营销上的成功。

🔗 **相关链接**

中国电子商务研究中心的监测数据显示，2016 年上半年中国网络零售市场交易规模 20.2 万亿元，增长 23.6%，排名世界第一。到 2020 年中国网络零售市场交易规模预计达到 5.5 万亿元。随着未来 90 后和 00 后等互联网"原住民"逐步成为消费核心，电子商

务所带来的产业变革趋势将会越发势不可当。移动电子商务市场的发展不是简单地由 PC
端向移动端的迁移，而是以个人消费者为中心，提供更加个性化的产品和服务。

### 2．认知网络营销分销的类型

相对于传统的营销渠道，网络营销渠道也可分为直接分销渠道和间接分销渠道，但其
结构要简单得多。

（1）直接渠道。在食品网络营销的直接渠道中，生产商直接和消费者进行交易，不存
在任何中间环节，这里的消费者可以是个人消费者，也可以是进行生产性消费或者集团性
消费的食品企业和商家。这种由生产商通过网络直接分销渠道，销售产品，没有任何形式
的网络中介商介入的销售方式为网络直销。

食品网络直销的优点有：食品企业可以直接从市场上收集到食品销售的第一手资料，
合理地安排生产；食品企业能够以较低的价格销售自己的产品，消费者也能够买到大大低
于现货市场价格的产品；营销人员可以利用网络工具，如网站、电子邮件、公告牌等，随
时根据用户的愿望和需要开展各种形式的促销活动，迅速扩大产品的市场占有率；食品企
业能够通过网络及时了解到用户对产品的意见和建议，并针对这些意见和建议提供技术服
务，解决疑难问题，提高产品质量，改善经营管理。

但是，网络直销也有缺点。具体是：企业网站过多过乱，用户不能进行有效选择。面
对大量分散的企业域名，网络访问者很难有耐心一个个地去访问企业主页，特别是对于一
些不知名的中小型食品企业，大部分人不愿意在此浪费时间。

（2）有中介商介入的间接渠道。为了克服网络直销的缺点，食品网络中介机构应运而
生。这类机构的基本功能是连接网络上推销商品或服务的卖方和在网络上寻找商品和服务
的买方，成为连接买卖双方的枢纽，使网络间接销售具有可能性。

根据食品中介商的不同，食品网络营销的间接渠道分为两种：一种是以食品或服务经
销商为中介的食品网络营销间接渠道，中介商起着将产品由生产领域向消费领域转移的作
用；另一种是以网络信息中介商为中介的网络营销间接渠道，中介商本身不经营任何商品
和服务，仅仅凭借其掌握的大量相关信息沟通买方和卖方之间的交易，但最终交易的完成
和商品的实体流转还是供应方和需求方之间的事情。

食品网络中介机构的存在简化了市场交易过程。利用网络中介商的目的就在于他们能
够更加有效地推动产品广泛地进入目标市场。从整个社会的角度来看，网络中介机构凭借
自己的各种联系、经验、专业知识、活动规模以及掌握的大量信息，在把商品由生产者推
向消费者方面将比生产企业自己推销关系更简化，也更加经济。

利用网络间接销售渠道销售食品和服务，必须谨慎地选择网络中介商，这是网络营销
中关键的一环。在互联网飞速发展的今天，网上每天都在诞生着新的中介服务商，这些中
介服务商的功能作用、服务特色、服务质量差别非常大，在筛选网络中介商时，要考虑功
能、成本、信用、覆盖、特色和连续性六大因素。

①功能。食品网络中介商所能够提供的功能服务，是选择网络中介商时所要考虑的最

重要因素。网络中介商必须具备如下功能：信息收集功能，要有收集和传播食品网络营销环境中有关潜在与现行顾客、竞争对手和其他参与者的营销信息的能力；网络促销功能，要具有强有力的网络促销方式的开发能力，同时还具有迅速传播促销信息的能力；网络谈判功能，能够在网络上谈判撮合买卖双方的意愿，使买卖双方就价格、数量等条件达成协议并顺利实现商品劳务所有权的转移；网络订货功能，能够根据网络消费者的需求反向向商品和劳务的供应商管理者提出订货要求；网络融资功能，有能力融资，以负担从事网络分销工作所需费用；网络付款功能，能够完成在网络上向买方收款、向卖方付款，当然，在这中间离不开与银行或其他金融机构的联系。

②成本。这里的成本是指使用食品网络中介商时的支出。这种支出分为两类：一类是在中介商网络服务站建立主页时的费用；另一类是维持正常运行时的成本。在两类成本中，维持成本是主要的，成本的大小与所选择的网络中介商有关，因为不同的中介商对成本的支出有较大的差别。

③信用。这里的信用是指食品网络中介商所具有的信用度的高低。目前我国还没有权威性的认证机构对网络中介商进行认证，因此在选择中介商时应注意他们的信用程度。

④覆盖。覆盖是指网络宣传所能够波及的地区和人数，即网络站点能够影响的市场区域。对于食品企业来讲，站点覆盖面并非越广越好，还要看市场覆盖面是否合理、有效，是否最终能够给食品企业带来经济效益。

⑤特色。每一个网络站点都受到中介商总体规模、财力、文化素质的影响，在设计、更新过程中表现出各自不同的特色，因而具有不同的访问群。食品企业应当研究这些访问群（顾客群）的特点、购买习惯和购买频率，进而选择不同的电子商务交易中介商。

⑥连续性。网络发展的实践证明，网络站点的寿命有长有短。一个食品企业要想使网络营销持续稳定地运行，就必须选择具有连续性的网络站点，在用户或消费者中建立品牌信誉、服务信誉。为此，企业应采取措施密切与中介商的关系，防止中介商将其他公司的产品放在经营的主要位置。

（3）直接渠道与间接渠道相结合。食品企业在作网络分销决策时，既可以使用网络直接分销渠道，也可以使用网络间接分销渠道，还可以同时使用网络直接分销渠道和网络间接分销渠道。

食品企业建立网站，一方面为自己打开了一个对外开放的窗口，另一方面也建立了自己的食品网络直销渠道。只要企业能够坚持不懈地对网站进行必要的投入，把网站建设维护好，随着时间的推移，食品企业的老客户会逐渐认识并利用它，新客户也会不断加盟。而且，一旦食品企业的网页与信息服务商链接，其宣传作用便不可估量，这种优势是任何传统的广告宣传都不能比拟的。

而且，对于中小型食品企业来讲，网上建站更具有优势。因为，一方面，在网络上所有企业都是平等的，只要网页制作精美，信息经常更换，一定会有越来越多的顾客访问；另一方面，自己建立网站推销商品的过程非常简单。最简单的网上销售形式是在企业网络的产品页面上附有订单，浏览者对产品比较满意，可直接在页面上下订单，然后付款、交货，完成整个销售过程。

食品企业在自己建立网站推销食品和服务的同时，也可以积极利用网络间接渠道销售自己的产品和服务。利用网络中介商的信息服务、广告服务和撮合服务优势，扩大企业的影响，开拓食品企业产品的销售领域，降低销售成本。因此，对于从事网络营销活动的企业来说，必须熟悉和研究国内外电子商务交易中介商的类型、业务性质、功能、特点及其他有关情况，以便能够正确地选择中介商，顺利地完成商品从生产到消费的整个转移过程。

**相关链接**

### 苹果风卫龙辣条成功转战互联网

作为传统食品品牌，河南省卫龙食品发展集团股份有限公司应该算是成功互联网化的品牌之一了。从之前的一系列苹果风外包装、官方网站，到现在自导自演的天猫店被黑，每一次都能赚够眼球，掀起一波热议。

2016 年 4 月 5 日，短片《我的同桌是奇葩——逃学卫龙》上线；

2016 年 6 月 8 日，自导自演店铺被黑；2016 年 7 月 11 日，张全蛋卫龙车间直播；

2016 年 9 月 8 日，iPhone 7 上市，卫龙紧跟热点，推出了苹果风文案；2016 年 10 月 21 日，卫龙食品走出国门成为美国"奢侈"食品；2016 年 12 月 22 日，卫龙网站装修风格临时改为三俗风。

从营销角度分析，卫龙通过对自身的合理定位，找准了"电竞""二次元"等受众群，这些群体不仅网络黏性高，在接触到有趣的网络信息之后也容易自发产生传播话题，而且本身由于比较"宅"，对零食也有比较大的消耗量。在方式上，卫龙的每次营销都非常吸引眼球。例如，卫龙本身是生产辣条的，这是一种比较低端的产品，却偏偏要走苹果的高端风格，这就制造了当下流行的"反差萌"的效果。再如，卫龙的"三俗"风格界面，内容很俗气，但这种"擦边球"的形式却很新颖，也容易制造话题，引起网友的自发传播，非常接地气。

不论是哪种营销套路，一路走来，卫龙似乎已经渐渐把"垃圾食品"这个标签远远甩开，朝着"年轻人的休闲食品"一路向前狂奔。

## 9.4.2　运用创新型食品营销互联网分销方式

互联网营销区别于传统营销的根本点是互联网本身的特性和互联网消费者需求的个性化，互联网营销必须从互联网特征和消费者需求变化这一基础出发，进行营销策略的创新。本单元重点分析除网店外的创新型食品营销互联网分销方式。

### 1. 构建食品企业网站

企业网站是食品企业在互联网上进行网络营销和形象宣传的平台，相当于企业的网络名片。网络互联网可以直接帮助食品企业实现产品的销售，食品企业也可以利用网站来进行产品宣传、产品资讯发布、招聘等。网站制作应注重浏览者的视觉体验，加强客户服务，完善网络业务，吸引潜在客户关注。

在网站开发前先要对网站进行定位，只有网站符合浏览者的要求，才能开发出合适的网站。网站既是食品企业的信息发布平台（如企业介绍、获得的殊荣、产品介绍、服务体系等），也是企业与消费者的互动平台。食品企业构建网站目的是通过网站吸引消费者关注，因此更加强调互动性。互动性的第一步是网页内容与形式设计尽量考虑潜在客户的特征与需求，提供与企业行业、产品相关的各种信息；互动性的第二步是充分开发与网民的交流形式，如电子邮件定期直投资料、在线调查和投票、在线促销，建立虚拟网络社区等都是非常好的互动形式。

对于营销而言，构建网站是必然的，网站不仅是公司信息、公司产品、公司服务的互联网载体，还是大众了解企业的一个窗口。

### 2. 搜索引擎优化

所谓搜索引擎优化（Search Engine Optimization，SEO），就是针对搜索引擎的检索特点，让网站建设和网页设计的基本要素适合搜索引擎的检索原则，从而获得搜索引擎收录并在检索结果中排名靠前。假设一名家庭主妇发现自己孩子的零食吃完了，便上网想给孩子采购一些，当她在搜索引擎中输入"无添加、营养"的时候，她会得到三种关于零食产品的信息：一是卖零食的网店链接，二是零食的品牌或产品介绍和评论，三是关于健康零食的知识。很显然，第二种信息最能触动她的消费欲望。经过品牌、价格和网友评论的对比，她下了购买的决定。

搜索引擎优化的方法有很多种，如登录免费分类目录、登录付费分类目录、关键词广告、关键词竞价排名、网页内容定位广告等。根据 2012 年中国互联网信息中心发布的《第30 次中国互联网发展报告》，2012 年 6 月手机网民各类应用使用率中搜索功能占到 66.7%，仅次于即时通信。足见人们对手机搜索功能的依赖性。利用搜索引擎营销即根据用户检索的信息的内容，将企业的产品信息通过一系列的搜索引擎优化到达用户，吸引用户主动了解产品信息。就它的发展趋势来看，搜索引擎在网络营销中的地位依然重要，并且受到越来越多食品企业的认可，其方式也在不断发展演变，因此，应根据环境的变化选择搜索引擎营销的合适方式。当网站建设上线后，搜索引擎可以从两个方面来做，一方面由市场上专门提供搜索引擎优化服务的外包公司来做；另一方面由食品企业的网站维护人员来做，定期的对网站维护发布新信息，提高网站在搜索引擎上的自然搜索排名。

搜索引擎优化是在网站构建开始时就需要的，从网站的结构、网站的板块、网站的属性和网站的核心关键词都需要贯穿着搜索引擎优化的精神。消费者不管是在实体店还是在网店购买产品，都会关注两个问题："哪种品牌产品适合我"和"其他用户的使用心得怎么样"，这即是精准营销，也是口碑营销，而搜索引擎就是"精准和口碑"最关键的链接工具。所以，快消品企业一定要让自己的品牌、产品名称或者特性以及网络正面评论符合搜索引擎检索的原则，通过购买和设定关键词，使食品企业的相关信息在搜索结果中排名靠前，从而获得更高的关注度。

### 3. 运用 SNS 分销策略

SNS，全称 Social Networking Services，即社会性网络服务，专指旨在帮助人们建立社会性网络的互联网应用服务。SNS 的另一种常用解释是"社交网站"或"社交网"（Social Network Site）。SNS 营销指的是食品企业利用社交网络进行产品推广、举行活动，通过病毒式传播的手段，让产品被更多的消费者知道。如 Facebook、Twitter、开心网、人人网、51 网等就是社会化网络营销经典媒介。

SNS 包括三个元素：平台、用户、商业机构。社交网络营销是集广告、促销、公关、推广为一体的营销手段，是典型的整合营销行为，只不过是在精准定位的基础上展开的，偏重于口碑效应的传播。创意、执行力、公信度、传播面样样都要出彩。同时，要树立"精品意识"，减少"互动参与"的疲劳。

社交网络营销已经不是陌生的词语，对于很多企业来说，官方微博、人人网等社交媒体平台已经是企业营销的必备工具。

社交网络营销具有以下优势。

①精准的目标用户。因为 SNS 网站的用户群相对比较固定，而且可以掌握详细的用户资料，无论是广告投放还是产品推广都可以最大限度的达到目标。

②庞大的用户群、浏览量和黏度。用户群是展开营销的基础。经过多年的发展，SNS 网站，尤其是人人网和开心网在中国拥有了庞大的用户群，而且黏度特别高，活跃用户非常多，这是一笔庞大的资源。

③强大的口碑营销，传播速度快，效率高。以朋友、同学关系为基础的社交圈，可以形成巨大的口碑营销场所，消息传播的速度快，使得营销效果更加容易达到。

### 4. 网络视频营销

视频营销与其他营销方式相比具有很多优势：一是好的视频能够不依赖媒介推广即可在受众之间横向传播，以病毒扩散方式蔓延；二是目前视频营销的价格也相当低廉，一段视频广告的制作成本可能仅需十几万元甚至几万元，不及同类电视广告的 1/10，但传播效果并不逊色；三是优秀的视频营销能够与用户互动，摆脱了电视广告的强迫式营销，能够将品牌内涵进一步引申，加强传播效果。例如，维他奶的"要来就来真的"网络视频营销。第一步，在土豆网上先出现了多段搞笑视频，这些视频受到了年轻人的喜爱，他们用自己的方式去欣赏并推荐给自己的朋友。而这些视频正是由维他拍摄的，向消费者传达什么叫"要来就来真的"。第二步，土豆网和维他一起推出了以"要来就来真的"为主题的视频征集活动。这一活动以极具趣味的主题，带动网友传播、分享，调动了用户相当高的参与度，获得了非常惊人的传播效果。

### 5. 即时通信营销

即时通信营销即利用互联网即时聊天工具进行推广宣传的营销方式。尤其近几年利用 QQ、微信等即时通信软件进行营销大有愈演愈烈之势。使用即时通信营销的优点是可以很方便与客户沟通，维护客户关系，并且可以迅速带来流量，但是需要注意的是，通过这种营销方式，处理不当会给用户带来不好的影响，会对自身品牌有一定的影响。通常即时通讯营销常配备网络营销其他手段或地面推广活动共同应用。

### 6．运用微信分销

"微信"是腾讯公司 2011 年初推出的一款智能手机应用软件，在短短几个月内实现了用户量过亿，成为手机 APP 市场下载量最大的应用软件。在带来大量广告收益的同时，微信也因其区别于一般网络媒介的特点为食品企业网络营销提供了一种新的渠道。

（1）口碑传播——微信熟人推荐。新媒体时代，大众传播已不再是食品企业营销的唯一选择，相比之下，网络人际传播成为一种更有效的网络营销新途径。由于微信朋友圈中大多是相识的人或者是有过接触的微信公众号，用户在互动中更容易与对方建立起一种信任关系，用户在体验过食品企业的产品或服务之后可以对其进行评分，也可通过微信强大的富媒体传送功能将信息分享给自己的好友，这种熟人推荐式的营销模式能够更好的保证信息的传递与阅读，促进用户进行食品消费。

（2）内容定位精准营销——微信公众平台。用户通过关注微信公众号能够获得相关推送消息，同时也可以与食品企业公众号进行内容定制。食品企业在利用微信进行网络营销时，并不局限于开通食品企业公众号的形式，还可以与一些拥有大量粉丝的非商家公众号合作，通过植入营销达到产品推广的目的。例如，微信上的"下厨房"公众号，可以根据用户的需求向其推送菜谱，在了解了用户的口味后，该账号会据此有选择地进行一些烹饪产品信息的推送，而用户也很有可能喜欢这种口味从而前往推送的网址购买，这种植入式的营销更容易为用户所接受，同时由于用户对该公众号的信赖也会带来对其推送产品的好感，更易产生购买行为。

（3）基于 LBS（基于地理位置服务）的营销——微信地理位置服务。微信聊天界面能轻易将用户的地理位置发送出去，这一功能是食品企业进行精准营销的又一突破口。以公众号"艺龙旅行网"为例，用户通过发送自己当下的地理位置便可以获取附近的餐饮、交通、酒店的信息，更可通过该公众号平台来预订附近酒店、宾馆。在获取用户位置之后，该公众号也将据此对用户进行相关旅游信息的推送。微信的地理位置服务实现了用户对信息的需求也满足了商家促销的目的，这种双方互惠的营销模式不易导致用户对推送信息产生抵制情绪，接受度更高。

### 7．运用微博分销

（1）认知微博营销的概念。微博营销指通过微博平台为食品企业、个人等创造价值而执行的一种营销方式，也是指食品企业或个人通过微博平台发现并满足用户需求的商业行为方式。微博营销以微博作为营销平台，每一个听众（粉丝）都是潜在的营销对象，食品企业通过更新自己的微博向网友传播企业信息、产品信息，树立良好的企业形象和产品形象以达到营销的目的。

微博营销涉及的范围包括认证、有效粉丝、朋友、话题、名博、开放平台、整体运营等。自 2012 年 12 月后，新浪微博推出企业服务商平台，为食品企业在微博上进行营销提供了一定帮助。

（2）认知微博营销的特点。

①成本上发布门槛低。140 字以内发布信息，远比博客发布容易，对于同样效果的广告则更加经济。与传统的大众媒体（报纸、流媒体、电视等）相比受众同样广泛，前期一次投入，后期维护成本低。

②覆盖上传播效果好，速度快，覆盖广。微博信息支持各种平台，包括手机，电脑与其他传统媒体。同时传播的方式有多样性，转发非常方便。利用名人效应能够使事件的传播量呈几何级放大。

③效果上针对性强。微博营销是投资少、见效快的一种新型网络营销模式，其营销方式和模式可以在短期内获得最大的收益。

④手段使用上多样化，人性化。从技术上看，微博营销可以同时有文字、图片、视频等多种展现形式。从人性化角度上看，食品企业的微博本身就可以将自己拟人化，更具亲和力。

**相关链接**

### 恒大冰泉：线上线下整合营销

2013 年 11 月 9 日，在与首尔 FC 的决战开始前，广州恒大的球员穿上了胸前印有恒大冰泉的球衣，此前恒大拒绝了三星以每年 4 000 万元冠名球衣的合作。当晚，广州恒大如愿以偿地捧得了亚冠奖杯，恒大冰泉几乎一夜成名。恒大在微博上的表现也堪称优秀，每场重要的比赛，官微都会进行同步文字直播。在重要比赛之前，恒大还会在微博上发布官方海报，就 11 月 9 日晚"这一夜我们征服亚洲！下一步我们走向世界！"这一条带有海报的微博获得了超过 7 000 次的转发。恒大的这一线上线下整合营销的策略为其获得了极大的曝光量和品牌价值，而当 11 月 9 日晚恒大推出恒大冰泉的时候，这一切优势和价值便附加在了恒大冰泉身上。

### 8．网络游戏植入广告

网络游戏植入广告（In Game Advertisement，IGA）是一种潜移默化的信息沟通和传播手段，在网络游戏中植入品牌信息、产品信息，可以接触到大量网民。目前，游戏植入广告的应用范围和形式已经非常广泛，从游戏登录界面到游戏场景，再到道具物品，各种品牌信息充斥其中。

**相关链接**

英特尔、中粮集团等多家企业瞄准了社交网站小游戏这个非常好的营销推广平台，先后开发了与自身产品和服务相关的游戏。腾讯除开心农场之外，又上线了一个社区游戏——QQ 餐厅。这是一款以餐厅为背景的模拟经营类游戏，它还有效地链接了开心农场，也就是说农场里种的蔬菜、养的鸡鸭可以供应给餐厅日常运作，好友之间也可以偷师学艺等，由于其高度的娱乐性和融合性，很快就热火朝天。

可口可乐在网络游戏《魔兽世界》中作为神奇魔水出现，游戏角色饮用后可以立刻恢复体力、提高作战能力，也给玩家一种"喝可口可乐，要爽由自己"的品牌联想。《大唐风云》的玩家在游戏中的虚拟商店里，通过信用卡付款或者货到付款的方式下单，就可以买到真实的绿盛QQ能量枣、牛肉干以及鲜花等，并享受专门的配送服务。其中，在《大唐风云》这款游戏中，绿盛QQ能量枣是作为游戏人物的能量补充剂出现的。

### 9. 新媒体营销

新媒体是一个相对的概念，且传统媒体以后发展起来的新的媒体形态，包括手机媒体、网络媒体、交互式网络电视、移动电视、移动信息平台等。新媒体较之传统媒体有其自身的特点，如传播状态的改变，由一点对多点变为多点对多点，消除了媒体之间、受众群体之间、产业之间等的边界。

例如，2012年褚橙创造了销售200吨的奇迹后，褚时健授权电商平台本来生活网把2013年的褚橙销往全国。拥有深厚媒体背景的本来生活网一方面联手新京报传媒拍摄"80后致敬80后"系列专题，邀请蒋方舟、赵蕊蕊等80后名人相继讲述自己的励志故事致敬褚时健；另一方面推出个性化定制版的褚橙"幽默问候箱"，赠尝给社交媒体名人，包括韩寒、流潋紫等。如给韩寒只送了一个褚橙，箱子上印着"复杂的世界里，一个就够了"（韩寒主办的ONE APP的口号），引起微博300多万人次阅读。以上两条传播线索同时在传统媒体和手机视频门户、社交媒体等新媒体上进行交叉传播。褚时健的励志故事引发年轻受众口碑传播，同时褚橙也被打上励志烙印，最终在消费群体中完成"励志故事+橙子"的捆绑销售。

### 相关链接

#### 华美食品：会说话的月饼，首创"三微立体式营销"

华美食品在临近中秋之际，用微信、微博、微视"三微"举办了一场促销活动——华美"会说话的月饼"。

（1）用户购买华美月饼，扫描二维码，进入华美微信服务号活动主页面。

（2）定制祝福：拍摄微视频短片，录制并上传祝福视频，复制祝福视频链接，输入华美月饼独有的祝福编码，提交。

（3）分享祝福到朋友圈，就有机会抽取华美食品提供的万元钻戒、iPhone 5s、名牌手表、华美月饼等丰厚奖品。而收到月饼奖品后，扫描二维码即可查看祝福视频。

月饼原本就是节令性食品，华美"会说话的月饼"凭一次全新的创意祝福方式，以及过硬的品质与服务，在网络上掀起一场前所未有的浪潮，越来越多的普通用户也加入到了月饼送祝福活动的热潮中。全新的祝福方式，广受年轻人喜爱支持。更是吸引了网络红人参与,如《天天向上》阿毛及微博红人@回忆专用小马甲等人,也大力支持了华美"会说话的月饼"微活动。

# 9.5　运用食品营销物流策略

📖【学习与训练思路】

食品的流通过程不仅是所有权转移,在实现其价值的过程中还伴随着食品实体的转移。只有食品实体也从生产者手中转移到消费者手里,其使用价值才能得以实现。电子商务的快速发展,促进了食品营销物流的发展。

在掌握食品营销物流决策内容与物流决策的操作程序的基础上,具备运用物流决策与物流决策操作程序的能力。

## 9.5.1　认知食品营销物流的概念

物流是指物质实体从供应者向需求者的物理移动,它由一系列创造时间价值和空间价值的经济活动组成,包括运输、保管、配送、包装、装卸、流通加工及物流信息处理等多项基本活动,是这些活动的统一。

随着全球经济一体化进程的加快,食品企业面临着尤为激烈的竞争环境,资源在全球范围内的流动和配置大大加强,世界各国更加重视物流发展对于本国经济发展、民生素质和军事实力增强的影响,更加重视物流的现代化,从而使现代物流呈现出一系列新的发展趋势。未来物流的发展趋势可以归纳为信息化、网络化、自动化、电子化、共享化、协同化、集成化、智能化、移动化、标准化、柔性化、社会化和全球化。

## 9.5.2　认知食品营销物流决策的内容

### 1. 运输决策

运输决策是整个物流决策中的一个非常重要的决策。对于许多食品企业来说,运输成本要占到整个物流总成本的 35%～50%;而对于某些商品而言,运输成本要占商品价格的5%～10%。因此,食品企业必须制定正确的物流运输决策,以降低物流成本,提高物流效率,扩大物流的经济效益。

### 2. 仓储决策

仓储决策是指食品企业为满足商品在供需周转上的需求,并同时占用尽可能少的资金而选择最佳的仓储方案。

### 3. 存货控制

存货控制即存货水平的确定,起着调节生产和销售或采购和销售之间时间间隔的作用,是物流决策的重要内容。

### 4．配送管理

配送中心执行以下作业流程：进货、验收、入库、存放、标示包装、分类、出货检查、装货、送货。归纳起来，配送管理主要有进货入库管理、在库保管管理、加工管理、理货管理和配货管理。

## 9.5.3 运用食品营销物流决策的操作程序

（1）确定目标。决策目标要明确、具体，符合客观实际，应分清主次，首先保证主要目标的实现。

（2）拟定备选方案。在分析和研究各种因素及未来发展趋势的基础上，将各种估计进行排列组合，拟定出适量的方案；将这些方案同目标要求进行粗略的分析对比，从中选择出若干个利多弊少的可行性方案，供进一步评估和抉择。

（3）评价被选方案。按照方案在必须完成和希望完成的目标中进行评估的满意程序，对各方案进行全面权衡，从中选择出最满意的方案。

（4）选择方案。选择方案就是对各种备选方案进行总体权衡后，由组织决策者挑选一个最好的方案。

## 9.5.4 运用物联网体系下的智能物流

### 1．认知智能物流的概念

智能物流是利用集成智能化技术，使物流系统能模仿人的智能，具有思维、感知，具备学习、推理判断和自行解决物流中某些问题的能力。智能物流的未来发展将会体现出四个特点：智能化，一体化和层次化，柔性化，社会化。在物流作业过程中的大量运筹与决策的智能化；以物流管理为核心，实现物流过程中运输、存储、包装、装卸等环节的一体化和智能物流系统的层次化；智能物流的发展会更加突出"以消费者为中心"的理念，根据消费者需求变化来灵活调节生产工艺，更加柔性化；智能物流的发展将会促进区域经济的发展和世界资源优化配置，实现社会化。

智能物流在功能上要实现六个"正确"，即正确的货物、正确的数量、正确的地点、正确的质量、正确的时间、正确的价格；在技术上要实现物品识别、地点跟踪、物品溯源、物品监控、实时响应。

### 2．物流智能化的应用

（1）订单处理传递自动化：订单审核处理（查钱、查货、拼车）实现自动化，减少人工干预，比人工更及时准确。

（2）在途跟踪自动化：告别电话跟踪。

（3）在途异常报警：对超速、长时间驾驶、异常停车、长时间堵车、偏离路线实时异常报警。

（4）路况、库况判断、处理：通过具体车辆的轨迹、时间和大量车辆的行驶速度、位置变化来智能判断库况、路况，对后续运营安排作出影响，从而提高效率。

（5）车库联动：车有位置信息，库有位置信息，通过订单把车与库连接起来，车的位置自动提前驱动仓库作业，减少车等单、人等车、车等人等成本浪费。

（6）车车联动：通过车车联动，实现大车转小车，或者小车转大车的自动联动，一辆车驱动另外一辆车在何时何地汇合进行转驳，减少无效装卸和无效等待。

（7）车单联动：在库存水平比较低的情况下，过早进行车单匹配是不经济的。根据车的时空变化来匹配订单，有利于在同样库存水平下提高供货保障性。

（8）运输计划合理化：通过人工先进行运输计划编制，再寻找运力，这种以货找车没有考虑运力资源状况的运输计划编制方式，会影响交货及时性和增加运输成本。互联网可以实时掌握运力情况，作为运输计划编制的影响因素，不管是系统自动优化还是提供人工参考，都会使运输计划更趋合理。

（9）运输路径动态优化：把不同重量、不同车型在不同路径上所花的成本、时间和收货人的作业时间，都作为变量进入运输路径优化，会更为科学。

（10）车货匹配更为精准化：利用互联网，更大范围进行车货匹配，会大幅降低等待时间和空驶率，提高满载率。

## 案例分析

### 蒙牛：线上线下联动，开启"热销"之旅

蒙牛乳业（集团）股份有限公司成立于 1999 年，总部设在内蒙古自治区呼和浩特市和林格尔盛乐经济园区，是国家农业产业化重点龙头企业、乳制品行业龙头企业，已建成了集奶源建设、乳品生产、销售、研发为一体的大型乳及乳制品产业链，规模化、集约化牧场奶源达 94% 以上，居行业领先。2005 年，蒙牛已成为中国奶制品营业额第二大的公司，其中，液态奶和冰激凌的产量都居全中国第一，是中国最具价值的品牌之一。

作为一家以创新引领的中国乳制品企业，蒙牛过去一直紧跟经济发展潮流，积极发展企业营销，打通线上线下多个通道，成为行业内的领导者。

**一、蒙牛的线下分销渠道**

1. 分销商种类

蒙牛对分销商按照品类不同和分销商种类不同进行了详细具体的划分。

按照不同的品类进行划分，常温液态奶、低温液态奶、冰品、奶品各由不同的经销商负责，经销商向不同的事业部申请经营不同类别的产品。

按照分销商种类的不同，分销商分为两类，一类是分公司，蒙牛以参股的形式成立的公司，另一类是独立的经销商。如果同一个经销商既想做常温液态奶又想做低温液态奶，或同时做其他产品组合，则必须向不同的事业部分别申请。通常在北京、上海等城市建立分公司，而在其他大城市一般是采用经销商制。如表 9-5 所示：

表9-5　分销商种类

| 分销商名称 | 分 公 司 | 经 销 商 |
|---|---|---|
| 常温液态奶 | 常温液态奶分公司 | 常温液态奶经销商 |
| 低温液态奶 | 低温液态奶分公司 | 低温液态奶经销商 |
| 冰品 | 冰品分公司 | 冰品经销商 |
| 奶品 | 奶品分公司 | 奶品经销商 |

2．蒙牛的分销渠道基本结构

乳产品属于食品类快速消费品，具有保质期短，利润空间小，消费频率高的特点，所以要求建立高宽度的分销渠道来扩大市场覆盖面。蒙牛采用三级渠道的分销结构，即生产商—分销商—二级批发商—零售商，遵循了传统的乳品分销结构，每个事业部分别负责本部旗下的分公司和经销商，经销商负责二级批发商、组织购买者以及大型的零售终端，二级批发商负责中小型零售终端，包括中小型超市、仓储式商店、西饼屋等。分公司下设渠道组织与经销商下设组织一致。

3．蒙牛的分销商管理政策

从2004年开始，蒙牛不断深化深度分销模式在渠道建设中的推动作用，建立了严格的分销商管理政策以保障渠道建设的顺利运行。

分销商的管理政策主要分为分销商的选择、分销商的培训、分销商的日常管理、分销商的冲突管理以及分销商的监测与评估。

（1）分销商的选择。蒙牛通过招标的竞争机制来选则合适的分销商，并且制定了一系列的严格的选择标准。

必须是合法的经营者，即合法拥有三证：卫生许可证，营业执照和卫生质量检验报告；分销商具备整合资金的能力，这是蒙牛选择机制中重要的衡量标准之一；分销商拥有二级网点，饮品类产品需要极高的铺市率来支持企业的发展，乳业产品的利润很低，铺市率的高低直接关系到分销商的生存、企业的发展；分销商具备储运能力，如果分销商具有庞大的二级分销渠道，则对其中的仓库储备能力和运输能力都有一定的要求；分销商的注册资本、办公条件、人员素质、工作能力、财务状况等条件也要进行相应的了解。

（2）分销商的培训。蒙牛重视教育在企业发展过程中的作用，2004年4月成立了蒙牛商学院，对其分销商也进行培训。蒙牛公司的培训分为两个阶段，包括初期培训和后期培训。初期培训是针对新加盟的分销商的培训，主要侧重于公司文化制度和业务绩效的培训。初期培训是短期的，后期培训却是长期的，后期培训是针对现有分销商的培训，侧重于将先进的分销思想与实际业务相结合。

（3）分销商的日常管理。目前，蒙牛对分销商的管理主要包括进销存管理、品项管理、铺市管理、物流配送管理、考核管理。

进销存管理："进销存"管理即是对企业"进货""销售"以及"存货"的管理。蒙牛2004年引进了ERP系统，实现了对分销商"进销存"的电子化管理。

品项管理：品项管理主要对分销商经营商品的品类、价格体系等进行管理。

铺市管理：蒙牛采用地域原则与就近原则相结合的方法划分每个分销商的控制区域，即蒙牛在主体上按照地域的原则划分分销商的控制范围，在边缘地区按照就近的原则划分。

物流配送管理：蒙牛负责将产品通过公路、铁路运送到分销商处，并由专人在指定时间将产品送到指定地点，再由分销商统一将产品通过各种方式转运到二级网点，然后最终到达目标市场。

（4）分销商冲突的解决。分销的冲突主要体现在两个方面，首先是窜货，越是知名品牌，窜货现象越严重，蒙牛也无法幸免。其次是由于资源分配不均衡造成的冲突。如何解决冲突，是企业与分销商维持长久关系的关键。

窜货造成的冲突。窜货分两类，一是地区间窜货，二是分销商内部窜货。对于第一类窜货，公司负直接责任，蒙牛公司引进了先进的生产设备，使每一包牛奶都有自己的编号，可以进行身份识别，这就很好地控制了窜货，每一个分销商的产品编号公司都有记载，一旦在一个区域查到另一个区域的编号，则涉嫌的分销商都要受到相应的警告处罚，严重者将取消其代理权。对于第二类窜货，分销商负直接责任，其自身也有一定的控制手段，如人工在不同渠道商品上作可识别编号等。

由于资源分配不均衡造成的冲突。这里所指的资源分配不均是指市场的消费能力分配不均。首先，在分销商招标之前，蒙牛根据其所划区域的不同，根据消费水平以及零售网点数量等因素对不同区域市场购买力和购买潜力进行了预估，在竞标中，对号入座，选择合适的分销商。其次，在制定销售任务上采取量化的方式，由浅入深，逐步加强分销商的销售能力，引导其不要片面地强调分划区域的大小，要着眼于市场的精耕细作，加大铺货率，提高每个终端的客户的满意度和消费量，从而达到优化整个渠道链条的作用。

4. 蒙牛公司分销渠道的特点

蒙牛用短短七年时间就完成了其他企业需要用几十年才能达到的企业规模和效益，除了产品的优质性，价格的低廉性，促销的灵活性之外，渠道也显示出创新性、变化性、适应性、和谐性的特性。

（1）渠道的创新性。

① 分销策略的创新。蒙牛在从建立伊始就屡出奇招，先做市场，再做产品。从宏观上，这种由上而下、由高到低的梯度推进了品牌示范效应在渠道建设中的作用，一旦攻克一线市场，形成了知名品牌的形象，二线市场也会迅速跟进，然后三线及以下的市场纷取囊中。在微观层面上，蒙牛充分考虑到自身攻占一线城市的劣势，采用反梯度的方式，由简到繁、由易到难、由小到大。先做小店小店再做小区超市，然后触及中型超市，最终功克大型超市，从而使产品得到了各大城市消费者的认可，最终享誉全国。

② 分销商制选择的创新。蒙牛在省会城市选用分公司制，但是在其他大中型城市则选用经销商制。

③ 制度的创新。蒙牛从一开始就建立了一整套完善可行的渠道制度，从渠道成员的选择、培训、管理、评估到渠道冲突的解决，事无巨细。蒙牛大胆引用了海尔的市场链和索

酬索罚的管理理论，通过一系列的改造使其成为适应自身发展的利器，积极调动了员工的工作创造积极性。

（2）渠道的变化性。市场永远在变化，因此企业的营销策略特别是渠道策略一定要根据市场的变化适时作出调整。蒙牛公司的渠道变化体现在分销模式的变化和渠道类型的变化。

①分销模式的变化。蒙牛逐渐由区域总代理制的分销渠道模式开始向深度分销的模式转变。

②渠道类型的变化。蒙牛在原有分销的基础上又加入了直销，使渠道呈现出分销为主，直销为辅的特点。蒙牛于 2005 年开始推行加盟制，加盟的方式有两种，一种是负责一个片区的加盟商，另一种是直接做专卖的个体加盟店。前者对后者有管辖权和配货权，两者都与以往的区域经销商并存。

（3）渠道的适应性。蒙牛深入研究中国零售业的发展现状，选择以深度分销模式为主，其他类型分销模式为辅的渠道模式。蒙牛在重点城市实行关键客户和深度分销结合的模式，针对巨型零售商采用关键客户的渠道模式，针对关键客户建立详细的大客户档案，针对性的加强服务和管理，对其他类型的终端实行深度分销的模式。针对乡镇市场的终端特点，蒙牛采用区域代理的渠道模式，最大限度地利用其品牌效应，节约渠道成本和销售成本。在中小型城市严格推行深度分销模式。

渠道的和谐性。渠道的和谐性具体体现在蒙牛与其渠道成员建立了战略联盟关系。蒙牛善于整合利用各路资源与关系，与经销商结成了长期的战略联盟关系。有关资料显示，80%的经销商对蒙牛有极高的忠诚度。蒙牛对经销商进行计划和量化相结合分销系统数据的电子化管理控制的管理，极大节约了经销商的资金和时间以及人员等资源。蒙牛热衷于利用事件营销及广告营销等促销手段带动销售，增加经销商的利润。

**二、蒙牛的线上分销渠道**

1．建立电商分销网络

蒙牛代表乳业进军电子商务市场，成立创新发展部电商团队，从零基础发展到覆盖市场活动策划、电商自运营、物流仓储配送和客户服务的完整电商生态链，签订并开通了我买网、天猫、1 号店、京东、苏宁等所有主流电商平台的销售渠道，销售业绩一路飙升。同时建立了自营的电商平台"幸福动车"。

2．开发微商城

蒙牛全员营销开发微商城是在移动互联网时代，由蒙牛集团官方打造的一个让消费者自购省钱，推广赚钱的平台。成为蒙牛全员营销牛人没有任何门槛，只要关注公众号填写姓名手机号即可注册。

3．创新数字化营销

传统营销强调的时效性主要集中在广告成本，而随着移动支付的发展，时效性的评估已经不仅是广告成本，而一定要深入到销售转化层面。传统营销从品牌曝光到销售转化的链条非常长，既要投线上广告，终端还要做陈列、铺货、安排促销员讲解。现在互联网的数字化营销，用户从看到广告到发生购买行为最短只要一次点击，链条非常短。蒙牛的数字化营销正是把数字媒体和电子商务有机结合起来，提升销售转化，不再仅仅是通过大量投放广告来提高销量，力求让每一笔费用都花得有所值。在蒙牛自营的电商平台"幸福动车"可以更精准地定位多样化的人群。蒙牛分析线上消费人群的消费习惯和对聚合内容的关注度，再对这些用户的全网行为进行挖掘，将他们喜欢的明星、网站、APP 等信息综合分析之后，为这些用户推出带有内容属性的定制产品。如"给吴亦凡过生日"的奶特产品，就是利用粉丝经济，打造了一款专属于粉丝的定制化产品。针对不同的购物行为采取不同的销售策略。电商提供了便于线上拼单的八支包装和六支包装产品，以及便于囤货的 24 支包装产品，有时候甚至会基于不同平台用户的需求作产品设计。

（资料来源：蒙牛企业网络营销策略研究）

## 营销知识检测

1．食品分销渠道的决策和管理包括哪些内容？
2．如何进行窜货管理？
3．直销与传销有哪些区别？
4．直销企业及其分支机不得招募的直销员条件是什么？
5．简述食品特许经营的操作程序。
6．加盟商选择特许经营应注意哪些问题？
7．食品营销物流决策包含哪些内容？

## 营销能力训练

**训练项目：**
选择一家食品企业，对其的分销策略进行分析，并为其选择分销策略，撰写分销策略分析方案。

**训练目的：**
通过训练，进一步认知、掌握食品分销渠道的决策和管理的方法、程序，具备运用食品分销策略的能力。

**训练要求：**
由班级学习委员组织全员对分销策略分析方案进行讨论、交流。

# 第 10 单元 ● ● ● ●

# 运用食品营销促销策略

## 学习与训练指导

食品企业通过运用产品策略、价格策略、分销策略，开发了符合食品消费者需求的产品，制定了适当的产品价格，并选择了分销策略，解决了产品如何卖的问题。接着就要运用促销策略解决如何把产品信息迅速传递给食品消费者，并对食品消费者进行有效的刺激，激发食品消费者的购买欲望，使食品企业的产品卖得快、卖得多、卖得长久的问题。

促销策略是食品营销管理中最复杂、最富技巧、最具风险的一个环节。不少食品企业对促销没有一个全面而正确的认识，认为促销只是单纯的营业推广，搞促销活动就是做广告，以至于只搞单项的促销活动就可以了。而正确的做法是，运用促销组合策略，实现促销系统的最佳整体运动状态，从而达到促进销售的目的。

通过学习，掌握促销组合决策的内容，掌握广告促销、营业推广促销、人员推销、公共关系促销的方法。

通过训练，具备综合运用促销策略的能力。

## 导入案例

### 乌海华联超市端午节食品促销活动

1．活动时间：2013 年 6 月 8—17 日，为期 10 天。

2．活动主题：又是一年端午情。

3．活动目的：为庆祝端午节，纪念屈原与保留民俗传统，乌海华联超市特举办庆祝端午节的促销活动，借此活动达到"寓教于乐"的目的；并通过活动回馈消费者，提高乌海华联超市的知名度，吸引人潮，提高活动日的营业额。

4．活动地点：华联超市新华店、华联超市大庆店。

5．活动形式：第 1 个时间段为 6 月 8—11 日（端午节），共计 5 天的时间。这 5 天主要以传统端午节为主体准备特价商品，重点为节日商品，粽子及包粽子所用物料和用品等。

第 2 个时间段为 6 月 12—17 日,重点商品为夏季应季商品展卖,价格下调力度在 15%～20%，以本地应季商品为主，外采商品可做花样补充。

6．营销活动形式:

（1）又是一年端午情之"我在华联寻屈原"。 端午节当日上午 9:00—11:00 分别贴出 10 组"端午节，我在华联寻屈原"字样，消费者可参与收集，一次性集齐者赠送精美节日礼品。

（2）又是一年端午情之"亲子陆地龙舟赛"。 为突出端午节日特色，并加强亲子关系，凡在端午节当日，在华联超市购物的消费者即可参加本活动。

（资料来源：第一范文网. http://www.DIYIFANWEN>COM ）

### ❓ 辩证性思考：

你对乌海华联超市的促销方案作何评价？

# 10.1　运用食品营销促销组合决策

### 📖【学习与训练思路】

促销的实质是信息沟通。产品促销的过程就是食品企业与消费者的信息沟通过程。食品企业为了促进销售，把信息传递的一般原理运用于食品企业的促销活动中，在食品企业与中间商和消费者之间建立起稳定有效的信息联系，实现有效的信息沟通。

在掌握促销组合方式、影响促销组合选择的因素、促销策略、促销组合模式与促销管理操作程序的基础上，具备运用促销策略、促销组合模式的能力。

## 10.1.1　认知食品营销促销组合

### 1．认知促销的概念

促销是促进产品销售的简称，是指食品企业通过人员和非人员的方式，将其产品及相关的有说服力的信息告知食品消费者，引发、刺激食品消费者的欲望和兴趣，以影响目标消费群的购买决策行为。促销促进了食品企业产品销售的市场营销活动。

### 2．认知促销组合的方式

促销组合又称市场营销传播组合，包括人员促销和非人员促销两大类。人员促销又称人员推销，是食品企业运用推销人员向食品消费者推销商品或劳务的一种促销活动。非人员促销，是食品企业通过一定的媒体传递产品或劳务的有关信息，促使食品消费者产生购买欲望、发生购买行为的一系列促销方式，包括广告、营业推广、公共关系。各种促销方式的优缺点如表 10-1 所示。

表 10-1  各种促销方式的优缺点

| 促销方式 | 优　　点 | 缺　　点 |
|---|---|---|
| 人员推销 | 推销方式灵活，能随机应变；易于激发购买兴趣，促成即时交易；信息反馈及时 | 接触面窄；费用较高 |
| 广告 | 触及面广，形象生动，多次运用 | 说服力较小，难以促成即时购买 |
| 营业推广 | 吸引力大，促成消费者即时购买 | 过多使用，有损品牌形象，还可能引起消费者的反感 |
| 公共关系 | 影响面广，容易得到消费者的信任和欢迎 | 长期坚持，才能取得效果 |

### 3．认知促销的类型

（1）一级促销。一级促销主要包括食品生产商对批发商的促销；食品生产商对零售商的促销；食品生产商对消费者的促销；批发商对零售商的促销；批发商对消费者的促销；零售商对消费者的促销。一级促销属于单层次促销。

（2）二级促销。二级促销主要包括食品生产商对批发商、零售商的促销；食品生产商对零售商、消费者的促销；食品生产商对批发商、消费者的促销；批发商对零售商、消费者的促销。二级促销属于双层次促销。

（3）三级促销。三级促销指食品生产商对批发商、零售商、消费者的促销。三级促销属于多层次促销。

### 4．澄清促销误区

（1）过度依赖促销。只把促销看成取悦消费者的手段，不断通过打折、降价、赠送等促销手段，刺激消费者购买，谈不上品牌忠诚。以促销支持销售，一旦促销停止，销售马上回落，对促销的依赖性极强。

（2）随意促销。天天想着各种各样的促销，打击对手，讨好消费者。尤其是面对销售压力时，就更渴望通过促销的形式来解决问题。随意促销的最大问题是对促销往往缺少整体规划，想怎么做就怎么做，具有很大的随意性，很难产生整体效益。

（3）盲目攀比。"你5折我就4折，你4折我就3折，你现场展示我就搭台唱戏"，这是典型的促销攀比。尤其是竞争品牌促销收效不错时，往往在攀比心的驱使及经销商的压力之下，盲目出手，推出比竞争品牌更优惠的促销措施，结果大都是竞争品牌拣到了"西瓜"，自己只拣到了"芝麻"，而为此所付出的精力与成本，却无法从促销活动中得到回报。

（4）随大溜。作促销的最初动因只是因为大家都在做，没有自己的促销计划与促销目标，更没有针对竞争品牌的促销战术，这是典型的随大溜。随大溜的结果往往陷入促销同质化的局面，由于大家都在做，消费者也司空见惯，故而很难达到理想的效果。

（5）惊世骇俗。促销形式必须求异求怪，与众不同。最大问题往往是食品企业过于在意促销的轰动效应，而忽视了促销的本来目的，使消费者感到困惑。

（6）缺乏计划。想怎么促销就怎么促销，想什么时候促销就什么时候促销，没有计划性与系统性，这是典型的随意促销。这种促销主观性意识色彩很浓，竞争意识差，更不用谈促销战略与战术的组合运作了。

### 相关链接

#### 超市促销食品的选择

（1）节令性食品。

（2）敏感性食品。敏感性食品一般属必需品，市场价格变化大且消费者极易感受到价格的变化，如鸡蛋、大米。选择这类食品作为促销产品，在定价上不妨稍低于市面价格，就能很有效地吸引更多的消费者。

（3）众知性食品。众知性食品一般是指品牌知名度高、市面上随处可见、容易取代的食品。选择此类食品作为促销产品往往可获得供应商的大力支持，门店的促销活动与大众传播媒介、新媒体的广泛宣传相结合，如保健品、饮料、啤酒、儿童食品等。

（4）特殊性食品。特殊性食品主要是指超市自行开发、使用自有品牌、市面上无可比较的食品。这类食品的促销活动主要应体现食品的特殊性，价格不宜订得太低，且应注意价格与品质的一致性。

无论选择何种食品作为促销品都应牢记两个基本要点：一是选择消费者真正需要的食品，二是能给消费者增添实际的利益。

## 10.1.2　运用食品营销促销策略

### 1. 运用"推动"策略

（1）认知"推动"策略。"推动"策略亦称高压策略，它强调的重点是分销渠道上各环节人员推销的推销活动，重点在于人员促销与贸易促销。销售人员介绍产品的各种特性与利益，促成潜在食品消费者的购买。食品企业的销售人员访问批发商，协同批发商的销售人员访问零售商，再协同零售商的销售人员积极地向消费者推销产品。按照这种方式，产品顺着分销渠道，逐层向前推进，推进终端市场。这种方式中，促销信息流向和产品流向是同方向的。"推动"策略常用于销售过程中需要人员推销的工业品与消费品（包括食品）。

（2）"推动"策略的适用条件。"推动"策略的适用条件有：食品企业规模小或无足够的资金推行完善的广告促销；市场比较集中，渠道短，销售力强；产品单位价值高；食品企业与中间商、消费者关系亟待改善；产品性能及使用方法需作示范；拥有较雄厚的推销队伍，或者产品的声誉较高，主要以中间商为主要的促销对象，要求针对不同的食品、不同的客户，采用不同的推销方式和方法。

### 2. 运用"拉引"策略

（1）认知"拉引"策略。"拉引"策略也称吸引策略，是食品企业把消费者作为促销对象，通过密集型的广告宣传、营业推广、公共关系等方式，引起消费者的购买欲望，激发购买动机，进而增加中间商的压力，促使零售商向批发商、批发商向制造商进货，最终满足消费者的需要，达到促进销售的目的。同时，也可以直接对渠道成员（批发商、零售商）采用广告宣传、营业推广、公共关系等方式，拉动下游中间商对其上游的进货需求。依照这种方式，产品在分销渠道上，因为受到广告等促销活动的影响而产生需求吸引。这种方式中，促销信息流向和产品流向是反向的。

（2）"拉引"策略的适用条件。"拉引"策略的适用条件有：产品是市场上的便利品，产品差异化不大；食品企业拥有充分的资金，有力量支持广告促销等；食品企业的产品的销售对象比较广泛，或是新产品上市，需要扩大知名度。

### 3. 运用"推拉"策略

"推拉"策略也称混合策略。"推动"策略和"拉引"策略都包含了食品企业与消费者双方的能动作用，但"推动"策略的重心在于推动，着重强调了食品企业的能动性，表明消费需求是可以通过食品企业的积极促销而被激发和创造的；"拉引"策略的重心在于拉引，着重强调了食品消费者的能动性，表明消费需求是决定生产的基本因素，食品企业的促销活动必须符合消费需求，符合购买指向，才能取得事半功倍的效果。大多数食品企业，在销售其产品时，都采用"推拉"策略，但由于食品企业处在不同的发展阶段，其经营目标不同，因而推力和拉力所占的比例不同。

运用"推拉"策略的有效做法是有效搭配，就是前拉后推，推拉结合。促销的基本过程就是运用"推动"和"拉引"这两种方式，促使渠道成员或食品消费者购买食品企业的产品或服务。在运用"推拉"策略时，一定要适度地搭配好各自的投入比例，协调启动。

## 10.1.3 分析影响食品营销促销组合选择的因素

### 1. 分析促销目标对促销组合选择的影响

促销目标是食品企业从事促销活动所要达到的目的。食品企业的不同时期及不同环境都有其特定的促销目标，无目标的促销活动是收不到理想效果的。促销目标不同，促销组合也会不尽相同。以提高知名度和塑造良好形象为主要目标时，促销方式应以公共关系和广告为主；而以销售食品为主要目标时，公共关系是基础，广告是重点，人员促销是前提，营业推广则是关键。

### 2. 分析产品市场对促销组合选择的影响

不同的促销方式在不同的产品市场类型上的效果是不同的。在食品市场上，促销效果由高到低依次为广告、营业推广、人员推销和公共关系；在组织市场上，促销效果由高到低依次为人员推销、营业推广、广告和公共关系。

### 3. 分析产品生命周期对促销组合选择的影响

在产品生命周期的不同阶段，因促销侧重的目标不同，所采用的促销方式亦不同。例如，在产品的导入期和成长期，因需要开拓市场、提高知名度，往往在广告上花费大量费用；而在成熟期和衰退期，因产品已经饱和或消费者已经对产品非常熟悉，广告使用量就大量减少，代之以能引起购买欲望的营业推广方式。不同产品生命周期的促销方式如图 10-1 所示。

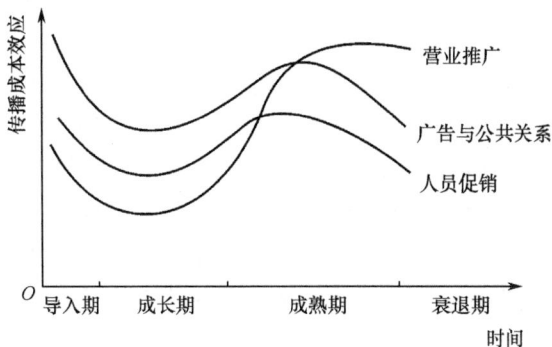

图 10-1　不同产品生命周期的促销方式

### 4. 分析市场特点对促销组合选择的影响

目标市场的规模与集中性、目标群体的特性、购买者类型及竞争对手不同，促销组合方式也有所不同。

（1）市场规模与集中性不同时的促销组合。规模小且相对集中的市场，人员促销是重点，应同食品消费者建立长期固定的产销关系；规模大、范围广且分散的市场，则应多采用广告、公共关系和营业推广。

（2）目标群体的特性不同时的促销组合。对于不同特性的食品消费者，由于职业、购买习惯和经济收入的不同，使得他们的需求与获得信息的途径也不同，因此相应的促销方式也不尽相同。此外，目标群体的生活方式、个性特征及产品使用习惯也会影响促销方式的选择。

（3）购买者类型不同时的促销组合。对个人、家庭消费者应以广告、公共关系促销为主，辅之以人员促销；对组织用户、集团消费应以人员促销为主，辅之以公共关系和广告；对中间商则宜以人员推销为主，并配合营业推广。

（4）竞争对手不同时的促销组合。除非销售的产品是垄断性产品，否则都需要考虑竞争者对食品企业促销组合的影响。食品企业开展促销活动之前，一定要了解竞争对手的情况，如他们面临着什么样的问题、他们的促销策略及效果如何、他们的竞争优势和食品企业实力在哪里、他们的促销活动会给本企业造成什么不利影响。食品企业要分析和比较自身与竞争对手的实力，据此选择针锋相对的促销方式或避其锋芒的促销组合。

### 5. 分析促销预算对促销组合选择的影响

食品企业开展促销活动，必然要支付一定的费用。因此，除了上述影响因素，能用于促销的费用预算，也是决定促销组合的重要依据。各种促销组合所需费用不同，为提高经济效益，应力求以促销费用尽可能少而促销效果尽可能好的方式去促销。这就要求食品企业在制定促销组合时，应根据促销目标，对食品企业的财力状况、各种促销方式的费用、可能产生的经济效益，以及竞争者的促销现状等多方面因素进行全面权衡，选择适宜的促销方案。

**6．分析互联网营销对促销组合选择的影响**

互联网参与营销以后，打破了传统的营销推广的格局，改变了食品企业的营销渠道和策略，电视媒体已不再是宣传的霸主，报纸、杂志、广播开始受到冷遇。例如，箭牌口香糖、德芙、百事可乐等在互联网上的投放都有大幅度增长。互联网的运用，提高了信息的传播速度，扩大了覆盖面，直接影响了食品企业的销售额，同时有利于食品企业开拓新市场。一些小型食品企业无力在电视上投放广告，而报纸、杂志宣传传播速度及效果较低，所以互联网宣传是最好的选择。不管是大企业还是中小型企业，都可以将互联网作为对外宣传的重要手段。

除了考虑上述因素，促销策略的选择和应用还要考虑食品消费者行为和消费习惯、经济情况、分销成本和分销效率、技术条件等。

## 10.1.4　运用食品营销促销管理的操作程序

**1．确定促销对象**

促销对象是食品企业通过市场细分确定的食品营销对象，是对传递的产品及相关信息感兴趣的人或组织，可能是潜在的购买者或现实的使用者，可能是购买决策者或影响者，或者是一般公众。食品企业要研究促销对象对食品企业及其市场竞争者的产品的现有印象，便于确定合适的促销目标。

**2．确定促销目标**

促销目标的确定是以促销对象对食品企业产品的现有印象为基础的。消费者从接收信息到最后实施购买决策一般要经过四个阶段，即知晓、兴趣、欲望和行动。食品企业若知晓了消费者现在对产品的认知阶段，就可以确定下一步的促销目标。例如，消费者现在处于有购买食品企业产品的欲望阶段，促销的目标就是要让消费者付诸购买行动，快速达成交易。

**3．设计信息**

信息设计的操作性极强，促销必须设计有效的信息，用有说服力的方式表现出来，达到引起消费者注意、提起兴趣、引起欲望，从而付诸购买行动的目的。

**4．选择信息沟通渠道**

有效的促销信息沟通渠道有人员信息沟通渠道和非人员信息沟通渠道。人员沟通信息渠道是指两个或更多的人相互之间直接进行信息沟通；非人员信息沟通渠道通常是指无须通过人与人的直接接触来传递信息或影响的渠道，如大众媒体、新媒体、包装起来的环境氛围或者设计安排的事件活动等。人员信息沟通渠道可以直接达成交易而非人员信息沟通渠道却不能；人员信息沟通渠道传递的信息企业不能控制而非人员信息沟通渠道传递的信息企业却可以控制等。

### 5. 决定促销组合

由于促销方式各有特点，在不同市场条件中的适用程度和有效程度也不同，必须综合考虑各方面情况，选择最佳促销组合。

### 6. 评估促销效果

促销组合的确定并非促销决策程序的终结，还必须对促销效果进行评估，如有多少人接触过该信息、有多少人能记住该信息、对该信息的反应如何、有多少人采取了购买行为等。

### 7. 控制和调整促销活动

评估的目的是便于控制和调整食品企业下一步的促销活动，做到有的放矢。影响促销决策的各种变量在不断发生变化，因此必须要对决策方案进行相应修正和调整。

## 10.1.5　运用食品营销的促销策略的模式

食品企业在进行促销策划时，必须根据促销目标与任务、产品类型与性质、市场范围与规模、消费者素质与购买阶段等因素对人员推销广告、营业推广、公共关系等各种促销方式进行综合运用和有机组合。由于影响组合促销因素的多样性、复杂性和促销方式的多重性、多变性的特点，导致促销组合模式的多样性。普遍运用的促销组合模式有：广告、人员推销促销组合；营业推广、广告促销组合，广告、营业推广和人员推销促销组合；广告、营业推广、人员推销和公共关系促销组合；拉式促销组合和推式促销组合。

### 相关链接

#### 促销需要注意的问题

1. 促销活动的延续时间

一般延续时间在一个月以上的促销活动称为长期促销活动，其目的是希望塑造超市的差异优势，增强顾客对卖场的向心力，以确保消费者长期来店购物。还有短期促销活动，通常是 3~7 天，其目的是希望在有限的时间内通过特定的主题活动来提高来客数及客单价，以达成预期的营业目标。长期性促销活动应持之以恒，从开始到结束应始终如一，以树立稳定的良好形象；而短期性促销活动则不宜将时间拉得太长，否则会使消费者失去新鲜感而影响促销效果。

2. 促销活动的时间选择

一个良好的促销计划应与季节、月份、日期、天气、温度、行事等相互配合。

（1）季节。促销活动应根据季节不同来选择促销品项。例如，暖季应以清凉性商品为重点，同时要考虑季节性的色调配合。

（2）月份。商品销售有淡、旺季之分，一般而言，3月、4月、5月、11月是经营淡季，如何在淡季做好促销工作是非常重要的。为使淡季不淡，必须有创新的促销点子，不能一味地依靠特价来促销。

（3）日期。确定企业的关键日，掌握消费者购买的时间规律。一般而言，由于发薪、购买习惯等因素，月初的购买力比月底强；而周末、周日、传统节日的购买力又比平日强，所以促销活动的实施也应与日期相配合。

（4）天气。天气会影响"人潮"，而人潮就是"钱潮"，所以可以说超市也是看天吃饭的行业，天气差来客就少，生意往往会减少5%~10%。因此，天气不好时，如何向消费者提供价格合理、鲜度良好的商品及舒适的购物环境（如伞套、伞架、外送服务、防滑垫、干爽的卖场等），也是促销计划中应考虑的因素。

（5）温度。人是环境的应变量，气温一高，饮料、冰品类商品的销售量就会立即提高；温度低，火锅、冷冻食品类的销售量便会明显上升。

（6）行事。行事是指各种社会性的活动或事件，如重大政策法令出台，放假、考试、运动会、停电、停水、停煤气等，这些活动或事件最好能事前掌握，以利安排促销活动。

# 10.2　运用人员推销促销

📖【学习与训练思路】

人员推销是一种具有很强人性因素的、独特的促销方式，可以达成许多其他促销方式无法达成的目标，其效果是极其显著的。

在掌握推销人员的角色定位、人员推销的基本形式、产品利益推销的方法、推销的操作程序与推销管理的内容的基础上，具备运用产品利益推销的能力。

## 10.2.1　认知人员推销

### 1. 认知人员推销的内涵

人员推销是指食品企业推销人员直接向食品消费者推销产品和服务的一种促销活动。在人员推销活动中，推销人员、推销对象和推销产品是三个基本要素。前两者是推销活动的主体，后者是推销活动的客体。食品企业通过推销人员与推销对象之间的接触、洽谈，将商品推销给推销对象，从而达成交易，实现既销售产品又满足消费者需求的目的。

### 2. 认知推销人员的角色定位

推销员是食品企业形象代表，是热心服务者，是信息情报员，是"客户经理"，是实现食品企业与消费者双向沟通的桥梁和媒介之一，是食品企业里最重要、最宝贵的财富之一，它是食品企业生存和发展的支柱。

### 3．认知人员推销的类型

（1）食品生产企业的人员推销。食品生产企业雇用推销员向中间商或其他厂家推销产品。食品生产企业的推销员往往将中间商作为他们的推销对象。

（2）批发商的人员推销。批发商往往雇用成百上千名的推销员在指定区域向零售商推销产品。零售商也常常依靠这些推销员来对商店的货物需求、货源、进货量和库存量等进行评估。

（3）零售店人员推销。这类推销往往是消费者上门，而不是推销员拜访消费者。

（4）直接针对食品消费者的人员推销。这类推销在零售推销中所占比重不大，是推销力量中的一个重要部分，有其特殊的优点和作用。

### 4．认知人员推销的基本形式

（1）上门推销的形式。上门推销是最常见的人员推销形式，推销人员携带产品样品、说明书和订单等走访消费者，推销产品。这种推销形式可以针对消费者的需要提供有效的服务，方便顾客，故受消费者广泛认可和接受。

（2）门店推销的形式。食品企业在适当地点设置固定门店，由营业员接待进入门店的消费者，推销产品。门店推销与上门推销正好相反，它是等客上门式的推销方式。由于门店里的产品种类齐全，能满足消费者多方面的购买要求，为消费者提供较多的购买方便，并且可以保证产品完好无损，故消费者比较乐于接受这种方式。

（3）会议推销的形式。会议推销是指利用各种会议向与会人员宣传和介绍产品，开展推销活动，如在订货会、交易会、展览会、物资交流会、团购会、产品体验会等会议上推销产品。这种推销形式接触面广、推销集中，可以同时向多个推销对象推销产品，成交额较大，推销效果较好。

## 10.2.2　运用食品产品利益推销

### 1．认知产品利益

产品利益是指食品带给消费者的好处，而不是指食品带给消费者的用途或特点。传统的推销观念强调的是推销产品的用途、质量、优点、特点等；而现代推销观念强调，消费者不会由于产品是什么而购买它，而是因为产品能给他们带来某些好处而购买它。这是推销人员首先要掌握的思路与方法。

### 2．认知产品利益推销的概念

产品利益推销就是推销人员在向消费者介绍食品特点的基础上，进一步向食品消费者指出这些特点能给消费者带来什么好处。每一位推销人员都必须考虑两个问题：第一，每位消费者都要求回答一个问题——食品对我有什么好处。第二，推销人员也必须考虑这样的问题——食品对消费者有什么好处。在解决这两个问题的基础上，围绕产品利益去设计和实施推销策略和推销技术，才能从特点推销转化到利益推销上来。

### 3．运用推销产品利益的操作程序

（1）鉴别利益。一个推销人员在拜访食品消费者之前，一定要明白自己将要带给消费者哪些利益。推销人员带给消费者的利益包括两个方面：一是让食品消费者得到好处，通常表现为感觉如何好，赚取更多的钱，省时、省力、提高效率等，它代表着顾客能更多地拥有或更好地利用某些东西；二是让食品消费者避免或减少损失，例如，解决问题的方案就可以使消费者摆脱困境或使消费者避免损失，这比向消费者承诺更大的获得更有说服力。

①认知产品利益的类型。一般利益，即各类产品都具有的利益。特殊利益，即本产品的特点带给消费者的利益，其他产品无法与其相比的利益。意中利益，即产品能够提供消费者所期望的利益。在推销中，具有竞争优势的利益不是一般利益，而是特殊利益和意中利益。推销人员根据产品属性和食品消费者的特殊要求，总结和推销特殊利益和意中利益，才能满足不同消费者的需求，取得优异的销售业绩。

②认知食品企业利益。食品企业利益就是食品企业带给消费者的利益。食品消费者在购买产品的时候，如果他觉得食品企业没有知名度，且在消费者心目中的形象也不好，那么，他就可能不会购买该企业的产品。如果食品企业是一个知名度高、重信誉并且在消费者心目中的形象较好，那么，消费者就愿意和这样的食品企业打交道，成为食品企业的忠诚消费者。

消费者认知产品的过程一般是先认知产品所在的企业，再认知推销人员，最后认知产品，所以要做到让食品消费者对企业放心、对推销人员放心、对产品放心，才能实现购买。如果对三者中的任何一个不放心，购买就不会完成。

③认知差别利益。差别利益就是向食品消费者提供竞争对手所没有的利益，就是用一些别人没有的东西吸引消费者。"人无我有，人有我优，人优我新，人新我变"，就是通过不断地带给食品消费者与众不同的利益来打动更多的消费者。

差别利益被誉为推销人员吸引食品消费者的关键因素，也是食品企业在竞争中取胜的关键。企业界流传这样一句格言："一个推销人员在与竞争对手竞争的时候，如果不能找出三条以上竞争对手没有的差别利益，就很难在竞争中取胜。"

差别利益的内容包括：产品差别，就是产品与众不同，比竞争对手的更好；服务差别，就是企业为消费者提供竞争对手所没有的服务，并且支付条件比竞争对手更优惠；人员差别，就是推销人员的差别，即推销人员在形象、素质、沟通能力、为顾客排忧解难等方面的差别。

（2）了解食品消费者需求。利益是相对而言的，世界上没有绝对的利益，任何食品的利益对消费者来讲都是相对的。有位科学家说过这样一句话："对于一个人来说是蜜糖，但对于另外一个人来说可能是毒药。"消费者是追求利益的，但是不同的消费者追求的利益不同。推销人员要考虑和了解消费者的真正要求，提供对方迫切需要的利益，对症下药，才能迅速消除病痛，把产品利益展现在消费者面前，使消费者因利益而购买产品。

①不同类型的食品消费者对利益的需求。食品消费者是各种各样的，不同消费者的利益需求是不同的。消费者可以分为食品生产企业、中间商、消费者三大类，他们对产品利

益的需求是不同的，如表 10-2 所示。

表 10-2　不同类型的食品消费者对产品利益的需求

| 类　　型 | 对产品利益的需求 |
| --- | --- |
| 企业 | 节省成本、费用，降低物耗；提高产量、质量、效率，增加收益 |
| 中间商 | 市场潜力、产品利润、服务制度 |
| 消费者 | 使用寿命、方便、安全、卫生、便宜、服务、精神需要等 |

②不同购买心理的食品消费者对利益的需求。作为一名推销人员，去拜访消费者的时候，必须了解食品消费者的购买心理，然后针对消费者购买心理来介绍产品能带给消费者什么利益。只要能摸准消费者的购买心理，根据消费者购买心理介绍产品，就能打动消费者。

针对不同购买心理的消费者，推销人员推销产品利益的要点有以下几个方面。

适合性：是否适合对方的需要。

通融性：是否也可用于其他的目的。

耐久性：是否能长期使用。

安全性：是否具有某种潜在的危险。

舒适性：是否会给人带来愉快的感觉。

简便性：是否可以很快地掌握它的使用方法，而不需要反复研究说明书。

流行性：是否新产品。

效用性：是否能够给消费者带来利益。

美观性：外观是否美观。

便宜性：价格是否合理，是否可以为对方所接受。

（3）把产品特点转化为食品消费者利益。产品具有什么样的特点比较容易理解，但是产品的这些特征能带给消费者什么样的利益，这就需要推销员去思考、去分析如何把产品特点转化为食品消费者利益的问题。

将产品特点转化为消费者利益的程序如下。

①编制产品特点目录。推销人员要把产品的每一个特点都列出来，编成目录。产品特点不仅包括物质特点，如色调、配方、工艺、质量、性能、耐用性等，还要包括食品企业和推销工作相关的特点，如物流、定价、服务、信誉等。

②选择食品消费者最感兴趣的产品特点。因为没有一个消费者对所有的产品特点都感兴趣，所以推销人员要了解消费者对哪些特点最感兴趣。

③确定所选特点的重要程度。在认真分析各种特点的基础上，按照对食品消费者重要程度的不同进行顺序排列，将食品消费者最感兴趣的特点放在首位。

④论证每一个特点是如何满足食品消费者利益的。FABE 法是一种向食品消费者推销产品利益的实用方法。F（Feature）代表产品具有的特点，A（Advantages）代表由这一特点所产生的优点，B（Benefits）代表这一优点带给消费者的利益，E（Evidence）代表证据。

该方法就是首先找出产品所具有的特点，然后分析每个特点有什么样的优点，而后分析这一特点能带给消费者什么样的利益，最后再找出证据，证实产品确实具有这些利益。

**相关链接**

### 运用 FABE 法向孕妇推销猕猴桃

特征："猕猴桃个儿大，汁儿多，含维生素多。"

优点："营养价值高，适合孕妇食用。"

利益："生下的宝宝会更聪明。"

证据："猕猴桃营养成分检验报告。"

### 10.2.3　运用人员推销的操作程序

#### 1．寻找食品消费者

推销人员制定完推销计划后，首要的工作就是寻找潜在的目标消费者，因为只有确定了推销对象，推销工作才能真正开始展开。推销人员寻找潜在的消费者，可以从多个途径去寻找。

（1）企业外部。例如，从现实的食品消费者那里得到其他潜在类似消费者的信息，通过亲朋好友得到相关潜在消费者的信息，通过无竞争关系的其他销售人员得到相关信息等。

（2）食品企业内部。例如，从企业的资料库、网站等方面得到相关信息，或者通过会议的电话、邮件等得到相关信息。

（3）亲自寻找。通过分析产品的目标消费者的特点，进行深入探访以得到潜在消费者的信息。为避免盲目性，应事先确定一个可能的目标范围。

（4）其他方面。例如，通过网络、电话、微信、微博、展会、销售讨论会等途径得到潜在消费者的信息。

#### 2．评估食品消费者

找到潜在消费者，还要对其进行评估，看其是否具有购买的意愿及能力，把时间优先放在最具潜力的消费者身上，以达到最高的产出效果。

一般来说，只有那些对产品有真实需求、有足额的货币支付能力、有购买决策权的准消费者，才是合格的消费者，才是推销人员应重点推销的对象。

（1）购买需求的审查。需求审查是食品消费者购买资格的核心内容，它决定了整个推销活动的成败。购买需求的审查包括对消费者有现实的需求、消费者确实没有需求、消费者表示出虚假的没有需求的审查。

（2）支付能力的审查。在完成了对食品消费者需求的审查之后，推销人员就要审查消费者的支付能力。这项工作是在推销人员寻找消费者、与消费者洽谈时同步进行的。支付能力的审查包括针对终端消费者支付能力的审查、针对企业支付能力的审查、针对中间商支付能力的审查。

（3）购买决策权的审查。很多情况下，人们虽然对推销人员推销的产品有现实需求，而且也具有相应的支付能力，但他们却不能采取购买行动，其中一个重要的原因就是他们没有购买决策权。购买决策权的审查包括终端消费者购买决策权的审查、食品企业购买决策权的审查、中间商购买决策权的审查。

### 3．接近食品消费者

接近食品消费者是推销人员开始推销洽谈的前奏，也是推销过程的一个重要环节。接近食品消费者一般包括推销准备、约见消费者与接近消费者三个环节。

（1）推销准备。推销准备包括食品消费者资料的准备和推销工具的准备。针对不同的食品消费者，食品消费者资料的准备可分为约见企业型购买者的准备、中间商型购买者的准备、终端型消费者的准备和熟悉消费者的准备。

（2）约见消费者。约见食品消费者既是接近准备的延续，又是接近过程的开始。约见的基本内容是要确定约见对象、明确约见目的、安排约见时间和选择约见地点。约见消费者的方式有当面约见、信函约见、委托约见、广告约见、网络约见等。

（3）接近消费者。接近消费者的主要方法有介绍接近法、产品接近法、利益接近法、好奇接近法、问题接近法、赞美接近法、调查接近法和求教接近法等。

### 4．推销洽谈

推销洽谈是整个推销过程中的一个关键环节。能否说服食品消费者，进一步激发食品消费者的购买欲望，最后达成交易，关键在于推销洽谈是否成功。

（1）推销洽谈的内容。推销洽谈涉及的面很广，内容也非常丰富。不同产品的推销有不同的洽谈内容，但基本内容主要有产品品质、产品数量、产品价格、销售服务、消费者获得利益和保证条款。

（2）推销洽谈的步骤。正式的推销洽谈，买卖双方一般在事前已通过不同渠道有所接触，双方均有交易的动机和意愿，在经过一定的准备之后，双方在约定的时间、地点进行正式洽谈。一般来说，正式洽谈活动从开始到结束，可以划分为制定洽谈方案、洽谈导入和正式洽谈几个步骤。

（3）推销洽谈的方法。推销洽谈要想成功进行，推销人员必须熟练掌握并灵活运用推销洽谈的提示法、演示法和介绍法，同时还要注意运用推销洽谈的倾听技巧、语言技巧和策略技巧。

### 5．推销成交

对于推销人员来说，无论推销过程多么艰辛或多么完美，如果最后没有拿到订单，其结果都是失败的。对于食品企业来说，只有不断地成交，才能促进资金回笼，才能赚取利润，赢得食品企业的良性发展。

（1）要善于识别食品消费者发出的购买信号，把握住有利时机，采取合适的促成交易的方法，达到成交的目的。

（2）常用的成交方法有请求成交法、假定成交法、优惠成交法、保证成交法、选择成交法、从众成交法、小点成交法、异议成交法、试用成交法、最后机会成交法和激将成交法。

### 6. 售后服务

产品售出后，要及时了解食品消费者的满意程度，及时处理食品消费者的意见，消除他们的不满，提高食品消费者满意程度。良好的售后服务可以培养消费者对产品的忠诚程度，增加产品再销售的可能性。推销人员也可通过售后的综合分析，对重点消费者进行重点管理，进一步强化再销售的可能性。

## 10.2.4 运用人员推销促销管理

### 1. 对销售队伍的规模管理

推销人员是食品企业最重要的资产，也是花费最多的资产。推销人员的规模是否适当，直接关系到食品企业的经济效益。推销人员多，会带来销售额的增加，但同时也会带来销售成本的上升，因此，食品企业必须进行成本和销售额之间的权衡，确定最佳的推销人员规模。

确定销售人员规模的最常用、最简单的方法有两种：一种是工作量法，即通过确定总工作量的方法来确定销售人员的规模；另一种是销售能力法，即先测量每个销售人员的销售能力，再计算在此销售人员规模下公司的销售额和投资报酬率，以此确定销售人员的规模。

### 2. 对销售队伍的组织结构管理

在相同的环境下，不同的销售队伍组织结构的运作效率是不同的。换句话说，不同的食品企业，在不同的环境下，要通过不同的组织结构去运作，才能达到效果最大化。营销实践中，推销人员的组织结构有以下几种形式。

（1）区域式组织结构。区域式组织结构是指食品企业将市场划分为若干个销售区域，每个销售人员负责一个区域的全部销售工作。这是最简单的一种结构形式，为国内大部分产品单一的中小企业所采用。

（2）产品式组织结构。产品式组织结构是指企业将产品分成若干类，每一个销售人员或每几个销售人员为一组，负责销售其中的一种或几种产品的推销组织结构形式。

（3）顾客式组织结构。顾客式组织结构是指食品企业将其目标市场按顾客的属性进行分类，不同的推销人员负责向不同类型的顾客进行推销活动的组织结构形式。

（4）复合式组织结构。复合式组织结构是指当食品企业的产品类别多、消费者的类别多且分散时，综合考虑区域、产品和顾客因素，运用两种或三种因素来分派销售人员的结构形式。在此情况下，一个销售人员可能要同时对多个产品经理或部门负责。

### 3．对推销人员的管理

推销人员为企业创造利润，一支有能力的、高效的销售队伍对食品企业有着非常重要的作用。要想拥有高效的队伍，食品企业必须在推销人员管理的每一个环节做足功夫。

（1）推销人员的招聘。招聘为优秀的销售队伍把好第一关。食品企业要根据实际情况制定销售人员招聘的条件，以确保选出企业所需要的优秀销售人才。高素质的销售人员对销售的贡献要比低素质的销售人员高出很多，所以在招聘推销人员时，宁可花高价请一个高水平的销售人员，也不愿花低价去招聘几个低素质的销售人员。

（2）推销人员的培训。推销人员被招聘进来以后，一般食品企业都要对其进行相应的培训。食品企业对推销人员的培训内容有企业文化培训、职业道德培训、业务培训及管理培训等。不同的培训内容往往是根据需求的层次分阶段进行的。

食品企业对推销人员的培训方法：一是课堂培训，这是比较系统的正规培训方法；二是会议培训，是组织销售人员就某一专题进行研讨，受训人有充分的交流机会；三是实地培训，即新销售人员在接受一定的课堂培训的基础上被安排到工作岗位上，在有经验的销售人员的带领下逐步独立工作的培训方法，效果比较显著。

（3）推销人员的激励。一般来说，组织中的任何成员都需要激励，推销人员也是如此。食品企业可以通过多种方式对推销人员进行激励，以提高销售人员的工作积极性。激励措施的方式有固定工资加奖金、提成制工资和固定工资加提成。食品企业还要考虑销售人员的福利待遇，包括休假工资、医疗保险、养老保险等，特别应该根据销售人员工作特点，必要时还可以给予意外保险，这样可以让销售人员有安全感和对企业有依附感，从而愿意为企业奉献自己的干劲儿、热情和才智。

（4）推销人员的考核。有考核才有区别。对推销人员一定要用合适的考核方式去衡量其销售效果，并做出奖励或惩罚的相应措施，这对提升销售队伍的战斗力起着非常积极的作用。考核的难题在于考核指标的确定。常用的考核指标主要有销售量（额）、访问率、销售费用、新客户数目等。由于不同地区的状况不同，如销售潜量、区域形状、地理分布、交通条件等，这就给指标的考核带来了难度。食品企业要综合考虑各种情况，避免从单一的指标去衡量推销人员的销售业绩。

## 10.3  运用广告策略促销

📖【学习与训练思路】

广告策略在促销中具有非常重要的作用和地位，是市场竞争的重要手段。运用广告策略促销的重点是广告定位、广告促销策略、广告促销设计的操作程序。

在掌握广告定位的方式、广告促销策略、广告促销设计操作程序的基础上，具备运用广告定位、广告促销策略、广告促销设计操作程序的能力。

### 10.3.1　认知广告策略的概念

广告作为一种传递信息的活动，它是食品企业在促销中应用最广的促销方式。它以促进销售为目的，是需要付出一定的费用，通过特定的媒体传播食品或劳务等有关经济信息的大众传播活动。广告策略是食品企业实现、实施广告战略的各种具体手段与方法，是战略的细分与措施。

广告策略既要告知食品消费者购买产品所能得到的好处，又要给予食品消费者更多的附加利益，以激发食品消费者对产品的兴趣，在短时间内收到即效性广告的效果，从而推动产品销售。

### 10.3.2　运用食品广告定位

食品广告定位是指在与所宣传产品相类似的众多食品中，寻找到该食品有竞争力的特点和独特个性，在食品消费者心中树立该商品的一定地位。食品广告定位的方式有：

（1）确定广告对象和宣传概念，强调商品特点，以及信息传递方法、技巧和具体步骤等。

（2）明确广告区域和宣传力度。针对广告区域的地方性、区域性、全国性、国际性的不同，选择不同广告覆盖方法，如全面覆盖、渐进覆盖或轮番覆盖。

（3）确立广告目标。广告目标指在一个特定时期内对特定受众所要达到的宣传效果。广告目标可分为三种类型：通知型、说服型、提醒型。通知型广告主要用于某种新产品的入市前期，目的在于强化品牌形象、推出新产品；说服型广告的目的是培养消费者对某种品牌的需求，说服消费者在同类商品中选择它；提醒型广告对产品进入旺销期后十分重要，目的是引起消费者对该种商品的记忆和连续购买。

（4）选择广告媒体组合。根据食品和媒体的特性选择投入费用小而宣传效果好的媒体组合。

### 10.3.3　运用食品广告促销策略

#### 1. 运用馈赠型广告促销策略

（1）运用赠券广告。在各种网上交易网站或商场中，商家为了吸引消费者，增加销售，采取了购买一样产品则赠送一件小礼品，让消费者形成一种购买自己的产品还能获得各种额外好处的意识，从而增加了自己的销售额。例如，腾讯的拍拍网，商家与网站合作，由网站赠送各种优惠券和红包给消费者，再引导消费者在各个支持使用优惠券和红包的商家消费。

（2）运用赠品广告。例如，可口可乐公司制作一种印有"CocaCola"字样小型红色手摇广告扇，选择亚运会时机，赠送给观众，比赛开始后，顿时观众席上成了一片"CocaCola"的红色海洋，极大促进了商品销售，当第二天各大报道赛事的报纸和电视播出现场图片时，又再一次为可口可乐打了一个免费的广告。而每把小型红色手摇广告扇的成本只有两角钱。

（3）运用免费试用广告。在公众场合将食品免费提供给消费者使用。在周末，超市都会派很多名营销人员在各类型产品架旁做一个一次性产品试用广告，在商场内购物的消费者在经过这些位置时，可以免费随时拿来试用。

### 2．运用直接型广告促销策略

（1）运用上门促销广告。上门促销广告，即促销人员不在大众媒体或商店做广告，而是把商品直接送到用户门口，当面向用户做产品宣传，并给用户一定的附加利益。例如，某食品企业开发糖果新产品，该企业招聘了几个营销人员到各学校小卖部、小超市和市内便利店进行推销，当面向各小商店经理解释糖果的优势，回答经理的疑问。最终该企业与各个小商店达成了协议。

（2）运用邮递促销广告。邮递促销广告，即促销人员将印有"某商品折价优惠"或"请君试用"等字样，并备有图案和价目表之类的印刷品广告，通过邮局直接寄到用户家中或办公室。为了减少邮递促销广告的盲目性，食品企业平时要做经常性的资料收集工作，掌握用户的姓名、地址和偏好，双方保持一定形式的联系，提高用户对企业的信任感。

（3）派发促销广告。派发促销广告，即促销人员将印刷品广告在目标消费群的聚集区递送给消费者。

### 3．运用示范型广告促销策略

（1）名人示范广告。名人示范广告，即让社会名人替产品做广告。

**相关链接**

迈克尔·杰克逊不嗜烟酒，家庭观念强，有着虔诚的宗教信仰，对于他来说，汽车、电脑等现代化的东西没有意思，酒、烟草等不符合宗教观念，他需要和无害的、有活力的、年轻的东西为伴。百事可乐抓住了这一点，邀请迈克尔·杰克逊为百事做广告。因为这样的形象正好符合百事可乐需要的充满青春活力的动感形象，可以赋予百事新的内涵，可以让新一代的消费者跟上百事的新一代的步伐。这个精心设计的名人示范广告，产生了较好的轰动效应。

（2）运用现场表演示范广告。现场表演示范广告，即选择特定时间和地点，结合人们的生活习惯，突出食品的时尚功效，作公开场合示范表演。

### 4．运用集中型广告促销策略

集中型促销广告是在大型庆典活动、公益活动、展销会、订货会、文娱活动等人群集中的场合进行广告宣传。其广告形式多种多样。

### 10.3.4  运用食品广告促销设计的操作程序

#### 1．确定广告目标

广告目标是指食品企业通过广告活动要达到的目的。其实质就是要在特定的时间对特定的受众完成特定内容的信息沟通任务。广告目标是广告方案设计的出发点，为整个广告营销活动指明了方向，它应从属于营销目标。根据广告目标特点的不同，可以把广告目标划分为告知、劝说和提示三大类。

#### 2．确定广告预算

在广告预算设计中，食品企业要充分认识广告支出与广告收益的关系。广告宣传的目的就是为了吸引消费者，扩大产品的销售，提高食品企业的经济效益。因此，食品企业在选择广告形式时必须注意广告宣传所取得的经济效益要大于广告费用的支出。食品企业选择确定广告预算的方法如下。

（1）承受能力法。即根据食品企业的资金实力来决定广告预算。生产企业广告预算的计算方法是：先从食品企业产品的市场售价，减去批发商与零售商所得的价差，以及本企业的生产成本，再确定食品企业可用于广告的费用比例。

（2）销售额百分比法。即根据销售额的一定百分比制定广告预算。这种方法使广告费用与销售收入挂起钩来，简便易行。但它忽视了广告促销作用，颠倒了二者的关系，忽视了未来市场的环境变化，并且二者比例系数很难确定。

（3）竞争平衡法。即参考竞争对手的广告费用而定出自己的广告费用，广告预算与竞争者大体相同。这种方法有助于避免广告战的白热化，但它忽视了竞争者广告费用不一定合理的情况。此外，竞争者与本企业情况也是存在差异的。

（4）目标任务法。即根据食品企业营销的目标和任务确定广告预算。这是一种较科学的方法，但它也会有主观性，因此也需要采用上述某些方法对其加以修正。

（5）投资收益法。即预测广告投资与所能产生的收益决定广告预算，但关键是难以确定广告的收益。因此，广告预算必须综合考虑各种因素，综合运用各种方法以校正某种方法的缺陷。广告预算总额确定以后，必须在不同广告媒体之间、广告管理的各个程序之间，在不同目标市场和不同地区之间，并依据不同媒体的传播时间和传播次数进行合理分配，才能收到预期的效果。

#### 3．确定广告信息

确定广告信息是指根据促销活动所确定的广告目标来设计广告的具体内容。产品设计要注重广告效果，只有高质量的广告，才能对促销起到宣传、激励的作用。高质量广告应该体现合法性、真实性、针对性、简明性、艺术性和统一性。

#### 4．选择广告媒体

不同的广告媒体有不同的特征，这决定了食品企业广告必须对广告媒体进行正确的选择，否则将影响广告效果。正确地选择广告媒体，一般要考虑下列影响因素。

（1）产品特征。掌握产品特征是选择广告媒体的重要条件。产品的特征主要是指产品的需求特征和需求范围，以及产品形象化程度。

（2）食品消费者接触媒体的习惯。一般来说，能使广告信息传递到目标市场的媒体是最有效的媒体。食品消费者接触媒体的习惯是不同的，掌握这种区别才能有针对性地进行广告宣传，提高广告宣传的效果。

（3）广告的内容。不同的广告内容应选择不同的广告媒体。例如，广告内容是"明天大降价"，选择日报、晚报、电视、广播、微博、微信、QQ、短信最及时。如果是一项技术性很强、较为复杂的产品，广告则宜登在专业杂志上，或采用印刷、邮寄做广告媒体。

### 5. 评估广告效果

促销广告是一项投资，对于这种费用较高的投资活动，食品企业必须要进行评估，目的在于提高广告的经济效益。要准确地评估广告效果绝非易事，但并不意味着不能评估。企业可以采用"预审法"检查广告是否将信息正确、有效地传递给目标受众。此方法是在广告公布于众之前对其效果进行评估。广告投放市场以后，可用下列方法进行评估。

（1）回忆测定法。即通过消费者观看（阅读）广告后对广告内容的记忆度和理解度来测定广告的效果。回忆测定法又可分为纯粹回想法和辅助回想法两种。纯粹回想法是让消费者独立地对已推出的广告进行回忆，调查人员不作任何提示；辅助回想法则是测定食品消费者在一定的提示下，能够回忆出广告多少内容，以及理解程度和联想力如何。

（2）认知测定法。即抽取一组消费者做样本，然后询问他们是否观看（阅读）过某个广告。根据实际情况，将认知程度分为三等：约略认知，即曾看到过；联想认知，即能记起某一部分内容，由这部分内容能联想起有关的产品名称；较深认知，即能记起广告一半以上的内容。计算这三部分的百分比，即可得出该广告的观看（阅读）效率。

（3）实验室测定法。即利用各种仪器观察被测者的生理反应，如心跳、血压、瞳孔等的变化，以此来判断广告的吸引力。

此外，也可用销售量的变化来测定广告效果，但其结果往往因广告滞后作用的影响及其他因素的影响而不太准确。

# 10.4　运用营业推广促销

### 📖【学习与训练思路】

营业推广促销是食品企业鼓励消费者购买或鼓励经销商销售企业产品或服务最常用的一种促销策略。正确掌握营业推广促销的方式、操作程序，才能提高营业推广促销的效率。

在掌握营业推广内涵、营业推广程序的方式、营业推广操作程序的基础上，具备运用营业推广促销操作程序、营业推广决策管理的能力。

### 10.4.1　认知营业推广的概念

营业推广又称销售促进，是指食品企业在特定的目标市场中，为迅速刺激需求和鼓励购买而采取的各种短期性促销方式的统称。它与广告、公关、人员推销不同，后三者一般是常规的、连续的，营业推广则是非常规性的，是一种辅助促销手段。营业推广的着眼点在于解决某些更为具体的促销问题，因而是非规则性、非周期性地使用和出现的。营业推广最适用于完成短期的具体目标。

### 10.4.2　运用营业推广促销的操作程序

#### 1．确定营业推广的目标

营业推广的目标由食品企业的营销目标确定，一般有三个方面的目标。

（1）以刺激食品消费者购买为目标，例如，鼓励现有产品使用者增加使用量、吸引未使用者使用、争取其他品牌的使用者等。

（2）以鼓励中间商购买为目标，例如，鼓励中间商增加库存、打击竞争对手、增强中间商的品牌忠诚度、开辟新销售渠道等。

（3）以激发推销人员的销售努力为目标，例如，鼓励推销人员努力推销产品，刺激其去寻找更多的潜在消费者，努力提高业绩。

#### 2．选择营业推广的工具

营业推广的工具是多种多样的，各有其特点和使用范围。在选择营业推广的工具时，要考虑市场的类型、促销目标、竞争条件和促销预算分配，以及每种推广工具的预算。此外，同一推广目标可以用多种推广工具来实现，这就有一个营业推广工具的比较选择和优化组合的过程，目的是实现最优的推广效益。

（1）运用面向食品消费者的促销工具。面向食品消费者的促销工具如表 10-3 所示。

**表 10-3　面向食品消费者的促销工具**

| 工　　具 | 运　　用 |
| --- | --- |
| 样品 | 样品是指免费提供给消费者供其使用的产品。样品可以挨家挨户地送上门，邮寄发送，在商店内提供，附在其他产品上赠送，或作为广告品。赠送样品是最有效也是最昂贵的介绍新产品的方式 |
| 优惠券 | 证明持有者在购买某特定产品时可凭此优惠券按规定少付若干钱。优惠券可以邮寄、包进其他产品或附在其他产品上，也可以刊登在杂志和报纸上。其回收率随分送的方式不同而不同。优惠券可以有效地刺激成熟期产品的销售，诱导对新产品的早期使用。专家认为，优惠券必须提供 15%～20%的价格减让才有效果 |
| 现金折扣 | 折扣是在购物完毕后提供减价，而不是在零售店购买之时。消费者在购物后将一张指定的"购物证明"寄给制造商，制造商用邮寄的方式"退还"部分购物款项 |

续表

| 工　具 | 运　用 |
|---|---|
| 特价包 | 以低于正常价格向消费者提供一组商品的促销方法，其做法是在商品包装上或标签上加以附加标明。可以采取减价包的形式，即将商品单独包装起来减价销售（如原来买一件商品的钱现在可以买两件），或者可以采取组合包的形式，即两件相关的产品并在一起（如方便面和碗）。特价包在刺激短期销售方面甚至比折价券更有效 |
| 赠品（礼品） | 比较低的代价或免费向食品消费者提供赠品，以刺激其购买某一特定产品。一种是附包装赠品，即将赠品附在产品内（包装内附赠品）或附在包装上面（包装上附赠品）；还有一种是免费邮寄赠品，即消费者交上购物证据就可获得一份邮寄赠品；另一种是自我清偿性赠品，即以低于一般零售价的价格向需要此种商品的消费者出售的商品。目前，食品企业给予消费者品目繁多的赠品，这些赠品上都印有公司的名字 |
| 奖品（竞赛、抽奖、游戏） | 奖品是指食品消费者在购买某物品后，向他们提供赢得现金、旅游或物品的各种获奖机会。竞赛要求消费者呈上一个参赛项目，然后由一个评判小组确定哪些人被选为最佳参赛者。抽奖则要求消费者将写有其名字的纸条放入一个抽奖箱中抽签。游戏则在消费者每次购买商品时送给他们某样东西，如纸牌号码、字母填空等，这些有可能中奖，也可能一无所获。所有这些都将比优惠券或者几件小礼品赢得更多的注意 |
| 光顾奖励 | 光顾奖励是指以现金或以其他形式来奖励某一个消费者或消费集团的光顾。购买积分卡也是一种光顾奖励 |
| 免费试用 | 对于潜在食品消费者免费试用产品，以期他们购买此产品 |
| 联合促销（捆绑促销） | 两个或两个以上的品牌或公司在优惠券、销售折扣和竞赛中进行合作，以扩大它们的影响力。相关企业的推销人员合力把这些联合促销活动介绍给零售商，使其参与这些促销活动，从而增加商品陈列和广告面积，使其商品在销售点能更好地显露出来 |
| 交叉促销 | 用一种品牌来为另一种非竞争品牌做广告 |
| 售点陈列和商品示范（POP） | 售点陈列和商品示范出现在购买现场或销售现场，但是许多零售商不喜欢放置来自制造商的数以百计的陈列品、广告牌和广告招贴。对此，制造商要是提供较好的售点陈列资料，并将它们与电视或者印刷品宣传结合起来运用，努力建立起一种新方式 |
| 会议促销 | 举办各类展销会、博览会、业务洽谈会，会议期间现场进行相关产品的介绍、推广和销售活动 |
| 产品保证 | 销售者或明或暗地保证产品在一定时期内将达到规定要求，否则销售者将会修理产品或退款给顾客 |

（2）运用面向中间商的交易促销工具。面向中间商的交易促销工具如表 10-4 所示。

表 10-4　面向中间商的交易促销工具

| 工　具 | 运　用 |
|---|---|
| 价格折扣（又称发票折扣或价目单折扣） | 在某段指定的时期内，每次购货都给予低于价目单定价的直接折扣，这一优待鼓励了经销商去购买一般情况下不愿购买的数量或新产品。中间商可将购货补贴作为直接利润、广告费用或零售价减价 |
| 补贴或津贴 | 制造商提供补贴，以此作为零售商同意以某种方式突出宣传制造商产品的报偿。广告补偿用于补偿为制造商的产品做广告宣传的零售商，陈列补贴用以补贴对产品进行特别陈列的零售商 |
| 免费商品 | 食品企业给购买某种质量特色的、使其产品增添一定风味的或购买达到一定数量的中间商额外赠送几箱产品。他们也可向零售商提供促销资金或免费广告礼品，例如，免费赠送附有公司名字的特别广告赠品（如铅笔、年历、镇纸、备忘录等） |
| 扶持零售商 | 食品生产企业对零售商专柜的装潢予以资助，提供 POP 广告，以强化零售网络，促使销售额增加；可派遣长方信息员或代培销售人员，以此来提高中间商推销本企业产品的积极性和能力 |
| 销售竞赛 | 根据各个中间商销售本企业产品的业绩，分别给优胜者以不同的奖励，如现金奖、实物奖、免费旅游、度假奖等，以起到激励的作用 |

（3）运用面向业务和销售队伍的促销工具。面向业务和销售队伍的促销工具如表 10-5 所示。

表 10-5　面向业务和销售队伍的促销工具

| 工　具 | 运　用 |
|---|---|
| 贸易展览会和集会 | 行业协会一般都组织年度商品展览会和集会，向特定行业出售产品和服务的公司在商品展览会上租用一个摊位，陈列和演示它们的产品。业务市场营销者每年将 35% 的促销预算用于商品展览会。他们要作出一系列的决策，包括参加哪个商品展览会，如何将展台布置得富有吸引力，如何有效地追踪销售线索等 |
| 销售竞赛 | 销售竞赛是一种包括推销员和经销商参加的竞赛，其目的在于刺激他们在某一段时间内增加销售量。方法是谁成功谁就可以获得奖品。许多公司出资赞助，为其推销员办年度竞赛，或经常性的竞赛。他们用刺激项目来刺激经销商或推销员完成较高的公司指标。优胜者可以获得免费旅游、现金或礼品等。有些公司则给各参赛者打分，可用这些分去换取各种奖品 |
| 纪念品广告 | 纪念品广告是指由推销员向消费者或潜在消费者赠送一些有用的低成本的物品，条件是换取对方的姓名和地址，有时还要送给消费者一条广告信息。常用物品有圆珠笔、日历、打火机和笔记本等。这些物品使潜在消费者记住了公司名字，并由于这些物品的有用性而引起消费者对公司的好感。一个研究报告指出，超过 86% 的制造商供应给他们的推销员这些特定的物品 |

### 3．制订营业推广方案

制订营业推广方案要作出以下决策。

（1）营业推广激励规模的决策。对营业推广对象的激励规模，要根据费用与效果的最优比例来确定。要获得营业推广活动的成功，一定规模的激励是必要的，关键是要找出最佳的激励规模。最佳激励规模要依据费用最低、效率最高的原则来确定。如果激励规模过大，虽然仍会促使销售额上升而产生较多的销售利润，但效率将相对递减。

（2）营业推广激励对象的决策。这种激励是面向目标市场的每个人还是有选择的某部分人，这种范围管控有多大，哪类消费者是主攻目标，这种选择正确与否会直接影响到促销的最终效果。通常，某种赠品只可能送给那些寄回包装物的购买者；抽奖可能限定在某一范围内，而不允许企业员工的家属或一定年龄以下的人参加。企业在选择激励对象时，要尽量限制那些不可能成为长期消费者的人参加。当然，限制面不能太宽，否则会导致只有大部分品牌忠诚者或喜好优待的消费者才有可能参加，不利于目标消费群范围的扩大。

（3）营业推广送达方式的决策。企业要根据激励对象及每一种渠道方法的成本和效率来选择送达方式。例如，可通过邮寄和通过经特别训练的人挨户分发的方式赠送试用样品，也可以通过牛奶配送员或其他地区性的路线送货人员分送、促销人员店内发送、附于其他产品包装上等方式来配送。每种方式都有其优点，企业应从费用与效果的关系角度仔细斟酌，反复权衡选择最佳的送达方式。

（4）营业推广活动期限的决策。任何促销方式在实行时都必须规定一定的期限，不宜过长或过短。如果促销活动的期间过短，可能使一些潜在消费者参与不到促销活动中来而达不到预期效果；如果持续时间过长，又会引起开支过大和减弱刺激购买的力量，并容易使企业产品在消费者心目中降低身价。应综合考虑产品特点、消费者购买习惯、促销目标、竞争者策略及其他因素，按照实际需求确定具体活动期限。

（5）营业推广时机选择的决策。一般来讲，促销时机的选择应根据消费需求时间的特点结合企业市场营销战略来定，同时应注意与生产、分销、促销的时机和日程协调一致。在不同的地区推出促销活动应与该地区营销管理人员一起根据整个地区的营销战略来研究与决定。例如，某饮料生产企业在开拓某地市场时，10 月才开始做广告促销和大量的营销推广活动，这就是在时机选择上的失误，因为一般来说 10 月开始进入饮料销售的淡季。它应在每年饮料销售旺季到来之前及旺季中的 4—9 月开展营业推广活动，这样效果才会显著。

（6）营业推广预算及其分配的决策。促销费用的预算一般考虑的费用有广告费用、销售促进费用、公关费用、人员推销费用等。在促销活动中，企业按具体活动情况及其有关规定来确定一定的促销费用。为了能使费用的投入得到更大的促销效果，预算要注意尽可能细化、准确，以求得最优的经济效益。

### 4．试验、实施和控制营业推广方案

促销方案制订后一般要经过试验才予以实施。通过试验，明确所选用的促销工具是否适当，刺激是否最佳，实施的方法效率如何等。一些大企业常在选定的市场区域中采用不

同的策略进行试验。面向消费者市场的营业推广能够较轻易地进行试验，可邀请消费者对几种不同的可能优惠方法作出评价，给出评分，也可以在有限的地区范围内进行试用性试验。企业对于每项营业推广工作都应该确定实施和控制计划。实施计划必须包括前置时间和销售延续时间。前置时间是从开始实施这种方案前所必需的准备时间，它主要包括最初的计划和设计工作，包装修改的批准或者材料的邮寄，配合广告宣传的准备工作和销售材料，通知现场销售人员，为个别分销店建立地区的配额，购买或印刷特别赠品或包装材料，预期存货的生产及发放等。销售延续时间是指从开始实施优惠措施起到大约 95% 的采取此优待方法的产品已经到达消费者手中为止的时间。这段时间可能是一个月至几个月，主要取决于活动持续时间的长短。在计划制定及执行过程中，应有相应的监控机制作保障，应有专人负责管控事态的进展，一旦出现偏差或意外情况应及时予以纠正和解决。

### 5. 评估营业推广的效果

营业推广活动结束后，应立即对其进行效果评估，以总结经验和教训。

（1）运用前后比较法评估。前后比较法即将开展营业推广活动之前、之中和之后三段时间的销售额（量）进行比较，以测评促销效果。这是常用的消费者促销评估方法，促销前、促销期间和促销后产品的销售额（量）水平的变化会呈现出几种不同的情况，这说明促销产生了不同的效果。

①促销初期销售额（量）上升，但在促销中销售额（量）就逐渐下降，结束时又恢复到原有正常水平，这说明本次促销的冲击力虽强，但没能对消费者的重复购买或大量购买产生真正的影响。

②促销期间销售额（量）有较明显的上升，促销结束后则跌落到通常水平以下，这说明促销可能破坏了产品原有的品牌形象，或者由于产品的质量问题或其他外来因素，使原有消费者的信心受到了伤害。

③促销期间销售额（量）同促销前基本一致，促销结束后也无多大变化，这说明促销无效果。

④促销期间销售额（量）有明显增加，促销结束后低于通常水平，过一段时间后又回归到通常水平，这说明促销可能只是吸引了产品的习惯消费者在促销期间多批量的购买，并没有刺激新的消费者实施购买行为。促销结束到产品销售额（量）回归到通常水平这段时间也被称为"存货消耗期"。

⑤促销期间销售额（量）有明显增加，促销结束后回归到通常水平，这说明促销虽然暂时刺激了一些新的食品消费者实施购买行为，但新的食品消费者对于促销产品并没有养成"品牌忠诚"。

⑥促销期间销售额（量）有明显增加，促销结束后高于通常水平，这说明促销刺激了一些新的消费者实施购买行为，且这些新的消费者对于促销产品还养成了一定的"品牌忠诚"，而原有的食品消费者信心也没有受到负面影响。这是一种理想的促销效果。

（2）运用市场调查法评估。市场调查所采用的方法是寻找一组食品消费者样本，和他们面谈，了解有多少食品消费者还记得促销活动，他们对促销的印象如何，有多少人从中获利，对他们今后的品牌选择有何影响等，通过分析这些问题的答案，就可以了解到促销活动的效果。这种方法尤其适合于评估促销活动的长期效果。调查的项目包括促销活动的知名度、消费者对促销活动的认同度、销势增长（变化）情况、企业形象的前后变化情况。

（3）运用观察法评估。观察法是通过消费者对促销活动的反应，从而得出对促销效果的综合评价，主要是对消费者参加竞赛和抽奖的人员、优惠券回报率、赠品的兑现情况加以观察，从中得出结论。这种方法相对而言较为简单，而且费用较低，但结论易受主观影响，不是很精确。

# 10.5　运用公共关系促销

## 📖【学习与训练思路】

公共关系是促销组合中的一个重要组成部分，它的好坏直接影响食品企业在公众心目中的形象，影响食品企业营销目标的实现。如何利用公共关系促进产品的销售，是食品企业必须重视的问题。

通过学习，掌握公共关系促销概念、公共关系促销方式、公共关系促销操作程序。通过训练，具备运用公共关系促销方式、公共关系促销操作程序的能力。

### 10.5.1　认知公共关系的概念

公共关系是指某一组织为改善与社会公众的关系，促进公众对组织的认识、理解及支持，达到树立良好组织形象、促进产品销售的目的的一系列促销活动。

运用公共关系促销并不是要推销某个具体的产品，而是食品企业利用公共关系把食品企业的经营目标、企业文化、企业形象等传递给社会公众，使公众对食品企业有充分的了解。公共关系促销的作用是对内协调各部门的关系，对外建立广泛的社会联系，密切食品企业与公众的关系，树立食品企业的良好形象，扩大食品企业的知名度、信誉度与美誉度。其目的是为食品企业的营销活动创造一个和谐、亲善、友好的营销环境，从而间接地促进产品的销售。

### 📎 相关链接

企业公共关系实质是"在商不言商"，即企业公共关系活动在形式和内容上没有任何商业气息，完全是公益性活动，这样公众才容易接受，容易理解。企业公共关系活动是"既求名又求利"。雷锋做好事不求名不为利，而企业做好事是既求名又求利。只不过"名"是指企业形象，是美誉度，是现实的、直接的，而"利"是潜在的、间接的。公众只有理解了企业，接纳了企业，才能支持企业，成为企业的消费者。雷锋做好事是默默无闻的，而企业做好事是大张旗鼓的，追求的是知名度、美誉度和更大的社会效应。

### 10.5.2　运用公共关系促销方式

#### 1．运用交际性公共关系促销方式

交际性公共关系促销方式是以人际交往为主的实用性方式，具有直接性、灵活性的特点，尤其是通过浓厚的人情味儿和人际交往与公众保持联系，成为不少食品企业和企业家的成功之道。

#### 2．运用服务性公共关系促销方式

服务性公共关系促销方式是指食品企业为消费者提供优质产品的同时提供优质服务，树立起自身的知名度和建立起消费者的信任感，招徕更多的消费者。

#### 3．运用社会性公共关系促销方式

社会性公共关系促销方式是指通过各种有组织的社会性、公益性、赞助性活动来体现企业对社会进步和发展的责任，同时在公众中增加非经济因素的美誉度来展示企业的良好形象，促进食品企业营销。

#### 4．运用征询性公共关系促销方式

这种方式主要通过采集信息、调查、民意测验等形式，收集公众意见、建议、愿望等。同时又借此向公众传播食品企业营销信息，扩大食品企业的知名度，为食品企业营销活动提供便利。

#### 5．运用同化性公共关系促销方式

同化性公共关系促销方式由于能超然于各种利益纠纷甚至冲突之上，因而在激烈的市场竞争中显得技高一筹。例如，有些超市的经理为在本超市买不到合适产品的消费者介绍他家超市的其他产品，使消费者对该超市留下良好的印象。

#### 6．运用情感性公共关系促销方式

情感性公共关系促销方式由于直接从消费者情感、心理需要出发，具有很大的感染力和渗透力。

#### 7．运用心理性公共关系促销方式

心理性公共关系促销方式通过打破固有思维定式、心理定式，使公众产生异乎寻常的感觉和印象，因而格外地对食品企业和产品产生关注，引起购买欲。

#### 8．运用开拓性公共关系促销方式

开拓性公共关系促销方式是食品企业在初创时期采用的方式，指借助大众媒体异乎寻常的营销方式使企业形象、产品形象在公众中一举定位，较快地打开营销局面。

#### 9．运用矫正性公共关系促销方式

在食品企业形象受到损害时，为了校正受到歪曲的企业形象，解除公众的误解，就要

使用矫正性公共关系。矫正性公共关系促销方式指及时发现问题，积极采取有效措施，纠正错误，改善不良形象，用真诚的解释和负责的态度来赢得公众的理解，最终被消费者认可。运用矫正性公共关系促销方式的关键是实事求是、以诚待人，不隐瞒不欺骗，努力在组织和公众之间架起信任的桥梁。

### 10.5.3　运用公共关系促销的操作程序

#### 1．运用公共关系促销调查

公共关系促销调查是运用科学的方法，通过收集必要的资料，综合分析各种因素及其相互关系，以达到掌握实际信息，了解和考察组织的公共关系状态，解决组织面临问题的目的的一种实践活动。公共关系促销调查便于有的放矢地开展公共关系促销活动。

（1）公共关系促销调查的内容包括对公共关系的主体——组织情况的调查，对公共关系的客体——公众意见的调查，以及同公共关系的主客体密切相关的社会环境的调查。

（2）公共关系促销调查的方法有抽样调查法、问卷调查法、访谈调查法、实地观察法和文献调查法等。

（3）公共关系促销调查的程序包括确定调查课题、把握调查对象、制订调查方案、开展实地调查和调查结果处理。

（4）公共关系促销调查报告是一种以文字和图表将整个调查工作所得到的结果系统、集中、规范地反映出来的形式。调查报告的主要部分有标题、导语、主体和结尾。

#### 2．运用公共关系促销策划

公共关系促销策划主要探讨如何在调查研究的基础上对公共关系促销活动进行谋划，制订方案，为公共关系促销活动的实施和评估提供依据。

（1）公共关系促销策划的过程包括信息分析、确定目标、设计主题、分析公众、选择媒介、经费预算和评估方案。

（2）公共关系策划的方法可归结为三个方面，即如何运用"时"、"势"与"术"。"时"包括审时、借时；"势"包括度势、运势、造势；"术"包括择术。

#### 3．运用公共关系促销实施

公共关系促销实施就是在公共关系促销活动策划方案被采纳以后，将方案所确定的内容变为公共关系促销实践的过程。公共关系促销实施控制方法主要是反馈控制法。反馈控制法包括事前控制法、事中控制法和事后控制法。

#### 4．运用公共关系促销评估

公共关系促销评估就是依据特定的标准，对公共关系促销策划方案、实施及效果进行检验、评价和估计。通过对公共关系促销效果的分析评估，肯定工作成绩，找出实施效果与目标之间的差距，适时地调整公共关系促销目标和策划方案，保证公共关系促销活动的持续、有效开展。

（1）公共关系促销活动评估的内容包括：分析评估公共关系促销活动原定目标是否实现，分析评估公共关系促销活动所选择的模式、传播媒介是否符合目标公众的需求，分析评估公众态度。

（2）公共关系促销活动分析评估的程序包括：设立评估统一目标，选择合适的评价标准，确定获取数据的最佳途径，及时报告评估结果和运用评估结果。

（3）实施效果的评估方法包括自我评定法、专家评定法和实施人员评定法。

（4）公共关系促销评估报告的内容包括评估的目的及依据、评估的范围、评估的标准和方法、评估的过程、评估对象的基本情况、内容评估、分析与结论、存在的问题及建议、附件、评估人员名单和评估时间。

公共关系促销评估主要是对公共关系促销过程进行总结、分析，确定公共关系促销活动的最终结果，估计公共关系促销计划和活动实施的各种效果，为调整下一步公共关系促销目标和制定公共关系促销计划提供翔实的资料。

## 案例分析

### "活力万家，健康中国"——伊利"一杯牛奶"行动

2017 年 6 月 1 日是第 17 个世界牛奶日，伊利集团在国家奥林匹克公园玲珑塔，正式开启了"活力万家，健康中国——伊利'一杯牛奶'行动"。伊利携手新浪微博及京东集团，共筑"健康中国梦"。

**肩负　健康使命**

伊利集团副总裁陈福泉在启动仪式上说："为响应党中央和国务院颁布的《健康中国 2030 规划纲要》，作为中国乳制品行业领导品牌，伊利应当责无旁贷地肩负起行业使命，用'一杯牛奶'行动滋养万家生命活力。随着社会的进步和行业的发展，牛奶已经走上了千家万户的餐桌。然而，我们的人均乳制品消费量距离发达国家仍有较大差距。同时，我们还发现，作为当今社会和家庭中流砥柱的青壮年们，虽然常常会督促家里的老人孩子多喝牛奶，但却常在忙碌之余，忘记了自身的营养补充。伊利有必要向消费者进一步普及牛奶对健康的作用。"

中国营养学会理事长杨月欣在活动现场宣布，中国营养学会将与伊利集团共同开启《中国居民乳制品营养关注度大数据白皮书》调研，旨在通过对乳制品行业大数据的深入挖掘，将来自民众的声音化为科学的佐证，为乳制品行业的未来发展奠定更为坚实的基础。

**携手　万众发声**

2017 年，伊利依托强大的品牌资源，携手刘涛、李晨、宁泽涛、中国花样滑冰队等各路明星，用直抵人心的发问和他们自己的故事，抛出了一个看似简单却发人深省的问题："我需要一杯牛奶吗？"以唤起消费者对自身健康的关注。

活动当天，著名演员刘涛，作为健康生活方式的代表也出现在了现场，与大家分享了

她总是活力满满的背后秘诀——不管多忙，每天都要保持适量运动，哪怕只有十分钟；不管多忙，每天都要膳食均衡，用一杯牛奶为生活注入活力。会上，她欣然接受了中国营养学会为她授予的"活力大使"称号，并呼吁更多的人与她一起加入到身体健康、心态积极的活力一族中来。

此外，刘涛也作为伊利与新浪微博联合发起的公益号召——#需要一杯牛奶#的明星代表，与新浪微博运营副总裁曹增辉一起，在微博上强势发声。新浪微博作为当今中国最有影响力的社交媒体平台之一，其庞大的覆盖人群和强大的传播能力为伊利在倡导国民健康生活方式的道路上提供了有力的支持。不仅如此，本次公益号召还邀请到了王珞丹、郑恺、杨紫、迪丽热巴等公众人物倾情加入，掷地有声地将#需要一杯牛奶#的健康生活理念传递给广大消费者。

**合作　公益筑梦**

京东集团与伊利集团，同为第一批入选首个"国家品牌计划"的优质民族品牌，两家企业也都背负着庄严的品牌社会责任感。

京东集团消费品事业部干货食品采销部总经理李昌明与伊利集团副总裁陈福泉一起，在活动现场把负载着两家企业拳拳爱心的产品包，郑重地托付给使命必达的京东到家快递小哥，送达更多需要牛奶的人，这也寓意着两家企业强强合作的正式开启。

"我需要一杯牛奶吗？"这个貌似平凡的问题，似乎从来没有这么振聋发聩过，它正在成为伊利引领中国乳业健康发展的又一个承诺——伊利既是推动中国国民健康发展的倡议者，也是坚定推进国民健康素质的行动派和实干家。

（资料来源：人民网—食品频道）

**? 辩证性思考：**

1. 伊利"一杯牛奶"行动运用的是哪一种促销方式？

2. 你认为此次促销活动的优势是什么？如果你是公司经理，你会怎样策划这次促销活动？

## 营销知识检测

1. 如何运用促销策略？影响促销组合选择的因素有哪些？

2. 如何推销产品利益？

3. 如何运用广告促销策略？

4. 如何运用营业推广促销？

5. 公共关系促销方式有哪些？

## 营销能力训练

**训练项目：**

选择一家食品经营企业，对其进行促销策略分析，选择促销组合策略，撰写促销策略分析方案。

**训练目的：**

通过训练，进一步认知、掌握促销策略的决策，以及管理的方法与操作程序，具备运用促销策略促销的能力。

**训练要求：**

由班级学习委员组织全员对促销策略分析方案进行讨论、交流.

# 第 3 模块

# 管食品生意（管理食品生意）——
# 管理食品消费需求

食品企业解决了如何做食品生意（经营食品生意）——满足食品消费需求以后，进入了食品营销活动的第三个环节，解决如何管食品生意（管理食品生意）——管理食品消费需求的问题。食品营销管理是科学组织食品企业的所有资源满足食品消费需求的过程。食品营销管理包括计划、组织、实施和控制四个环节。

通过学习，掌握食品营销管理的实质、食品营销管理的任务和程序，掌握食品营销计划、组织、实施和控制的内容、操作程序与方法。

通过训练，具备运用食品营销管理的能力，具备综合运用计划、组织、实施和控制进行食品营销管理的能力。

# 第 11 单元 ● ● ● ●

# 运用食品营销管理

学习与训练指导

　　食品营销管理是科学组织食品企业的所有资源满足食品消费需求的过程。食品企业确立营销战略后，必须制订全面性的食品营销计划，将其化为整套的具体行动，然后进入食品营销的组织、实施与控制的环节，才能实现食品营销战略目标。食品营销活动管理的四个环节相互联系，相互制约。食品营销计划是食品营销组织活动的指导，食品营销组织负责实施食品营销计划，食品营销计划实施需要控制，才能保证食品营销计划的实现。对食品企业的营销活动进行计划、组织、实施和控制，进而提高食品营销效率，实现食品企业的营销目标。

　　通过学习，掌握食品营销管理的实质、食品营销管理的任务和程序，掌握食品营销计划、组织、实施和控制的内容、操作程序与方法。

　　通过训练，具备食品营销管理的能力，具备综合运用计划、组织、实施和控制进行食品营销管理的能力。

## 导入案例

### 丰盛公司八宝粥产品的营销管理

　　丰盛公司是一家民营食品企业，饮料和矿泉水是其核心产品。五年前，他看准了方便食品市场前景，就上马了罐装八宝粥。在市场启动之初，凭着丰盛品牌原有的渠道基础，很快将产品铺了下去，当年就产生了 7 000 多万元的销售额，但这离丰盛公司的目标太遥远了。随后丰盛开始向全国扩张，在四川、河北及东北地区，都有产品销售。随着销售面的扩大，一些问题慢慢显露出来了：虽然产品在动，销售额在逐年增长，但是每一个地区的业绩都很平常。目前，丰盛面临的核心问题是市场发展不平衡，同样的华南市场，福州和厦门的市场做得比较好，但广州市场却一直没有做好，华东的南京市场做得不错，但毗邻的上海和杭州市场就不理想。而且八宝粥的产品潜力远没有挖掘出来，管理层虽然心里明白市场的盘子是很大的，但企业就是没有切分到大的份额。通过深入仔细地对每个经销商、分销商、零售商，以及经销商的员工、物流、库存、价格、服务及财务状况进行调查发现，造成当前市场渠道现状的原因主要来自三个方面：一是销售人员认为，企业高层要求产品必须进入战略性 KA（Key Account）卖场，其他终端有选择性的进入，这是公司的营销战略决定的；二是销售人员大部分是新手，加上公司扩张快速，没有来得及对销售队伍进行素质和工作责任心方面的强化训练，导致在渠道的开拓尤其是深挖能力上显得不够；三是经销商分销拓展不力，市场存在这么多可供产品销售的终端却视而不见。于是，公司重新调整经营目标：以三个月为期限，将产品进入 500 个以上的终端店，产品销售额必须翻一番。计划分成几个步骤：第一步攻克小超市，第二步拿下士多店，第三步进军网吧，第四步杀入夜总会，最后拿下全市所有的星级酒店。经过 10 个多月的努力，丰盛公司的销售额突破了 7 亿元，远远超越原定的销售指标。

（资料来源：食品商务网.http://blog.21food.cn/）

**? 辩证性思考：**

丰盛公司八宝粥产品的营销管理给你带来了什么启示？

# 11.1　认知食品营销管理

**【学习与训练思路】**

食品营销管理实质上是对需求的管理。因此，明确食品营销管理的类型与任务是进行食品营销管理的前提条件。

在掌握食品营销管理的实质、食品营销管理的类型与任务、食品营销管理操作程序的基础上，具备运用食品营销管理操作程序的能力。

## 11.1.1　认知食品营销管理的实质

食品营销管理是在食品企业营销战略的指导下，通过分析、计划、实施和控制，谋求创造、建立及保持食品企业与目标消费群之间互利的交换，以达到食品企业营销战略的目标。

在一般人的心中，营销管理者的工作就是刺激消费者对食品企业产品的需求，以便尽量扩大销售量和市场占有率。事实上，营销管理者的工作不仅仅是刺激和扩大需求，还包括调整、缩减和抵制需求，这要依据需求的具体情况而定。食品营销管理的任务，就是调整食品市场的需求水平、需求时间和需求特点，使供求之间相互协调，实现互利的交换，达到食品企业的营销目标。因此，现代食品营销管理实质上是对食品消费的需求管理。

## 11.1.2　认知食品营销管理的类型

不同的食品需求状况有不同的食品营销任务。根据食品需求状况和食品营销任务的不同，食品营销管理可分为八种类型，如表 11-1 所示。

表 11-1　食品营销管理的类型、需求状况和营销任务

| 食品营销管理类型 | 需求状况 | 营销任务 |
|---|---|---|
| 扭转型营销 | 负需求 | 扭转需求 |
| 刺激型营销 | 无需求 | 激发需求 |
| 开发型营销 | 潜在需求 | 实现需求 |
| 恢复型营销 | 需求衰退 | 恢复需求 |
| 同步型营销 | 不规则需求 | 调节需求 |
| 维护型营销 | 饱和需求 | 维持需求 |
| 限制型营销 | 过剩需求 | 限制需求 |
| 抵制型营销 | 有害需求 | 消除需求 |

### 1．认知扭转型食品营销管理

扭转型食品营销是针对负需求实行的。负需求是指全部或大部分潜在消费者对某种产品或服务不仅没有需求，甚至厌恶。例如，素食主义者对所有肉类有负需求。针对这类情况，扭转型食品营销管理的任务是扭转人们的抵制态度，使负需求变为正需求。营销者首先必须了解这种负需求产生的原因，然后对症下药，采取适当的措施来扭转。

### 2．认知刺激型食品营销管理

刺激型食品营销是在无需求的情况下实行的。无需求是指市场对某种产品或服务既无负需求也无正需求，只是漠不关心，没有兴趣。无需求通常是因为消费者对新产品或新的服务项目不知道或不了解，或者新产品是非生活必需品等。因此，刺激型食品营销管理的任务是设法引起食品消费者的兴趣，刺激需求，使无需求逐步变为有需求。

### 3．认知开发型食品营销管理

开发型食品营销是与潜在食品需求相联系的。潜在需求是指多数消费者对现实市场上还不存在的某产品或服务的强烈需求。因此，开发型食品营销管理的任务是努力开发新产品，设法提供能满足消费者潜在食品需求的产品或服务，将潜在食品需求变成现实需求，以获得极大的市场占有率。

### 4．认知恢复型食品营销管理

恢复型食品营销管理的任务是设法使已衰退的需求重新兴起，使人们已经冷淡下去的兴趣得以恢复。实行恢复型食品营销的前提是处于衰退期的产品或服务有出现新的生命周期的可能性，否则将劳而无功。

### 5．认知同步型食品营销管理

许多产品和服务的需求是不规则的，即在不同时间、不同季节其需求量不同，因而与供给量不协调，如冷饮等产品会有这种情况。因此，同步型食品营销管理的任务是设法调

节需求与供给的矛盾，使二者协调同步。

### 6．认知维护型食品营销管理

在需求饱和的情况下，应实行维护型食品营销。饱和需求是指当前的食品需求在数量和时间上同预期食品需求已达到一致。这时维护性食品营销管理的任务是设法维护现有的销售水平，防止出现下降趋势。主要策略是培养忠诚顾客、保持合理的售价、稳定推销人员和代理商、严格控制成本费用等。

### 7．认知限制型食品营销管理

当某产品或服务需求过剩时，应实行限制型食品营销。例如，对音乐厅的听众，应实行限制型食品营销。限制型食品营销管理的任务就是长期或暂时地限制市场对某种产品或服务的需求，通常可采取提高价格、减少服务项目和供应网点、劝导节约等措施。实行这些措施难免要遭到反对，营销者要有思想准备。

### 8．认知抵制型食品营销管理

抵制型食品营销是针对有害食品需求实行的。有些产品或服务对食品消费者、社会公众或供应者有害无益，对这种产品或服务的食品需求就是有害需求。抵制型食品营销管理的任务是抵制和清除这种需求，实行抵制型食品营销或禁售。抵制型食品营销与限制型食品营销不同，限制型食品营销是限制过多的需求，而不是否定产品或服务本身；抵制型食品营销则是强调产品或服务本身的有害性，从而抵制这种产品或服务的生产和经营。例如，对假冒伪劣食品、受污染的食品等，就必须采取抵制措施。

## 11.1.3　认知食品营销战略

### 1．认知食品营销战略的概念

食品营销战略是食品企业在复杂的市场环境中，为实现特定的食品营销目标而设计的长期、稳定的行动方案，形成指导企业食品营销全局的奋斗目标和经营方针。一个没有战略的企业，犹如一只没有舵的船，只能在水里兜圈子，永远不可能前进。正确地制定食品营销战略，对提高食品企业的市场竞争能力具有十分重要的意义。

### 2．认知食品营销战略的特征

（1）全局性。食品营销战略是以食品企业全局和营销活动的发展规律为研究对象，为指导整个企业营销发展全过程而制定的。它规定的是营销总体活动，追求的是企业营销总体效果，着眼点是营销总体的发展。全局性表示营销战略的地位、重要性及范围。

（2）长远性。食品营销战略是对食品企业未来较长时期（一般是五年以上）营销发展或营销活动的谋划。因此，它着眼于未来。在分析外部环境变异性和内部条件适应性的基础上，谋求食品企业的长远发展，关注的主要是食品企业的长远利益。其实质是高瞻远瞩、深谋远虑、立足长远、兼顾当前。

（3）纲领性。食品营销战略中所规定的战略目标、战略重点、战略对策等都属于方向性、原则性的，是食品企业营销发展的纲领，对食品企业具体的营销活动具有权威性的指导作用。营销战略是食品企业领导者对重大营销问题的决策，是食品企业营销发展过程的指路明灯。纲领性是指营销战略的统帅作用。

（4）竞争性。食品营销战略是指导食品企业如何在激烈的市场竞争中与竞争对手抗衡，如何迎接来自各方面的冲击、压力、威胁和困难。竞争性是指营销战略实施过程中的激烈竞争。

（5）应变性。食品营销战略应根据食品企业外部环境和内部条件的变化，适时加以调整，以适应变化。应变性是指要适时地对营销战略进行适当的调整。

（6）相对稳定性。食品营销战略必须在一定时期内具有稳定性，才能在食品企业营销实践中具有指导意义。由于食品企业营销实践活动是一个动态的过程，指导食品企业营销活动的战略也应该是动态的，以适应外部环境的多变性，所以企业食品营销战略的稳定性是相对的稳定性。稳定性是指营销战略必须保持相对的稳定，不能朝令夕改。

### 3. 认知食品营销战略的类型

（1）认知稳定战略。稳定战略，又称防御型战略，是以保持原有的业务经营水平为主要目标的一种战略。食品企业通过详细地分析市场环境和内部条件，如果发现业务的增长面临困难，即使投入大量资金并对食品企业的各项资源进行有效的配置，仍然难以为食品企业的业务增长找到与之相匹配的市场机会时，则可以采用这种战略，维持现有的业务经营水平或求得较少的增长。稳定战略又包括两种基本类型，即积极防御战略和消极防御战略。前者以积极的态度积蓄力量，对抗竞争者的攻击；后者则一味回避竞争，力图维护企业的现状。

（2）认知发展战略。发展战略是指食品企业在现有市场基础上开发新的目标市场的一种战略，食品企业可供选择的发展战略包括如表 11-2 所示的三种基本类型。

表 11-2　食品企业发展战略的类型

| 密集性发展战略 | 一体化发展战略 | 多元化发展战略 |
| --- | --- | --- |
| 市场渗透 | 后向一体化 | 同心多元化 |
| 市场开发 | 前向一体化 | 水平多元化 |
| 产品开发 | 水平一体化 | 集团多元化 |

①密集性发展战略。当食品企业现有的产品和现有的市场还有发展力，而且食品企业尚未完全开发出潜在产品和市场机会，则要采取密集性发展战略。这种战略有以下三种类型。

- 市场渗透，即食品企业采取更积极的销售措施，在现有的市场中增加现有的产品销售。这种战略的具体形式有：采取降价和增加销售网点等办法，千方百计地使现有的食品消费者多购买本企业的现有产品；加强促销活动或增加产品的品种，把竞争者的消费者吸引过来，使他们购买本企业现有的产品；采取提供样品等活动，想办法在现有市场上把产品卖给那些从未买过本企业产品的消费者。

- 市场开发，即食品企业采取种种措施，千方百计地在新市场上扩大现有产品的销售。其具体形式有：扩大销售区域，可以从区域性销售扩大到全国性销售，也可以从国内销售扩大到国际市场销售；进入新的细分市场；可以根据消费者的需要，增加产品的新设计、利用新的销售渠道和广告宣传，满足新市场未满足的需求。
- 产品开发，即食品企业在现有市场提供新产品或改进的产品，例如，增加食品品种、规格、口味等，以满足食品消费者的需要，扩大销售。

②一体化发展战略。运用一体化发展战略的条件是食品企业面临的行业很有发展前途，而且食品企业在供、产、销等方面实行一体化能提高发展效率，加强控制，扩大销售，增加利润，从而提高经济运行效率。一体化包括以下三种类型。

- 后向一体化，即食品企业收买或合并原材料供应商，从过去向供应商购买原材料改变为自己生产原材料，实行供产联合，如奶业企业自己建立养殖场。一些大型零售公司和连锁超市不仅设有中央采购配运中心，自己采购货物，集中供应其所属的零售商店，实行批零一体化，而且拥有许多工厂，自己生产所经营的商品，实行商工一体化，它们这样控制其供应系统也是一种后向一体化。
- 前向一体化，即食品企业收买或合并批发商、经营商或零售商，使产销联合，自产自销，实行产销一体化。一些经营原料或原材料的企业，向前伸延生产相应的产品。
- 水平一体化，即食品企业收购、兼并竞争者的同种类型的食品企业。例如，大型食品公司收购、兼并若干小型食品公司，或者与其他同种类型食品企业合资生产经营，这些都是水平一体化。

③多元化发展战略。这是食品企业尽量增加产品种类，实行跨行业生产经营多种产品和业务的一种战略。如果企业所在行业缺乏有利的市场机会，或者其他行业具有更大的吸引力，可以实行多元化发展策略。这种战略有以下三种类型。

- 同心多元化，即以现有产品为中心向外扩展业务范围，利用现有的技术、特长和营销力量，逐渐开发与现有产品近似的或同一类的产品，吸引更多的新顾客，这种多元化经营有利于发挥企业原有的技术优势，风险较小，比较容易成功。
- 水平多元化，即食品企业利用原有市场的优势，采用不同的技术开发新产品，增加产品的种类和品种。
- 集团多元化，即大型食品企业通过收购、兼并其他行业的企业，或者在其他行业投资，把业务扩展到其他行业中去，新产品、新业务与公司现有的产品、技术、市场无联系，如食品企业经营金融业、酒店业、餐饮业等。

（3）认知收割战略。收割战略也称缩减战略，是以短期利润为目标的一种营销战略。战略决策者考虑的不是某种产品或业务未来的长期发展，而是如何增加产品短期的投资收益率，以谋求尽可能多的现金收入。采取这一策略的原因主要有：食品企业现有产品或业务组合中的某个或某几个的状况不佳，且已无发展潜力，企业通过大幅度裁减其投资，用某些短期性的营销行为来谋求短期利益，以便于优化食品企业现有的产品组合，促进食品企业的不断发展。

（4）认知撤退战略。撤退战略是将现有产品或业务从现有市场退出的一种战略。如果某项业务已经没有增长潜力，或者从事这项业务会妨碍企业进一步增加利润，可以考虑采用这种战略。撤退战略通常有三种类型。

①临时性撤退。产品销售不佳，食品企业暂时停止经营，待查明原因对产品进行改进后，再生产，投放市场，争取赢得用户的欢迎。

②转移性撤退。市场上往往有这样一种情况：在甲地滞销的产品，在乙地却十分畅销。此种情形下，企业可能从原市场退出，去开发其他吸引力较强的新市场。企业放弃原经营方向，转向生产经营其他范围的产品（或业务），这也是转移性撤退战略。

③彻底性撤退。彻底性撤退是指食品企业针对处于衰退期的老产品，或是刚上市但已表明"不对路"而过早夭折的新产品，果断采取退出市场的战略。

# 11.2　运用食品营销计划

📖【学习与训练思路】

市场营销计划是市场营销活动方案的具体描述，它规定企业各种市场营销活动的任务、目标、具体指标、策略和措施，这样就可使食品企业的市场营销工作按既定计划有条不紊地、循序渐进地进行，从而避免市场营销活动的混乱或盲目性。

在掌握市场营销计划与市场营销战略的关系、市场营销计划的类型与编制市场营销计划的操作程序的基础上，具备运用编制市场营销计划的操作程序的能力。

## 11.2.1　认知食品营销计划

### 1. 认知食品营销计划的概念

食品营销计划是食品企业及各业务单位在对企业营销环境进行调研分析的基础上，为实现营销目标所应采取的策略、措施和步骤的明确规定和详细说明。

一般情况下，营销计划一旦制定，就应保持其相对稳定性，这样有利于执行者充分利用所掌握的有限资源，富有成效地开展工作并且顺利地完成营销目标。但是，应当注意营销计划也不是一成不变的。在营销活动期内，与营销目标有关的一些因素可能会发生巨大的变化，这足以使计划本身失去效用。因此，对于已制定的营销计划，应随时根据营销活动变化的实际情况进行调整和修订，使营销计划保持有效性。

### 2. 认知食品营销计划与食品营销战略的关系

食品营销计划是食品企业的战术计划，食品营销战略对企业而言是"做正确的事"，而食品营销计划则是"正确地做事"。在食品企业的实际经营过程中，营销计划往往碰到无法有效执行的情况，一种情况是食品营销战略不正确，食品营销计划只能是"雪上加霜"，加速食品企业的衰败；另一种情况是食品营销计划无法贯彻落实，不能将食品营销战略转化为有效的战术。食品营销计划充分发挥作用的基础是正确的战略，一个完美的战略可以不必依靠完美的战术；从另一个角度看，营销计划的正确执行可以创造完美的战术，完美的战术则可以弥补战略的欠缺，还能在一定程度上转化为战略。

### 3．认知食品营销计划的类型

（1）按计划时期的长短划分。

①长期计划。期限一般 5 年以上，主要是确定未来发展方向和奋斗目标的纲领性计划。

②中期计划。期限 1～5 年。

③短期计划。期限通常为 1 年，如年度计划。

（2）按计划涉及的范围划分。

①总体营销计划。总体营销计划是指企业营销活动的全面、综合性计划。

②专项营销计划。专项营销计划是针对某一产品或特殊问题而制定的计划，如品牌计划、渠道计划、促销计划、定价计划等。

（3）按计划的程度划分。

①战略性计划。战略性计划是指对企业将在未来市场占有的地位及采取的措施而制订的计划。

②策略计划。策略计划是指对营销活动某一方面而制定的计划。

③作业计划。作业计划是指各项营销活动的具体执行性计划，例如，一项促销活动，需要对活动的目的、时间、地点、活动方式、费用预算等作策划。

## 11.2.2　运用编制食品营销计划的操作程序

### 1．分析营销状况

（1）分析市场状况。列举目标市场的规模及其成长性的有关数据、顾客的需求状况等，例如，目标市场近年来的年销售量及其增长情况、在整个市场中所占的比例等。

（2）分析产品状况。列出企业产品组合中每一个品种近年来的销售价格、市场占有率、成本、费用、利润率等方面的数据。

（3）分析竞争状况。识别出企业的主要竞争者，并列举竞争者的规模、目标、市场份额、产品质量、价格、营销战略及其他的有关特征，以了解竞争者的意图、行为，判断竞争者的变化趋势。

（4）分析分销状况。描述公司产品所选择的分销渠道的类型及其在各种分销渠道上的销售数量，例如，某产品在百货商店、专业商店、折扣商店等各种渠道上的分配比例等。

（5）分析宏观环境状况。主要对宏观环境的状况及其主要发展趋势做出简要的介绍，包括人口环境、经济环境、技术环境、政治法律环境、社会文化环境，从中判断某种产品的命运。

### 2．分析机会与威胁、优势与劣势

首先，对计划期内企业食品营销所面临的主要机会和风险进行分析，再对企业食品营销资源的优势和劣势进行系统分析。在机会与风险、优劣势分析基础上，企业可以确定在该计划中所必须注意的主要问题。

### 3．确立食品营销目标

对机会、威胁、优势、劣势分析的结果是确定食品营销要解决的主要问题，即拟定食品营销目标。目标是食品营销计划的核心，是制定下一步具体食品营销策略和行动方案的基础。食品营销目标包括：财务目标，包括即期利润指标、长期的投资收益率等；营销目标，主要是销售额、市场占有率、目标利润率及有关广告效果、分销网点、定价等方面的具体目标。所有目标都应以定量的形式表达，并具有可行性、一致性，能够分层次地加以说明。

### 4．制定食品营销策略

拟定企业将采用的食品营销策略，包括目标市场、产品市场定位、食品营销组合策略等。

### 5．制订食品营销行动方案

对各种食品营销策略的实施制定详细的行动方案，即阐述以下问题：将做什么？何时开始？何时完成？谁来做？成本是多少？整个行动计划可以列表加以说明，即为未来实际行动的计划。表中具体说明每一时期应执行和完成的活动时间安排、任务要求和费用开支等，使整个食品营销战略落实于行动，并能循序渐进地贯彻执行。

### 6．编制食品营销预算方案

根据食品营销行动方案还要编制相应的预算方案，表现为预计损益表。在收益的一方要说明预计的销售量及平均实现价格，预计销售收入总额；在支出的一方要说明生产成本、实体分销成本和营销费用，以及再细分的明细支出，预计支出总额；最后得出预计利润，即收入和支出的差额。企业的业务单位编制出食品营销预算后，送上层主管审批。经批准后，该预算就是材料采购、生产调度、劳动人事及各项营销活动的依据。

### 7．进行食品营销计划控制

食品营销计划控制是指对食品营销计划执行进行检查和控制，用以监督计划的进程。为便于监督检查，具体做法是将计划规定的食品营销目标和预算按月或季分别制定，食品营销主管每期都要审查食品营销各部门的业务实绩，检查是否完成了预期的食品营销目标。凡未完成计划的部门，应分析问题原因，并提出改进措施，以争取完成预期目标，使企业食品营销计划的目标任务都能落实。

## 11.3　运用食品营销组织

📖【学习与训练思路】

食品营销计划需要借助一定的组织系统来实施，需要执行部门将企业资源投入到食品营销活动中去，需要控制系统考察计划执行情况，诊断产生问题的原因，进而采取改正措施，或改善执行过程，或调整计划本身使之更切合实际。因此，食品企业必须高度重视食品营销组织的建立。

在掌握食品营销组织形式、影响食品营销组织设计的因素、食品营销组织设计的操作程序的基础上，具备分析影响食品营销组织设计的因素、运用食品营销组织设计操作程序的能力。

## 11.3.1　认知食品营销组织

### 1．认知食品营销组织的概念

食品营销组织是指企业内部涉及食品营销活动的各个职位及其结构，它是执行食品营销计划、服务市场购买者的职能部门。食品营销组织是保证食品营销计划执行的一种手段，同时也是企业实现食品营销战略目标的核心职能部分。

### 2．认知食品营销组织的特征

（1）系统性。系统性是指用系统理论来管理营销组织，即企业的各个部门包括食品营销、研究与开发、生产、财务、人力资源及食品营销所属部门（如市场部、广告部、销售部等）都能相互配合，具有整体协调性，为一个共同的满足消费者需要的目标协同工作，获得整体大于部分之和的效果。

（2）适应性。适应性是指企业的营销组织机构必须适应外界环境的变化，对瞬息万变的市场环境能作出迅速的反应和决策。如果企业的营销组织不能根据外界环境的变化作出决策，就可能坐失良机。一般来说，越是成熟的组织，由于经验和惯性的作用，越容易失去组织的适应性和灵活性。为此，管理学家也设计了多种管理组织模式，试图使营销组织成为具有适应、调节功能的系统。

### 3．认知食品营销组织的形式

现代企业的食品营销部门有各种组织形式，但不论采用何种形式，都必须体现"以消费者为中心"的指导思想，才能使其发挥应有的作用。

（1）认知职能型组织。职能型组织是最常见的食品营销组织形式。如图11-1所示，在食品营销副总经理的领导下，集合各种食品营销专业人员，如广告和促销人员、销售人员、市场调研人员、新产品开发人员，以及客户服务人员、食品营销策划人员、储运管理人员等，组成职能型组织。食品营销副总经理负责协调各个食品营销职能科室、人员之间的关系。

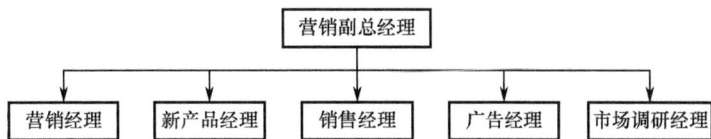

图11-1　职能型组织

职能型组织的主要优点是行政管理简单、方便。当企业只有一种或少数几种产品，或者企业产品的食品营销方式大体相同时，职能型组织形式才比较有效。随着产品的增多和市场的扩大，这种组织形式会逐渐失去其有效性。在这种组织形式中，没有一个人对一种产品或者一个市场全盘负责，因而可能缺少按产品或市场制订的完整计划，使得有些产品或市场被忽略。各个职能科室之间为了争取更多的预算，得到比其他部门更高的地位，相互之间进行竞争，食品营销副总经理可能经常处于调解纠纷的"旋涡"之中。

（2）认知地区型组织。业务涉及全国甚至更大范围的企业，可以按照地理区域组织、管理营销人员。例如，在营销部门设有中国市场经理，按省、市、自治区设置区域市场经理；再往下，还可以设置若干个地区市场经理和营销代表。从全国市场经理依次到地区市场经理，所管辖下属人员的数目即管理幅度逐级增加，形成一个"金字塔"形结构。当然，如果销售任务艰巨、复杂，营销人员的工资成本太高，他们的工作成效又对利润影响重大，管理幅度就可以适当缩小。

地区型组织形式的优点是构成一个分布全国的销售网络，而且营销网络自上而下的控制幅度逐步扩大，使较高层次的主管人员有更多的时间管理其直接下属，使形成的网络在管理上较为严密和有效。为了使整个食品营销活动更为有效，地区型组织通常都是与其他类型的组织形式结合起来使用的。地区型组织如图 11-2 所示。

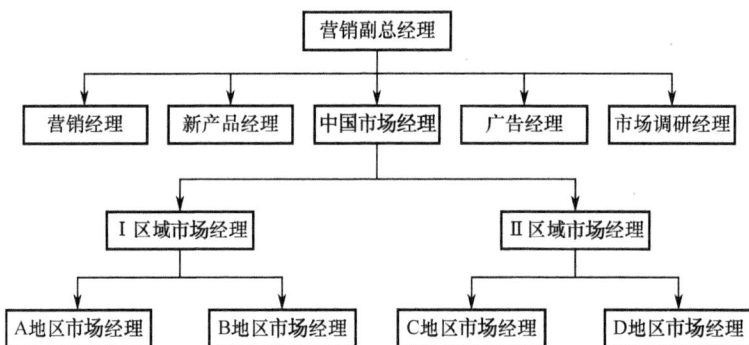

图 11-2　地区型组织

（3）认知产品（品牌）管理型组织。生产多种产品或拥有多个品牌的食品企业，往往按产品或品牌建立食品营销组织，如图 11-3 所示。通常是在一名总产品（品牌）经理的领导下，按每个产品（品牌）线分设一名经理，再按每种具体品种设一名经理，分层管理。在一个企业，如果经营的各种产品差别很大，产品的数量又很多，超过了职能型组织所能控制的范围，就适合建立产品（品牌）管理型组织。例如，美国通用食品公司就采取产品管理型组织——设有若干独立的产品线经理，分别负责粮油食品、动物食品和饮料等；在粮油产品线，又分设若干品种经理，分别负责营养食品、儿童加糖食品、家庭食品和其他食品；在营养食品产品经理之下，又设置若干品牌经理。

产品（品牌）经理的任务是制定产品（品牌）计划，监督计划实施，检查计划的执行结果，并采取必要的调整措施，为自己负责的产品（品牌）制定长期的竞争战略和政策。

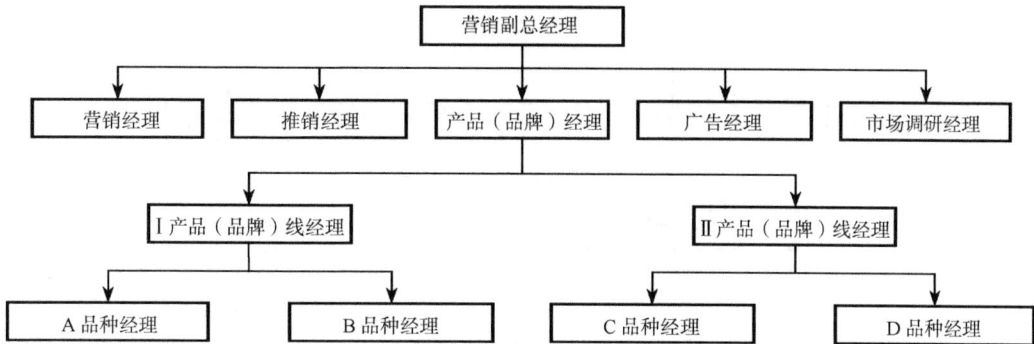

图 11-3　产品（品牌）管理型组织

这种组织形式的优点如下：

①便于统一协调产品（品牌）经理负责的特定产品（品牌）的食品营销组合战略。

②能够及时反映特定产品（品牌）在市场上发生的问题。

③产品（品牌）经理各自负责自己管辖的产品（品牌），可以保证每个产品（品牌）纵然眼下不太出名，也不会被忽视。

④有助于培养人才。产品（品牌）管理涉及企业经营、食品营销的方方面面，是锻炼年轻管理人员的最佳场所。

这种组织形式的不足之处如下：

①造成了一些矛盾冲突。由于产品（品牌）经理权力有限，不得不依赖于同广告、销售、制造部门之间的合作，这些部门又可能把他们视为"低层的协调者"而不予重视。

②产品（品牌）经理容易成为自己负责的特定产品（品牌）的专家，但是不一定熟悉其他方面（如广告、促销等）的业务，因而可能在其他方面成为不了专家，影响其综合协调能力。

③建立和使用产品管理系统的成本，往往比预期的费用要高。产品管理人员的增加，导致人工成本增加；企业要继续增加促销、调研、信息系统和其他方面的专家，必然承担大量的间接管理费用。要解决这些问题，应对产品（品牌）经理的职责、同职能管理人员之间的分工与合作，作出明确、适当的安排。

（4）认知市场管理型组织。当市场范围不断扩大，市场细分日益繁杂时，产品经理的机构设置就不合适了，一种新的机构形式即市场管理型组织应运而生。市场管理型组织同产品（品牌）管理型组织相似，由一个总市场经理管辖若干细分市场经理，各个市场经理负责自己所辖市场的年度销售利润计划和长期销售利润计划，如图 11-4 所示。这种组织形式的主要优点是企业可以围绕特定消费者或用户的需要，开展一体化的食品营销活动，而不是把重点放在彼此隔离的产品或地区上面。在市场经济发达国家，许多企业都是按照市场型结构建立食品营销组织的。有些学者甚至认为，以企业各个主要的目标市场为中心，建立相应的食品营销部门和分支机构，是确保实现"以消费者为中心"的现代食品营销观念的唯一办法。

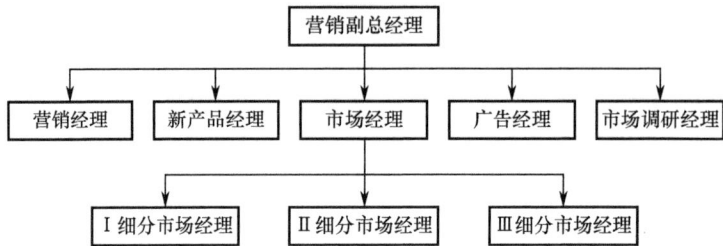

图 11-4　市场管理型组织

（5）认知事业部制组织。当食品企业达到一定的规模时，食品企业大都根据产品群实行事业部制管理，将营销职能下放到事业部，如图 11-5 所示。食品企业进行营销的形式大致有以下四种。

①企业将营销职能权力全部下放，由事业部独立完成某产品群的全部营销工作。

②企业有小规模营销机构，它只负责协调高层决策机构对整体市场机会的评估，给下属事业部提供参谋性咨询，代行那些没有成立营销机构的小事业部的营销职能，建立全企业的营销观念。

③企业设立中等规模的营销机构，此机构除了负责一定量的广告业务、促销服务、营销研究以及营销管理工作以外，还主要负责跨事业部的工作，这一工作并不只对某一事业部，有的还担负着对销售计划提供指导和对培训推销人员提供帮助的任务。

④企业设立强大的营销部门，它参与事业部的计划制定和控制活动，对事业部的营销方案行使审批权。

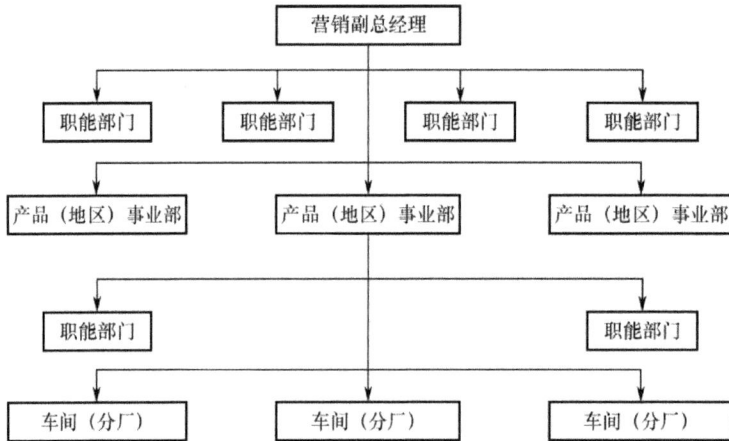

图 11-5　事业部制营销组织形式

事业部是一种分权组织模式，一般都是按产品或服务领域使每个事业部成为利润中心。其优点是把每类产品或服务作为一个利润中心进行管理，每个事业部经理都经历广泛的职能活动，为培养高层管理者提供了机会。其缺点是各事业部之间可能出现竞争，处理不好会损害企业的整体利益；由于各事业部经理相当于一家单一产品或服务的经理，因而可能加大总公司的控制难度。

## 11.3.2　分析影响食品营销组织设计的因素

### 1．分析企业规模对食品营销组织设计的影响

企业规模的大小是企业实力大小的标志，也是营销组织设计的基础。规模大的企业，担负的营销任务就大，工作量就多，就要求营销职能部门比较齐全，配备的人员就较多，相应的组织层次也就较多。

### 2．分析市场地理位置和市场规模对市场营销组织设计的影响

市场的地理位置是决定食品营销人员分工和负责区域的依据。如果地理位置分散，则需要按地区设置营销组织；如果市场由较大的几个细分市场组成，则需要为每个细分市场任命一个市场经理，那就应采用市场管理型组织形式。市场规模大、范围广，就需要庞大的食品营销组织、众多的专职人员和部门；市场范围窄、销量有限，食品营销组织自然也规模有限。

### 3．分析产品对食品营销组织设计的影响

产品的性质和类型影响食品营销组织设计、组织模式的选择。例如，面对产业市场的企业，它们的产品更多地通过推销人员直接销售，依赖广告较少，故推销部门庞大，广告部门较小；面对消费者市场的企业，经营的是消费品，则往往需要较大的广告部门，推销部门则相对简单。同时，产品类型多，企业也应相应地设置产品经理。

### 4．分析企业类型对食品营销组织设计的影响

从事不同行业的企业，其食品营销组织的构成也各不相同。例如，服务行业的食品营销重点之一就是市场调研，市场调研部门规模就较大；而原材料行业，如农产品初加工企业，它们的食品营销重点则在储存和运输，因而组织中储运部门规模就比较大。

## 11.3.3　运用食品营销组织设计的操作程序

食品营销管理的前提是进行组织规划，包括设计组织结构和人员配备。而一旦组织结构建立起来，又要不断地对此进行调整，否则随着企业自身的发展和外界环境的变化，原先的食品营销组织将会越来越不适应食品营销管理的需要，变得僵化和缺乏效率。

### 1．分析组织环境

任何一个食品营销组织都是在不断变化着的社会经济环境中运行的，要受这些环境因素的制约。由于外部环境是企业的不可控因素，因此，食品营销组织必须随着外部环境的变化而不断的调整和适应。外部环境对食品营销组织影响最为明显的主要是市场和竞争者状况。此外，作为企业的一部分，食品营销组织也受整个企业特征的影响。

### 2．确定组织内部活动

食品营销组织内部活动主要有两种类型。

（1）职能性活动。职能性活动涉及食品营销组织的各个部门，范围相当广泛。企业在

制定战略时要确立各个职能在食品营销组织中的地位，以便开展有效的竞争。

（2）管理性活动。管理性活动涉及管理任务中的计划、协调和控制等方面。企业通常是在分析市场机会的基础上，制定食品营销战略，然后再确定相应的食品营销活动和组织的专业化类型。假定一个企业满足下述条件：企业年轻时易于控制成本，企业的几种产品都在相对稳定的市场上销售，竞争战略依赖于广告或人员推销等技巧性的活动，那么，该企业就可能设计职能型组织。同样，如果企业产品销售区域很广，并且每个区域的购买者行为与需求存在很大的差异，那么，它就会建立地区型组织。

### 3．建立组织职位

企业在确定了食品营销组织活动之后，还要建立组织职位，使这些组织活动有所归附。为此，企业需要考虑职位类型、职位层次和职位数量，以弄清楚各个职位的权力、责任及其在组织中的相互关系。

（1）职位类型。每个职位的设立都必须与食品营销组织的需求及其内部条件相吻合。对职位类型的划分有三种方法。

①划分为直线型职位和参谋型职位。处于直线型职位的人员行使指挥权，能领导、监督、指挥和管理下属人员；而处于参谋型职位的人员拥有辅助性职权，包括提供咨询和建议等。

②划分为专业型职位和协调型职位。显然，一个职位越是专业化，它就越无法起到协调作用。但是各个专业型职位又需要从整体上进行协调和平衡，于是协调型职位就产生了，像项目经理或小组制都是类似的例子。

③划分为临时型职位和永久型职位。严格地说，没有任何一个职位是永久的，它只是相对于组织发展而言较为稳定而已。临时型职位主要是指企业在短时期内为完成某项特殊任务（如组织进行大规模调整时）设立的临时职位。

（2）职位层次。职位层次是指每个职位在组织中地位的高低。例如，公共关系经理和销售经理的地位孰高孰低，对于不同的企业情况就大不一样。这主要取决于职位所体现的食品营销活动与职能在企业整个食品营销战略中的重要程度。

（3）职位数量。职位数量是指企业建立组织职位的合理数量，它同职位层次密切相关。一般地，职位层次越高，辅助性职位数量也就越多。很明显，市场研究经理在决策时就要依靠大批市场分析专家和数据处理专家的帮助。职位决策的目的是把组织活动纳入各个职位。因此，建立组织职位时必须以食品营销组织活动为基础。企业可以把食品营销活动分为核心活动、重要活动和附属性活动三种。核心活动是企业食品营销战略的重点，所以首先要根据核心活动来确定相应的职位，然后其他的职位再围绕这一职位依其重要程度逐次排定。

职位的权力和责任的规定主要体现在工作说明书上。工作说明书包括工作的名称、主要职能、职责职权与组织中其他职位的关系，以及与外界人员的关系等。如果企业决定设立新的职位，有关部门主管就要会同人事专家拟出一份关于该职位的工作说明书，以便对应聘人员进行考核和挑选。

### 4．设计组织结构

组织结构的设计和职位类型密切相关。企业如果采用矩阵型组织，就要建立大量的协调性职位；如果采用金字塔形组织，则要求有相应的职能性职位。因此，设计组织结构的首要问题是使各个职位与所要建立的组织结构相适应。此外，食品营销组织总是随着市场和企业目标的变化而变化，所以设计组织结构要立足于将来，为未来组织结构的调整留下更多的余地。

### 5．配备组织人员

在分析食品营销组织人员配备时，必须考虑两种组织情况，即新组织和再造组织（在原组织的基础上加以革新和调整）。相比较而言，再造组织的人员配备要比新组织的人员配备更为复杂和困难。这是因为人们总是不愿意让原组织发生变化，往往把再造组织所提供的职位和工作看成一种威胁。

事实上，组织经过调整后，许多人在新的职位上从事原有的工作，这就大大损害了再造组织的功效；同时，企业解雇原有的职员或招聘新的职员也非易事，考虑到社会安定和员工个人生活等因素，许多企业不敢轻易裁员。但是，不论哪种情况，企业配备组织人员时必须为每个职位制定详细的工作说明书，从受教育程度、工作经验、个性特征及身体状况等方面进行全面的考察。

此外，在食品营销组织中，小组的人员配备也应引起重视。小组往往是企业为完成某项特殊任务而成立的，是组织的一个临时单位，其成员多从组织现有人员中抽取。要使小组有效地发挥作用，食品营销组织必须使小组成员与其他成员之间保持协调关系。例如，以下层组织的人为领导来管理来自组织高层的成员构成的小组，肯定是行不通的。同样，小组领导的职位也不应该比该小组所隶属的经理的职位高。还有一点，如果人们意识到参与小组工作将影响到其正常工作和晋升机会，那么，食品营销组织就很难为小组配备合适的人员。

### 6．组织评价与调整

没有尽善尽美的组织，它总是存在不同程度的摩擦和冲突。因此，从食品营销组织建立之时，食品营销经理就要经常检查、监督组织的运行状况，并及时加以调整，使之得到不断发展。食品营销组织需要调整的原因主要有以下几点。

（1）外部环境的变化。包括商业循环的变化、竞争加剧、新的生产技术出现、工会政策、政府法规和财政政策、产品系列或销售方法的改变。

（2）组织主管人员的变动。因为新的主管人员试图通过该组织来体现其管理思想和管理方法。

（3）改组是为了证明现存组织结构的缺陷。有些缺陷是由组织本身的弱点所造成的，如管理宽度过大、层次太多、信息沟通困难、部门协调不够、决策缓慢等。

（4）组织内部主管人员之间的矛盾，也可以通过改组来解决。所以，为了不使组织结构变得呆板、僵化和缺乏效率，企业必须适当地、经常地对组织结构重新加以调整。

# 11.4 运用食品营销实施

📖【学习与训练思路】

许多战略目标和食品营销计划之所以未能实现，是因为没有得到有效的实施，所以食品营销实施是食品营销管理的重要环节。

在掌握食品营销实施具备的技能、食品营销实施的操作程序、食品营销实施中应注意的问题的基础上，具备运用食品营销实施具备的技能和运用食品营销实施的操作程序的能力。

## 11.4.1 认知食品营销实施

### 1. 认知食品营销实施的概念

食品营销实施是指食品企业将食品营销战略和食品营销计划转为行为和任务，并保证这种任务的完成，以实现食品营销战略目标的过程。

### 2. 认知食品营销实施具备的技能

食品企业营销人员必须具备和善于运用食品营销实施技能。

（1）分配技能。即营销经理为各种职能、政策和计划分配时间、费用和人力资源的能力。

（2）调控技能。调控技能包括建立和管理对食品营销活动实施效果进行追踪的控制系统的能力，以便食品营销活动的实施。

（3）组织技能。组织技能涉及确定食品营销人员之间的关系结构，以利于实现企业的各项目标。制定有效的实施程序的重要前提是将企业集中化和正规化程度掌握在与控制系统相适应的限度内，以及理解非正式组织的地位和作用。非正式组织和正式组织相互配合，才能对实施活动的效果产生影响。

（4）相互配合技能。即营销经理借助于其他力量影响企业内部的人员来完成自己工作的能力。

## 11.4.2 运用食品营销实施的操作程序

### 1. 制定行动方案

为有效实施食品营销战略和食品营销计划，必须制定详细的行动方案。这个方案应当明确的具体问题是：

（1）食品营销实施的任务有哪些？哪些是关键性任务？

（2）采取什么样的措施完成这些任务？

（3）本企业拥有什么样的实力？

### 2．建立组织结构

企业的正式组织在食品营销战略和食品营销计划的实施过程中起决定性的作用。建立组织结构应当明确的具体问题是：

（1）本企业的组织结构是什么样的？

（2）各部门的职权是如何划分的？信息是如何沟通的？

（3）临时性组织，如专题工作组和委员会的作用是什么？

### 3．设计决策和报酬制度

决策和报酬制度直接关系到实施食品营销战略和食品营销计划的成败。设计决策和报酬制度应当明确的具体问题是：

（1）重要制度有哪些？

（2）主要控制因素是什么？

（3）产品和信息是如何沟通的？

### 4．开发人力资源

食品营销实施最终是由企业内部人员完成的，所以人力资源的开发至关重要。这涉及人员的考核、选拔、安置、培训和激励等问题。此外，企业还必须决定行政管理人员、业务管理人员和一线业务人员的比例。开发人力资源应当明确的具体问题是：

（1）本企业人员的技能、知识和经验各是什么？

（2）本企业人员的期望是什么？

（3）本企业人员对企业和工作是什么态度？

### 5．建设企业文化和管理风格

企业文化是一个企业内部全体人员共同持有和遵循的价值标准、基本信念和行为准则。企业文化对企业经营思想和领导风格，对职工的工作态度和作风均起着决定性的作用。管理风格是指企业中管理人员不成文的习惯约定和共同工作的方式，是一种人际关系和组织环境气氛。不管何种管理风格，都应有利于食品营销的实施。建设企业文化和管理风格应当明确的具体问题是：

（1）企业内部是否具有共同价值观？

（2）共同价值观是什么？它们是如何传播的？

（3）企业经理的管理风格是什么？

（4）如何解决矛盾？

## 11.4.3 食品营销实施中应注意的问题

### 1．计划脱离实际

由于企业的食品营销战略和食品营销计划的制订过于专门化，食品营销实施则要依靠食品营销管理人员。制定者和实施者之间常常缺乏必要的沟通和协调，导致以下问题的出现。

（1）制定者只考虑总体战略而忽视实施中的细节，结果使食品营销计划过于笼统和流于形式。

（2）制定者往往不了解实施过程中的具体问题，所以常常脱离实际。

（3）制定者和实施者之间没有必要的沟通与协调，致使实施者在实施过程中经常遇到困难，因为实施者不能完全理解需要他们去实施的营销战略和营销计划。

（4）脱离实际的战略导致制定者和实施者相互对立和不信任。

### 2．长期目标和短期目标的不一致

食品营销战略通常着眼于企业的长期目标，涉及今后 3~5 年的食品营销活动。而具体执行这些食品营销战略的食品营销组织人员是依据其短期工作绩效（如销售量、市场占有率或利润率等指标）来实施奖惩的，因而食品营销组织人员常常选择短期行为。为克服企业的长期目标和短期目标之间的矛盾，企业必须采取适当措施，设法求得两者的协调。

### 3．因循守旧的惰性

企业的食品营销活动往往是为了实现既定的食品营销战略目标。新的食品营销战略如果不符合企业的传统和习惯，就会遭到抵制。新旧战略之间的差异越大，实施新战略可能遇到的阻力也就越大。要想实施与旧战略截然不同的新战略，常常需要打破企业传统的组织结构。

### 4．缺乏具体明确的实施方案

有些食品营销战略和食品营销计划之所以失败，是因为制定者没有进一步制定具体明确的实施方案。企业的决策者和营销管理人员必须制定详尽的实施方案，规定和协调各部门的活动，编制详细周密的实施时间表，明确各部门经理的职责。只有这样，企业的食品营销战略和食品营销计划的实施才能有保障。

# 11.5　运用食品营销控制

📖【学习与训练思路】

由于食品营销计划在实施的过程中总会发生许多预料不到的事件，因此食品营销部门必须对食品营销活动进行控制，才可以避免和纠正产生的各种偏差，使食品营销活动向着预定目标进行。所以，食品营销控制是企业有效进行食品营销管理的基本保证。

在掌握食品营销控制的操作程序、食品营销控制的方法的基础上，具备运用食品营销控制的操作程序和食品营销控制的方法的能力。

## 11.5.1　认知食品营销控制的概念

食品营销控制是指企业的管理者对食品营销计划实施情况和效果进行检查与评估，了解计划与实际是否一致，找出两者之间的偏离及造成偏离的原因，并采取修正措施以确保食品营销计划的有效执行。例如，一个公司为了达到一定的市场份额，规定了顾客渗透率必须在 60%以上，在检查过程中，公司如果发现顾客渗透率为 55%，就应进一步调查为什么会失去一些顾客，并采取相应的措施。在这个例子中，对市场渗透率进行控制检查的目的是实现食品营销目标，为实现食品营销目标所采取的各种调整措施就是控制活动。

## 11.5.2　运用食品营销控制的操作程序

食品营销控制的程序如图 11-6 所示。

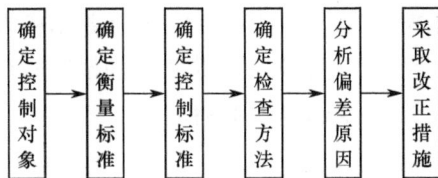

图 11-6　食品营销控制的程序

### 1．确定控制对象

确定控制对象即确定对哪些食品营销活动进行控制。如果企业施行控制的范围广，可获得更多的信息，有利于食品营销管理。但任何控制活动都需要一些费用，所以在决定控制对象时，应当权衡利弊，使控制成本小于控制活动所带来的效益。

食品营销控制的对象包括销售收入、销售成本和销售利润三个方面。其他如市场调查的效果、新产品开发、销售人员的工作效率、广告效果等营销活动也应该通过控制加以评价。所以，企业可以根据实际情况对控制对象加以选择，同时还应确定控制的量，即控制频率。因为不同的控制对象对企业营销成功的重要作用不同，应该有不同的控制频率。一般来说，对于影响重大的、容易脱离控制或容易出现问题的对象应提高控制频率。

### 2．确定衡量标准

一般情况下，企业的食品营销目标就可以作为食品营销控制的衡量标准，如销售额指标、销售增长率、利润率、市场占有率等。进行食品营销过程控制时，问题则比较复杂，需要建立一套相关的标准。例如，控制过程中，可能要将一个长期目标转化为各个时期的阶段目标，将战略目标分解为各个战术目标等。由于各企业的具体情况不同、食品营销目标不同，食品营销控制的衡量标准也各不相同。

### 3．确定控制标准

控制标准是对衡量标准的定量化，即以某种衡量尺度表示控制对象的预期活动范围或可接受的活动范围。例如，规定每个营销员每年必须增加 30 名新客户，规定营销员每次访问顾客的费用标准等。企业制定的控制标准一般应该允许有一定的浮动范围，不可绝对化。同时，应注意因地制宜、因时制宜、因人而异。以建立营销员的绩效标准为例，要充分考虑到个人之间的差别。为了激发营销员的工作热情，可实行两个标准：一个是基本标准，是必须完成的；另一个是奖励标准，达到这个标准必须付出较大的努力，因此能获得相应的奖励。

应该指出的是，任何标准都不是一成不变的。随着食品营销环境及企业内部条件的变化，各类标准也应不断修正，以适应新的情况。

### 4. 确定检查方法

确立了控制标准后，就要把控制标准与实际结果进行比较。检查的方法有很多种，如直接观察法、统计法、访问法和问卷调查法等，可根据实际需要进行选择。此外，企业营销信息系统提供的各种信息也可以用来作为检查对照的依据。

任何检查都是在一定的频率和范围下进行的。频率是指检查的时间间隔有多长，这主要取决于控制对象是否经常变动。范围取决于是将全面情况同计划进行对照比较，还是进行局部的、单项的检查，这要根据需要进行抉择。

### 5. 分析偏差原因

执行结果与计划发生偏差的情况是经常出现的，原因不外乎有两种：一种是实际过程中的问题，这种偏差较容易分析；另一种是计划本身的问题。而这两种原因经常是交织在一起的，这加大了问题的复杂性，致使分析偏差原因成为营销控制的一个难点。

要确定产生偏差的原因，就必须深入了解情况，占有尽可能多的相关资料，从中找出问题的症结。例如，某部门没有完成计划，可能只是某种产品的亏损影响了整个部门的赢利或推销率不高，也可能是推销员的组织结构不尽合理。如果是由于定额太高，则应适当降低。

### 6. 采取改正措施

针对存在的问题，应提出相应的改进措施，提高工作效率。这是食品营销控制的最后一个程序。采取改正措施宜抓紧时间。有的企业在制订计划的同时还提出应急措施，在实施过程中一旦发生偏差则可以及时补救。很多企业事先没有制定措施，这就必须根据实际情况迅速制定补救措施并加以改进，以保证计划目标的顺利实现。

## 11.5.3 运用食品营销控制的方法

### 1. 运用年度计划控制的方法

年度计划控制是指企业在本年度内采取控制步骤，检查实际绩效与计划之间是否有偏差，并采取改进措施，以确保食品营销计划的实现与完成。许多企业每年都制定相当周密的计划，但执行的结果却往往与之有一定的差距。事实上，计划的结果不仅取决于计划制定得是否正确，还有赖于计划执行与控制的效率如何。

（1）认知年度计划控制系统。年度计划控制系统包括如下几个方面：
①制定标准，即确定本年度各个季度（或月）的目标，如销售目标、利润目标等。
②绩效测量，即将实际成果与预期成果相比较。

③因果分析，即研究发生偏差的原因。

④改正行动，即采取最佳的改正措施，努力使成果与计划相一致。

（2）运用绩效工具控制的方法。

①运用销售分析方法。销售分析就是衡量并评估实际销售额与计划销售额之间的差距，具体有两种分析方法：一是运用销售差距分析的方法，二是运用地区销量分析的方法。

运用销售差距分析的方法主要用来衡量造成销售差距的不同因素的影响程度。例如，一家企业在年度计划中规定，某种产品第一季度出售 5 000 件，单价 1 元，总销售额 5 000 元。季末实际售出 4 000 件，售价降为 0.80 元，总销售额为 3 200 元，比计划销售额少 40%，差距为 1 800 元。显然，引起差距既有售价下降方面的原因，也有销量减少的原因。二者各自对总销售额的影响程度计算如下：

$$销售下降的差距 = (P_s - P_a) \times Q_a = (1.00 - 0.80) \times 4\,000 = 800（元）$$

$$销售下降的影响 = (800 \div 1\,800) \times 100\% = 44.4\%$$

$$销售减少的差距 = (Q_s - Q_a) \times P_s = (5\,000 - 4\,000) \times 1.00 = 1\,000（元）$$

$$销售减少的影响 = (1\,000 \div 1\,800) \times 100\% = 55.6\%$$

式中　$P_s$——计划售价；

　　　$P_a$——实际售价；

　　　$Q_s$——计划销售量；

　　　$Q_a$——实际销售量。

由此可见，没有完成计划销售量，是造成差距的主要原因。因此，企业需要进一步深入分析销售量减少的原因。

运用地区销售量分析的方法衡量导致销售差距的具体产品和地区。例如，某企业在 A、B、C 这三个地区的计划销售量，分别为 1 500 件、1 500 件和 2 000 件，共 5 000 件。但是，各地实际完成的销售量分别为 1 400 件、1 525 件和 1 075 件，与计划的差距为-6.67%、+1.67%和-46.25%。显然，引起差距的主要原因在于 C 地区销售量大幅度减少。因此，有必要进一步查明原因，以加强该地区的食品营销管理。

②运用市场占有率分析的方法。企业的销售绩效并没有反映出相对于其竞争者来讲企业的经营状况如何。市场占有率正是剔除了一般的环境影响来考察企业本身经营工作状况的。

全部市场占有率以企业的销售额占全行业销售额的百分比来表示。使用这种测量方法必须做两项决策：一是要以单位销量或以销售额来表示市场占有率；二是正确认定行业范围，即明确本行业所应包括的产品和市场等。

可达市场占有率以其销售额占企业所服务市场的百分比来表示。所谓可达市场一是指企业产品最适合的市场，二是指企业食品营销努力所及的市场。企业可能有近 100%的可达市场占有率，却只有相对较小百分比的全部市场占有率。

相对市场占有率（相对于三个最大竞争者）以企业销售额对最大的三个竞争者的销售额总和的百分比来表示。例如，某企业有 30%的市场占有率，其最大的三个竞争者的市场占有率分别为 20%、10%、10%，则该企业的相对市场占有率是 75%（30/40×100%）。一般情况下，相对市场占有率高于 33%即被认为是强势的。

相对市场占有率（相对于市场领导竞争者）以企业销售额相对市场领先竞争者的销售额的百分比来表示。如果相对市场占有率超过 100%，表明该企业是市场领先者；相对市场占有率等于 100%，表明企业与市场领先竞争者同为市场领导者；相对市场占有率的增加表明企业正接近市场领先竞争者。

（3）运用食品营销费用率分析的方法。年度计划控制要确保企业在达到销售计划指标时，食品营销费用没有超支。因此，企业需要对各项费用率加以分析，并控制在一定的限度。如果费用率的变化不大，在安全范围内，可以不采取任何措施；如果变化幅度过大，上升速度过快，接近或超出上限，就必须采取有效的措施。

通过上述分析，发现食品营销业绩与年度计划指标差距太大，就要采取相应的措施，或是调整食品营销计划指标，使之更契合实际，或是调整食品营销战略、策略和战术，以利于计划指标的实现。如果指标和战略、策略、战术都没有问题，就要在计划的实施过程中查找原因。

（4）运用财务分析的方法。食品营销管理人员应就不同的费用对销售额的比率和其他的比率进行全面的财务分析，以决定企业如何及在何处展开活动，以获得利润，尤其是要利用财务分析来判别影响企业资本净值收益率的各种因素。

（5）运用消费者态度追踪的方法。追踪消费者态度的系统构成如下：

①抱怨和建议系统。企业对消费者书面的或口头抱怨应该进行记录和分析，并作出适当的反应。针对不同的抱怨应该分析归类做成卡片，较严重的和经常发生的抱怨应及早予以注意。企业应该鼓励消费者提出批评和建议，使消费者经常有机会发表意见，这样才有可能收集到消费者对其产品和服务反映的完整资料。

②固定消费者样本。有些企业建立了有一定代表性的消费者组成的固定消费者样本，定期地由企业通过电话访问或邮寄问卷了解其态度。这种做法有时比抱怨和建议系统更能代表消费者态度的变化及其分布范围。

③消费者调查。企业定期让一组随机消费者回答一组标准化的调查问卷，其中问题包括职员态度、服务质量等。通过对这些问卷的分析，企业可及时发现问题，并及时予以纠正。

通过上述分析，企业在发现实际绩效与年度计划发生较大偏差时，可考虑采取的措施有：削减产量，降低价格，对销售队伍施加更大的压力，削减杂项支出，裁减员工，削减投资，出售企业财产，出售整个企业。

**2. 运用赢利能力控制的方法**

除了年度计划控制之外，企业还需要运用赢利能力控制来测定不同产品、不同销售区域、不同消费者群体、不同渠道及不同订货规模的赢利能力。

（1）运用食品营销成本控制的方法。食品营销成本直接影响企业利润，它由如下项目构成：

①直接推销费用，包括促销人员的工资、奖金、差旅费、培训费、交际费等。

②促销费用，包括广告媒体成本、产品说明书印刷费用、赠奖费用、展览会费用、促销人员工资等。

③仓储费用，包括租金、维护费、折旧、保险、包装费、存货成本等。

④运输费用，包括托运费用等。如果是自有运输工具，则要计算折旧、维护费、燃料费、牌照税、保险费、司机工资等。

⑤其他食品营销费用。包括食品营销管理人员工资、办公费用等。

上述成本连同企业的生产成本构成了企业总成本，直接影响企业的经济效益。其中，有些与销售额直接相关，称为直接费用；有些与销售额并无直接关系，称为间接费用。有时二者也很难区分。

（2）运用赢利能力考察指标控制的方法。盈利能力考察指标有以下几种。

①销售利润率。一般来说，食品企业将销售利润率作为评估企业获利能力的主要指标之一。销售利润是指利润与销售额之间的比率，表示每销售 100 元使企业获得的利润。其公式是：

$$销售利润率=本期利润 / 销售额 \times 100\%$$

但是，同一行业各个企业间的负债比率往往大不相同，而对销售利润率的评价又常需通过与同行业平均水平来进行对比，所以在评估企业获利能力时最好能将利息支出加上税后利润，这样将能大体消除由于举债经营而支付的利息对利润水平产生的不同影响。因此，销售利润率的计算公式应该是：

$$销售利润率=税后息前利润/产品销售收入净额 \times 100\%$$

这样的计算方法，在同行业间衡量经营水平时才有可比性，才能比较正确地评价食品营销效率。

②资产收益率。资产收益率是指企业所创造的总利润与企业全部资产的比率。其公式是：

$$资产收益率=本期利润 / 资产平均总额 \times 100\%$$

与销售利润率的理由一样，为了在同行业间有可比性，资产收益率可以用如下公式计算：

$$资产收益率=税后息前利润 / 资产平均总额 \times 100\%$$

其分母之所以用资产平均总额，是因为年初和年末余额相差很大，仅用年末余额作为总额显然不合理。

③净资产收益率。净资产收益率是指税后利润与净资产所得的比率。净资产是指总资产减去负债总额后的净值。这是衡量企业偿债后的剩余资产的收益率。其计算公式是：

$$净资产收益率=税后利润 / 净资产平均余额 \times 100\%$$

其分子之所以不包含利息支出，是因为净资产不包括负债。

④资产管理效率。这可通过以下两个比率来分析：

资产周转率。该指标是指一个食品企业以资产平均总额去除产品销售收入净额而得出的全部资产周转率。其计算公式如下：

$$资产周转率 = 产品销售收入净额 / 资产平均占用额$$

该指标可以衡量食品企业全部投资的利用效率，资产周转率高说明投资的利用效率高。

存货周转率。该指标是指产品销售成本与存货（产品）平均余额之比。其计算公式如下：

$$存货周转率 = 产品销售成本 / 存货平均余额$$

这项指标说明某一时期内存货周转的次数，从而考核存货的流动性。存货平均余额一般取年初和年末余额的平均数。一般来说，存货周转率越高，说明存货水准较低，周转快，资金使用效率较高。

资产管理效率与获利能力密切相关。资产管理效率高，获利能力相应也较高。这可以从资产收益率与资产周转率及销售利润率的关系中表现出来。资产收益率实际上是资产周转率和销售利润率的乘积。

### 3. 运用效率控制的方法

（1）运用销售人员效率。食品企业的各地区的销售经理要记录本地区内销售人员效率的几项主要指标。这些指标包括：

①每个销售人员每天平均的销售访问次数。

②每次会晤的平均访问时间。

③每次销售访问的平均收益。

④每次销售访问的平均成本。

⑤每次访问的招待成本。

⑥每百次销售访问而订购的百分比。

⑦每个期间新增加的消费者数。

⑧每个期间流失的消费者数。

⑨销售成本对总销售额的百分比。

食品企业可以从以上分析中发现一些非常重要的问题，例如，销售代表每天访问的次数是否太少，每次访问的时间花费是否太多，是否在招待费上花费太大，每 100 次访问中是否签订了足够的订单，是否增加了足够的新消费者并且留住了原有的消费者等。当企业开始重视销售人员效率的改善后，通常会取得很多实质性的改进。

（2）运用广告效率。广告效率的高低可以通过以下几项指标来衡量。

①每一种媒体类型、每一种媒体工具接触每千名购买者所花费的广告成本。

②消费者对每一种媒体工具注意、联想和阅读的百分比。

③消费者对广告内容和效果的意见。

④广告前后消费者对产品态度的衡量。

⑤受广告刺激而引起的询问次数。

食品企业高层管理者可以采取若干方法来改进广告效率，包括进行更加有效的产品定位，确定广告目标，利用计算机来指导广告媒体的选择，寻找较佳的媒体，进行广告后效果的测定等。

（3）运用促销效率。为了改善销售促进的效率，企业管理阶层应该对每一次销售促进的成本和对销售影响做记录，具体应注意做好如下统计：

①由于优惠而销售的百分比。

②每一次销售的成本。

③赠券收回的百分比。

④因示范而引起询问的次数。

企业还应观察不同销售促进手段的效果，并使用最有效果的促销手段。

（4）运用分销效率。提高分销效率是探索节约流通时间、降低流通费用、更好地满足用户和食品消费者需要的问题。分销效率主要是对企业存货水准、仓库位置及运输方式进行分析和改进，以达到最佳配置并寻找最佳运输方式和途径。例如，分销网点的市场覆盖面，销售渠道中的各级各类成员——经销商、制造商代表、经纪人和代理商发挥的作用和潜力，分销系统的结构、布局及改进方案，存货控制、仓库位置和运输方式的效果等，这些都是提高分销效率要考虑的问题。衡量分销效率的重要指标包括：产品流通时间、产品流通速度和产品流通费用。

效率控制的目的在于提高人员推销、广告、营业推广和分销等食品营销活动的效率。食品营销经理必须重视若干关键比率，这些比率表明上述食品营销组合因素的有效性及应该如何引进某些资料以改进执行情况。

### 4．运用战略控制的方法

战略控制的目的是确保食品企业的目标、政策、战略和措施与食品营销环境相适应。由于复杂多变的市场和环境，原来的目标和战略往往容易落伍、过时，因此，食品企业很有必要通过营销审计这一工具，定期地、批判性地重新评估食品企业的战略、计划及其执行情况。营销审计不只在出了问题的地方才有用，其范围覆盖了食品营销环境、食品营销系统及具体的食品营销活动的所有方面。营销审计通常由企业内部的相对独立、富有经验的营销审计机构客观地进行。营销审计需要定期进行，而不是出了问题才采取行动。营销审计不仅能为陷入困境的食品企业带来效益，同样可以帮助经营卓有成效的企业增加效益。

## 案例分析

### 四大战略性举措助力伊利稳居乳业龙头

作为乳业龙头的伊利，正继续稳居全球十强、亚洲第一。2015 年，伊利营业总收入在业内首破 600 亿元大关，达到 603.6 亿元，同期实现净利润 46.54 亿元，双双保持两位数增长。

1．完善品质管控，提高运营保障能力

一流的质量为产品业绩提供了强大支撑。通过升级全球质量管理体系，伊利以全球食品安全管理体系 FSSC22000 为主线，建设世界一流质量管理体系和质量管理队伍，实现端到端全链条质量自主管理，有效管控了质量风险。此外，伊利还梳理、提升了企业安全生产的制度与规范，健全了环保监测评价管理体系，提高了生产运营保障能力。

2．强化品牌优势，助力渠道深耕

产品业绩增长离不开品牌优势及渠道深耕。近年来，从"奔跑吧兄弟""最强大脑"等"现象级"综艺栏目，到借助新媒体、手机 APP 等组织各种线上线下活动，增强了越来越多年轻消费者对伊利品牌的亲近感。全球知名传播服务集团 WPP 公布的 2016 年度 BrandZ 中国最具价值品牌 100 强榜单中，伊利以 62.35 亿美元的品牌价值蝉联食品类排行榜第一。在强大的品牌优势下，伊利没有忽视对渠道的"深耕细作"。伊利在渠道和终端的竞争力优势持续巩固。2015 年度调研数据显示，伊利液态类乳品的市场渗透率达 76.83%，比上年度提升了 1.09 个百分点。截至 2015 年年末，伊利直控村级网点已达 11 万家，在全行业持续领跑。此外，公司还积极开发电商、便利店及餐饮、药店等新兴渠道资源，并与全国大型零售商加强战略合作。

3．领衔创新模式，带动产品爆发增长

四大产品线液态奶、奶粉、酸奶、冷饮的均衡发展，历来是伊利的优势之一。2015 年，伊利通过创新模式带动产品升级和产品创新研发，使这一优势得到进一步巩固。伊利运用大数据深度洞察消费者需求；集聚、整合了全球顶尖高校和科研院所，成功将市场需求与科研成果相结合；发布了中国首个"母婴生态圈"战略，用互联网思维与消费者实现连接。模式的创新也带来产品创新上的累累硕果。例如，常温酸奶安慕希销售额同比增长 460%，婴幼儿配方奶粉新品"金领冠珍护"零售额同比增长 27%，托菲尔零售额同比增长 921%。

4．全球产能布局，巩固战略协同优势

为了提升伊利在全球乳业资源方面的整合和保障能力，从主导实施中美食品智慧谷，到建立欧洲研发中心，再到完成新西兰、意大利生产加工基地建设，伊利初步完成了"全球织网"战略布局，已经具备了南北半球生产基地的淡旺季互补、产销协同运营等战略协同优势，极大地增强了公司市场需求响应、综合成本控制及原料供应保障等方面的协同与保障能力。

伊利董事长潘刚曾说过，在伊利人眼里，世界上只有两种人。一种人是喝牛奶的，一种人是不喝牛奶的。伊利的目标就是要将这两种人变成一种人——都喝牛奶的人。这一具有全球视野、高屋建瓴的愿景，正通过伊利的实践，一步步成为现实。

（资料来源：亲贝网. http://news.qinbei.com/20160422/1813513.shtml）

? 辩证性思考：

乳品在品质管理、品牌建设、创新战略等方面有哪些优势和独到之处？伊利采取了哪些举措强化这些优势？

### 营销知识检测

1. 食品营销管理的实质是什么？

2. 食品营销管理的类型有哪些？

3. 食品营销战略的类型有哪几种？

4. 食品营销计划的类型有哪些？简述食品营销计划编制的操作程序。

5. 食品营销组织的形式有哪些？影响食品营销组织设计的因素有哪些？简述食品营销组织设计的操作程序。

6. 简述食品营销实施的操作程序。食品营销实施中应注意哪些问题？

7. 食品营销控制的方法有哪些？简述食品营销控制的操作程序。

### 营销能力训练

**训练项目：**

选择一家校企合作企业，对其食品营销管理的计划、组织、实施与控制进行分析，撰写食品营销管理分析方案。

**训练目的：**

通过训练，进一步认知、掌握食品营销管理的操作程序、方法，具备运用食品营销管理的能力。

**训练要求：**

由班级学习委员组织全员对食品营销战略分析方案进行讨论、交流。

# 附　录 ●　●　●

## 制定××食品公司市场营销方案工学结合团队项目任务化实践培养模式

**1. 制定××食品公司市场营销方案工学结合团队项目任务化实践培养的特色**

选择两家经营状况一般或经营处于低谷的中小型食品企业进行市场营销实践。根据食品营销课程的培养目标，设计 13 个××食品公司市场营销方案工学结合团队项目任务，让学生运用学习的营销理论针对选择的食品企业同步进行诊断、分析、策划，形成实践培养模式的特色。

（1）改变了传统的由教师依据每章内容主观设计实训内容和方式的做法。

（2）改变了课后主观设计实训内容和方式，采取课前按照营销岗位工作内容和工作任务整体设计实训内容和方式，与学习内容同步进行。

（3）改变了传统实训方式"空对空"（虚）缺乏针对性、实践性的做法。由于学生针对客观存在的、营销存在问题的食品企业进行诊断、策划，变"虚"为"实"。

（4）由于学生毕业后大多数要到中小型企业工作，所以选择了中小型企业作为实训对象，为"零距离上岗"打下基础。

（5）采用团队化运作和项目管理的方式，培养学生的团队意识。

××食品公司市场营销方案工学结合团队项目任务化实践培养模式体现了职业性、实践性、技能性，使学生在真实的食品企业营销环境中体验食品营销实践活动，有利于学生职业能力和社会能力的培养。

**2. 制定××食品公司市场营销方案工学结合团队项目任务化实践培养模式的目标**

制定××食品公司市场营销方案工学结合团队项目任务化实践培养模式是为了保证实现食品营销课程的培养目标，因此，实践培养模式的培养目标就是食品营销课程的培养目标。

（1）营销知识学习目标。在制定××食品公司市场营销方案的实践中，是学生再次认知、消化、掌握食品营销基础理论的过程。

（2）职业能力培养目标。

①培养找食品生意（寻找食品生意）——发现（创造）食品消费需求（创造消费需求）的能力。

②培养做食品生意（经营食品生意）——满足食品消费需求的能力。

③培养管生意（管理食品生意）——管理食品消费需求的能力。

④培养综合运用食品营销理论和方法，进行营销诊断、分析、策划、制定××食品公司营销方案的能力，制作演示文稿的能力，宣讲食品营销方案与答辩的能力。

（3）社会能力培养目标。

①培养营销道德。

②培养交际与沟通的能力。

③培养团队合作的能力。

④培养自我管理、自我培养的能力。

### 3. 制定××食品公司市场营销方案工学结合团队项目任务化实践培养模式的内容

**项目1 策划团队组建**

项目任务：××食品公司市场营销方案团队组建项目任务书。

项目目的：体验团队化运作的过程，培养学生团队意识与团队管理的能力。

项目任务内容：课程教学开始前，在教师指导和学生自愿选择的基础上，学生按4~6人进行分组，组成××食品公司市场营销方案营销团队，每个团队按照项目任务进行目标管理。每个团队民主选举队长，由队长组织团队成员进行CIS设计，确立团队理念，根据团队理念，设计队名、队旗、队歌及团队管理制度，将设计的队旗张贴在教室的墙上。每次上课时，每个团队由队长带领成员展示团队形象，朗诵队名、团队理念，合唱队歌，激励大家增强团队意识，培养学生团队意识与合作的能力。

项目完成时间：2课时。

项目成果与考核：在团队组建过程中，要调动全员的积极性，使全员参与设计队名、队旗、队歌及团队管理制度，共同体验团队化运作。在团队进行××食品公司市场营销方案过程中，进行目标管理，有分工又有合作，防止有人没事儿干的现象出现。

**项目2 食品企业调查研究项目**

项目任务：食品企业调查研究项目任务书。

项目目的：为了实现能力培养目标，通过对××食品公司的参观访问座谈，了解和熟悉××食品企业概况，重点了解××食品企业营销现状，为运用食品营销理论和方法解决××食品企业营销问题打下基础。

项目任务内容：

（1）了解食品企业基本概况。

（2）了解食品企业营销现状、市场现状、产品组合现状。

（3）了解食品企业营销模式及特点。

（4）了解食品企业营销模式、产品的发展趋势。

（5）分析食品企业存在的问题。

项目完成时间：4课时。

项目成果与考核：通过对××食品公司的调查研究，运用多种途径收集与食品企业市场、产品相关的资料，为制定××食品公司市场营销方案提供有力的支持。

**项目3　食品企业营销环境分析**

项目任务：食品企业市场营销环境分析项目任务书。

项目目的：结合运用食品营销环境分析的内容，通过对××食品公司市场营销环境的分析，培养学生运用食品营销环境理论对食品企业营销环境进行分析的能力。

项目任务内容：

（1）熟悉食品营销环境的内容。

（2）掌握食品营销环境的分析方法和对策。

（3）对食品企业营销环境进行分析。

（4）撰写食品企业营销环境分析报告。

项目完成时间：2课时。

项目成果与考核：通过食品企业营销环境分析，每个团队撰写食品企业营销环境分析报告，在××食品公司营销环境研讨会上宣讲交流，由同学们评议、交流，教师指导，达到交流、提高的目的。

**项目4　食品企业市场竞争者分析**

项目任务：食品企业市场竞争者分析项目任务书。

项目目的：结合运用食品市场竞争者分析的学习内容，通过对××食品公司的市场竞争者分析，培养学生识别食品市场竞争者、选择市场竞争策略的能力。

项目任务内容：

（1）掌握识别食品市场竞争者的内容与分析食品竞争者的优势与劣势的方法。

（2）掌握食品市场竞争战略、食品市场竞争战略地位的内容。

（3）撰写食品企业市场竞争者分析报告。

项目完成时间：2课时。

项目成果与考核：通过食品企业市场竞争者分析，每个团队撰写市场竞争者分析分析报告，在××食品公司市场竞争者分析研讨会上宣讲交流，由同学们评议、交流，教师指导，达到交流、提高的目的。

**项目5　食品企业消费者市场分析**

项目任务：食品企业消费者市场分析项目任务书。

项目目的：结合食品消费者市场分析学习内容，通过对××食品公司的消费者市场分析，培养学生运用消费者购买行为理论对食品企业消费者市场进行分析的能力。

项目任务内容：

（1）掌握食品消费者购买行为特征和购买行为过程。

（2）分析食品企业消费者购买行为特征和购买行为。

（3）撰写××食品公司消费者市场分析报告。

项目完成时间：2课时。

项目成果与考核：通过××食品公司消费者市场分析，每个团队撰写消费者市场分析分析报告，在××食品公司消费者市场分析研讨会上宣讲交流，由同学们评议、交流，教师指导，达到交流、提高的目的。

### 项目6　食品企业市场细分、目标市场选择与市场定位

项目任务：食品企业市场细分、目标市场选择与市场定位项目任务书。

项目目的：结合食品市场细分、目标市场选择与市场定位的学习内容，通过对××食品公司的市场细分、目标市场选择与市场定位，培养学生运用食品市场细分、目标市场选择与市场定位理论与方法对××食品公司进行市场细分、目标市场选择与市场定位的能力。

项目任务内容：

（1）掌握市场细分的条件、标准和程序。

（2）掌握目标市场选择的策略和方法。

（3）掌握市场定位的策略和方法。

（4）撰写××食品公司市场细分与目标市场选择方案。

项目完成时间：2课时。

项目成果与考核：通过××食品公司市场细分与目标市场选择，每个团队撰写市场细分与目标市场选择方案后，在××食品公司目标市场与市场定位研讨会上宣讲交流，由同学们讨论、评议、交流，教师指导，达到交流、提高的目的。

### 项目7　制定××食品公司产品策略

项目任务：制定××食品公司产品策略项目任务书。

项目目的：结合运用食品营销产品策略学习内容，通过对××食品公司的产品策略的制定，培养学生运用食品营销产品策略理论为××食品公司制定产品策略的能力。

项目任务内容：

（1）掌握产品组合策略。

（2）熟悉新产品开发程序。

（3）掌握品牌与包装策略。

（4）撰写××食品公司产品策略方案。

项目完成时间：2课时

项目成果与考核：通过××食品公司产品策略分析，每个团队撰写××食品公司产品方案后，在××食品公司产品策略研讨会上宣讲交流，由同学们讨论、评议、交流，教师指导，达到交流、提高的目的。

### 项目8　制定××食品公司定价策略

项目任务：制定××食品公司定价策略项目任务书

项目目的：结合××食品公司定价策略学习内容，通过对××食品公司的定价策略的制定，培养学生运用食品营销定价策略理论为××食品公司制定定价策略的能力。

项目任务内容：

（1）熟悉定价目标和定价方法。

（2）掌握定价策略。

（3）运用定价策略制定××食品公司定价策略。

（4）撰写××食品公司定价策略方案。

项目完成时间：2 课时。

项目成果与考核：通过××食品公司价格策略分析，每个团队撰写××食品公司定价策略方案后，在××食品公司定价策略研讨会上宣讲交流，由同学们讨论、评议、交流，教师指导，达到交流、提高的目的。

### 项目9　制定××食品公司分销策略

项目任务：制定××食品公司分销渠道策略项目任务书。

项目目的：结合食品营销分销策略学习内容，通过对××食品公司的分销策略的制定，培养学生运用食品分销策略理论为××食品公司制定分销策略的能力。

项目任务内容：

（1）掌握分销渠道的内容。

（2）掌握分销渠道设计步骤。

（3）掌握××食品公司分销渠道策略的方法。

（4）撰写××食品公司分销渠道策略的方案。

项目完成时间：2 课时。

项目成果与考核：通过××食品公司分销策略分析，每个团队撰写××食品公司分销渠道策略方案后，在××食品公司分销渠道策略研讨会上宣讲交流，由同学们讨论、评议、交流，教师指导，达到交流、提高的目的。

### 项目10　制定××食品公司促销策略

项目任务：制定××食品公司促销策略项目任务书。

项目目的：结合食品营销促销策略学习内容，通过对××食品公司的促销策略的制定，培养学生运用食品营销促销策略理论为××食品公司制定促销策略的能力。

项目任务内容：

（1）掌握促销组合决策的内容。

（2）掌握××食品公司促销组合决策的方法。

（3）撰写××食品公司促销策略的方案。

项目完成时间：2 课时。

项目成果与考核：通过××食品公司促销策略分析，每个团队撰写××食品公司促销策略方案后，在××食品公司促销策略研讨会上宣讲交流，由同学们讨论、评议、交流，教师指导，达到交流、提高的目的。

### 项目11　制定××食品公司市场营销组合

项目任务：制定××食品公司市场营销组合制定项目任务书。

项目目的：结合食品营销组合的学习内容，通过对××食品公司市场营销组合的分析，培养学生运用食品营销组合决策的能力。

项目任务内容：

（1）掌握食品营销组合策略内在的逻辑关系以及食品营销组合运用的约束条件。

（2）掌握食品营销组合的模式。

项目完成时间：2课时。

项目成果与考核：通过××食品公司营销组合分析，每个团队制定××食品公司市场营销组合方案，在××食品公司市场营销组合研讨会上宣讲交流，由同学们讨论评议、交流，教师指导，达到相互学习、交流、提高的目的。

### 项目12　制定××食品公司营销管理方案

项目任务：××食品公司营销管理方案的制定项目任务书。

项目目的：结合食品营销管理学习内容，通过对××食品公司的市场营销管理方案的制定，培养学生运用食品营销管理理论为××食品公司制定市场营销管理方案的能力。

项目任务内容：

（1）掌握食品营销管理的任务与程序。

（2）掌握食品营销计划的方法。

（3）掌握食品营销组织的方法。

（4）掌握食品营销实施的方法。

（5）掌握食品营销控制的方法。

（6）撰写××食品公司市场营销管理方案。

项目完成时间：4课时。

项目成果与考核：通过对××食品公司制定市场营销管理方案，每个团队撰写××食品公司市场营销管理方案后，在××食品公司市场营销管理方案研讨会上宣讲交流，由同学们讨论、评议、交流，教师指导，达到交流、提高的目的。

### 项目13　制定××食品公司市场营销方案

项目任务：制定××食品公司市场营销方案项目任务书。

项目目的：运用食品营销理论和方法，通过对××食品公司的市场营销方案的制定，培养学生运用食品营销理论和方法，为××食品公司进行全方位营销诊断、策划的能力，培养学生撰写营销策划书的能力，培养学生制作演示文稿、宣讲、答辩的能力，为"零距离上岗"打下基础。

项目任务内容：

（1）在进行食品营销单项实训的基础上，形成××食品公司整体营销方案。

（2）学习××食品公司营销策划书的写作方法。

（3）撰写具有特色的××食品公司市场营销方案，制作演示文稿。

（4）宣讲、答辩营销方案。

（5）分析、评议营销方案。

项目完成时间：8课时。

项目成果与考核：通过××食品公司整体营销方案策划，每个团队撰写企业营销方案后，在××食品公司市场营销方案研讨会上宣讲交流，由同学们讨论、评议、交流，教师指导，达到交流、提高的目的。

### 4. 制定××食品公司市场营销方案工学结合团队项目任务化实践培养模式的项目实践考核的方法

完成××食品公司市场营销方案策划项目后，评选优秀的××食品公司市场营销方案，在全系进行展示，推荐给××食品公司参考，密切产学关系。实践考核由个人平时成绩、团队中个人表现、团队合作成果三个部分构成，改变教师一人考核的做法。

（1）个人平时成绩。主要考核平时的课堂纪律、学习态度、学习的积极性和主动性、个人课业完成质量、服从意识及课堂表现。

（2）团队中个人表现。主要考核团队活动参与态度、为团队作贡献程度、对外沟通交往表现、学习创意表现、克服学习困难表现。

（3）团队合作成果。主要考核策划方案具有一定的创意、可行性和完整性，能够具体实施并能取得一定的市场效果，符合一份完整策划书的内容要求，符合策划书格式的要求，封面、目录等齐全，演示稿制作美观大方。

# 参考文献 ● ● ●

［1］刘厚钧. 市场营销实务（第 2 版）[M]. 北京：电子工业出版社，2014.

［2］刘厚钧. 营销策划实务（第 2 版）[M]. 北京：电子工业出版社，2014.

［3］王艳，程艳霞. 现代营销理论与实务[M]. 北京：人民邮电出版社，2012.

［4］方凤玲，周博. 市场营销理论与实训[M]. 北京：人民邮电出版社，2011.

# 反侵权盗版声明

电子工业出版社依法对本作品享有专有出版权。任何未经权利人书面许可，复制、销售或通过信息网络传播本作品的行为；歪曲、篡改、剽窃本作品的行为，均违反《中华人民共和国著作权法》，其行为人应承担相应的民事责任和行政责任，构成犯罪的，将被依法追究刑事责任。

为了维护市场秩序，保护权利人的合法权益，我社将依法查处和打击侵权盗版的单位和个人。欢迎社会各界人士积极举报侵权盗版行为，本社将奖励举报有功人员，并保证举报人的信息不被泄露。

举报电话：（010）88254396；（010）88258888

传　　真：（010）88254397

E-mail：　dbqq@phei.com.cn

通信地址：北京市万寿路 173 信箱

　　　　　电子工业出版社总编办公室

邮　　编：100036